本书出版受到中国欧盟欧洲研究中心项目资助,
特致谢忱!

中国社会科学出版社

Regional Economic Development
in the Process of
European Integration

欧洲一体化进程中
的区域经济发展

顾　颖　董联党　雷　敏　王晓璐　著

图书在版编目(CIP)数据

欧洲一体化进程中的区域经济发展／顾颖，董联党等
著.—北京：中国社会科学出版社，2008.6
ISBN 978－7－5004－6877－6

Ⅰ.欧…　Ⅱ.①顾…②董…　Ⅲ.欧洲联盟—地区经
济—经济政策—研究　Ⅳ.F150.7

中国版本图书馆 CIP 数据核字(2008)第 051824 号

责任编辑　周晓慧
责任校对　刘　娟
封面设计　王　华
技术编辑　李　建

出版发行　中国社会科学出版社
社　　址　北京鼓楼西大街甲 158 号　　　邮　编　100720
电　　话　010—84029450(邮购)
网　　址　http://www.csspw.cn
经　　销　新华书店
印　　刷　北京新魏印刷厂　　　　　　　装　订　丰华装订厂
版　　次　2008 年 6 月第 1 版　　　　　印　次　2008 年 6 月第 1 次印刷
开　　本　880×1230　1/32
印　　张　9.125　　　　　　　　　　　插　页　2
字　　数　218 千字
定　　价　23.00 元

目　录

序　言

　　2007 年 3 月 25 日，欧盟 27 个成员国的国家元首和政府首脑齐聚德国首都柏林，庆祝欧盟五十华诞。半个世纪以来，欧盟成员国由初创时的 6 个发展到今天的 27 个，政治和经济地位不断提高，成为多极世界中重要的一极。欧盟先后经历了 6 次扩大，地域范围也从最初的西欧地区逐步拓展到中东欧地区。目前，欧盟 27 个成员国的总人口已超过 8 亿，国民生产总值高达 2 万亿美元。欧盟作为世界上区域一体化最为成功的地区，在其 50 年的发展历程中为人类积累了丰富的经验，也出现了众多尚未解决或根本无法解决的问题和矛盾。

　　本书以欧洲区域经济一体化为研究对象，一个直接的背景是中国—欧盟欧洲研究中心项目（ESCP）的开展与实施；另一个背景则是欧盟是迄今世界上最为成功的区域经济一体化组织，但是由于其内部多民族、多语言的特点，它也是世界上区域经济发展中出现问题最为错综复杂的地区。中国西北部地区无论是与中东部地区，还是其自身内部，都存在着巨大的差距。这些差距与欧盟成员国之间的差距，或不同地区之间的差距存在着哪些共性，又具有哪些特殊性？中国西北地区在区域经济发展的过程中是否能从欧洲一体化进程中获得有益的借鉴？这些都是本书试图回答和解决的问题。

本书作为欧洲研究的入门参考书目，按照从宏观到微观、从理论到实践的层次展开，分为五个组成部分：欧洲经济一体化概述；欧盟区域政策与区域发展模式；欧洲一体化进程中的区域经济差距；欧盟产业集聚与产业集群；欧洲经济一体化中的教育、移民与就业问题。对于欧洲经济一体化的概述，按照理论演进和标志性事件两条线索展开，使读者对一体化进程形成初步印象；欧盟区域政策与区域发展模式从欧盟及成员国两个层面对其政策和发展模式进行梳理，体现一体化过程中欧盟各机构与成员国政府的重要作用；欧洲区域经济差距则刻画了一体化过程中所存在的重大现实问题；欧盟产业集聚和产业集群则从产业层面对欧盟区域经济发展所取得的成就和存在的问题进行描述；最后关注就业问题，主要分析教育、移民与就业的互动关系，从而分析欧盟就业问题的特性及其治理方案。

本书共分为五章。第一章对欧洲经济一体化的概貌进行介绍，首先对区域经济一体化的理论脉络进行梳理，按照发展阶段分为关税同盟理论、共同市场理论和最优货币区理论。其次对欧洲经济一体化的现状与趋势进行分析，指出了欧盟经济发展的不平衡性，并分析了欧洲经济一体化的趋势。最后，对欧洲经济一体化与全球化，或者更为一般的区域一体化与经济全球化的关系进行了分析，使欧洲经济一体化有了更为广阔的背景。

欧盟地区政策是目前世界上最典型也是最成功的区域政策，它通过财政转移支付对经济落后的成员国和地区进行援助，取得了明显的经济社会效果。中国，尤其是中国西部地区所存在的区域发展不平衡现象与欧盟有很大的相似性，但从区域政策的设计和实施角度来看却存在着明显的差距。第二章主要分析欧盟区域政策与区域发展模式，从欧盟区域政策的产生与发展、欧盟区域政策框架和政治决策程序、欧盟区域政策实施的主要手段、欧盟区域发展模式及欧盟区域合作模式。本章全面总结欧盟区域政策方面的经验，并在最后提出欧盟区域政策对中国西北地区发展的启示。主要包括建立可供区域政策利用的区域划分框架；高度重视地区竞争力和发展能力的提高；处理好中央政府与西北各地方政府的关系；建立区域政策制度体系和监督评估机制；对西北落后地区转移支付要实现机制化；实行优化升级产业结构的区域产业政策；加强人力资源开发和促进劳动力自由流动。

第三章主要介绍欧洲一体化进程中的区域经济差距。首先对欧盟区域经济发展概况、欧盟地区经济差距状况、一体化中的中东欧七国，以及欧盟东扩所带来的新挑战进行介绍。其次，介绍了现代发展经济学所提出的许多分析规模收入分配差距的方法和指标。在这些方法和指标中，有的是由收入分配理论推导出来的，比如说洛伦茨曲线、基尼系数、库兹涅茨比率、沃尔夫森"极化指数"等；有的则是从统计学中发展出来的，比如人口（或家户）众数组的分布频率、测度大多数人（或家户）所覆盖的绝对收入范围以及测度最低或最高收入对平均收入偏离度的离散系数、泰尔指数等。第三对欧盟各国干预地区差距的经验进行分析，并提出欧盟缩小地区差距的经验对中国西北地区经济发展的借鉴。

在对欧盟地区差距有了整体的了解之后，第四章将关注的重点放在欧盟产业集聚与产业集群这一中观层面上。先对欧盟产业集聚概况进行综述，再按照国别对德国装备制造产业集群、意大利纺织品产业集群、英国生物技术产业集群和法国高科技产业集群的发展模型和经验进行总结。重点分析欧盟及其成员国促进产业集聚的产业政策，以及对产业集聚所产生的影响。最后，对中国西部产业集群发展所存在的问题进行总结，对照欧盟经验，提出欧盟区域产业发展对中国西北地区发展的启示。

　　最后一章转入微观层面的分析，对欧洲经济一体化中的教育、移民与就业问题进行深入研究。首先对就业、移民与教育的相关理论进行梳理。然后着力分析欧盟经济一体化中的教育、移民与就业问题。本章的核心其实依然是就业问题，但是，与以往研究就业问题的专著存在明显的不同。关于欧盟就业问题，学术界已经积累了大量的研究成果。本书通过对影响欧盟就业的两个重要因素及其互动关系进行深入分析，使关于就业问题的理解和解决办法有了更为现实的基础。教育培训和移民政策对于欧盟就业问题的产生及其解决至关重要。只有理解这一点，才能对欧盟的就业问题有准确的认知。

　　综上所述，本书按照从宏观到微观，从理论到实践，从分析欧盟先进经验或失败教训到比照中国西部现实，实现学习和借鉴的目的。本书的组织结构和立意有别于国内研究的体系，这将对欧洲研究的入门者提供一个概览性的知识体系，对欧洲研究学者也有一定的借鉴意义。当然，由于时间和作者水平的限制，书中的疏漏在所难免，恳望读者斧正。

著　者

2007 年 10 月 14 日

第 一 章

欧洲经济一体化概述

1.1 经济一体化基本理论脉络

1.1.1 关税同盟理论

关税同盟是经济一体化的最基本形式。

关税同盟（Customs Union），是指在自由贸易区的基础上，所有成员统一对非成员国的进口关税或其他贸易政策措施。关税同盟具有以下特征：（1）与自由贸易区不同，关税同盟的成员国在相互取消进口关税的同时，设立共同对外关税。这实际上意味着，关税同盟的成员国将关税的制定权让渡给经济一体化组织。（2）从经济一体化的角度看，随着成员国之间相互取消关税，各成员国为保护本国的某些产业，需要采取更加隐蔽的措施，如非关税壁垒。①

关税同盟是经济一体化的典型形式，除自由贸易区外，其他形式的经济一体化都是以关税同盟为基础逐步扩大其领域或内涵而形成的。所以在理论上，关于经济一体化的经济影响效果的分析，大都以关税同盟为研究对象。

---

① http：//www. nwnu. edu. cn/jgxy/jxcgj/gjjjx/section/class = 37. html.

一 关税同盟的静态效应

关税同盟的重要特点是"对内自由、对外保护"。因此，对关税同盟扩大的理论分析也主要集中在两个方面：贸易创造（trade creation）效应和贸易转移（trade diversion）效应。[①]

（一）贸易创造与贸易转移

贸易创造，是指成员国之间相互取消关税和非关税壁垒所带来的贸易规模的扩大，从而提高了成员国的福利。贸易转移，是指建立关税同盟之后成员国之间的相互贸易代替了成员国与非成员国之间的贸易，从而造成贸易方向的转移。总的来说，关税同盟的建立一方面引起了成员国之间贸易创造的增加，另一方面引起了成员国与非成员国之间的贸易转向。其最终福利取决于二者权衡的结果。

以下我们通过图1—1来说明两种效应。假设世界上有 A、B、C 三个国家，都生产某一相同产品，但三国的生产成本各不相同。现以 A 国为讨论对象，在图1—1中，S_A 表示 A 国的供给曲线，D_A 表示 A 国的需求曲线。假设 B、C 两国的生产成本是固定的，图中 P_B、P_C 两条直线分别表示 B、C 两国的生产成本，其中 C 国成本低于 B 国。在组成关税同盟之前，A 国对来自 B、C 两国的商品征收一相同的关税 t，假设 A 国是一小国，征收关税之后，B、C 两国的相同产品若在 A 国销售，价格分别为 $P_B + t$、$P_C + t$（$< P_A$），很显然，B 国的产品价格要高于 C 国，故 A 国只会从 C 国进口，而不会从 B 国进口。此时，A 国国内价格为 $P_C + t$，国内生产为 OQ_1，国内消费为 OQ_2，从 C 国进口为 Q_1Q_2。假设 A 国与 B 国组成关税同盟，组成关税同盟后共同对外关税假设仍为 t，即 A 国对来自 B 国的进口不再征收关税，但对来自 C 国的进口仍征

① 薛敬孝等：《国际经济学》，高等教育出版社2002年版。

收关税。如图所示，B 国产品在 A 国的销售价格现为 P_B，低于 $P_C + t$，所以 B 国取代 C 国，成为 A 国的供给者。由于价格的下降，A 国生产缩减至 OQ_3，Q_3Q_1 是 A 国生产被 B 国生产所替代的部分，此为生产效应。另一方面，价格的下降引起 A 国消费的增加，消费由原来的 OQ_2 升至 OQ_4，消费的净增部分 Q_2Q_4 为关税同盟的消费效应。组成关税同盟后，A 国的进口由原来的 Q_1Q_2 扩大到 Q_3Q_4，新增加的贸易即是贸易创造效应，如图所示，贸易创造效应 = 生产效应 + 消费效应 = $Q_3Q_1 + Q_2Q_4$。除去贸易创造部分，剩下的 Q_1Q_2 部分，原来是从同盟外（C 国）进口的，但组成关税同盟后，则改由同盟内其他成员（B 国）进口，即贸易方向发生了转移，故贸易转移效应 = Q_1Q_2。

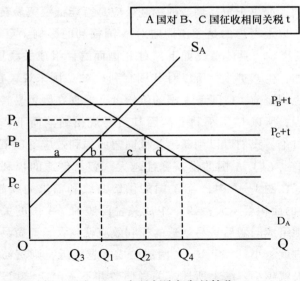

图 1—1　贸易创造与贸易转移

（二）关税同盟的福利效应

对于组成关税同盟后，A 国消费者福利改善，而生产者福利则降低。综合起来，关税同盟对 A 国的净福利效应 ＝ （a＋b＋c＋d）－a－（c＋e）＝ （b＋d）－e。（b＋d）为贸易创造的福利效应，其中 b 表示因同盟内成本低的生产（B 国）替代了国内成本高的生产而导致的资源配置效率的改善，d 表示同盟内废除关税后进口价格下降、国内消费扩大而导致的消费者福利的净增加；e 则表示贸易转移的福利效应，因贸易转移意味着同盟内成本高的生产替代了原来来自同盟外成本低的生产，故 e 表示这种替代所导致的资源配置扭曲，即贸易转移对 A 国的福利不利。这样，关税同盟对 A 国福利的净影响可表示成贸易创造的福利效应减去贸易转移的福利效应。加入关税同盟对 A 国究竟有没有利，取决于贸易创造的福利效应是否能抵消贸易转移的福利效应。以上考虑的是关税同盟对 A 国福利的影响。至于对 B、C 两国的影响，具体情况如下：对 B 国而言，组成关税同盟后，出口增加，生产扩张，所以对 B 国有利；对 C 国来说，在 A、B 组成关税同盟前，C 国是 A 国的供给者，但现在因贸易转移，其出口减少，所以 C 国福利必然因其贸易规模缩减而下降。根据以上的讨论，我们可以判断出关税同盟的福利效应受以下几种因素的影响：（1）A 国的供需弹性越大，贸易创造的福利效应就越明显。在图 1—1 中，若 A 国的供给曲线和需求曲线越平坦，则 b、d 的面积就越大；（2）组成关税同盟前，A 国的关税水平越高，则组成同盟后贸易创造的福利效应就越大，而贸易转移的福利效应就越小；（3）B、C 两国的成本越接近，则贸易转移的福利损失就越小。综上所述，关税同盟并不一定能够增进福利。既然这样，为什么有些国家希望结成关税同盟呢？事实上，除了上述的静态效应外，关税同盟还有其他的一些利益，如下面所讨论的两种情况。①

二 关税同盟会扩大出口效应

我们在前面分析关税同盟的经济影响时，只是讨论了一国加入关税同盟前后来自进口方面的福利影响。实际上，一国参加关税同盟不仅能够带来一定的商品进口量的增加，还会带来出口的增加，特别是对于一个希望参加关税同盟的国家（特别是小国）而言，它的加入往往更多的是看重其产品的出口市场。总体上看，关税同盟将给参加国带来更大的出口机会，从而带来更多的福利。具体情况我们可通过图1—2来解释。在图1—2中，左图为A国的生产、消费和出口情况，右图为B国的生产、消费和进口情况。假设C国的生产成本固定不变，在组成关税同盟之前，世界价格为P_w，等于C国的生产成本。B国对来自所有国家的进口商品一律征收关税，征税后的价格为P_t，此时A国的出口为fg，B国的进口量为ab，其中一部分来自A国，从A国进口的数量为ac，即ac＝fg，而剩下的部分则从C国进口，进口量为cb。A、B两国组成关税同盟后，由于B国对A国的进口商品免税而对C国的进口仍征收关税，故在B国国内市场上A国商品的价格要低于C国同样商品的价格，于是B国转而只从A国进口。但A、B两国间关税刚一撤除时，B国对进口的需求大于A国的出口供给（对应于P_w），所以A国的出口商品价格要上升，出口扩大。当价格升至P_u时，A、B两国的贸易达到平衡，A国的出口等于B国的进口，即hi＝de。此时B国的总进口量为ab，从A国的进口量为ac，A国的出口量为fg，且有fg＝ac。

_____

① 薛敬孝等：《国际经济学》，高等教育出版社2002年版。

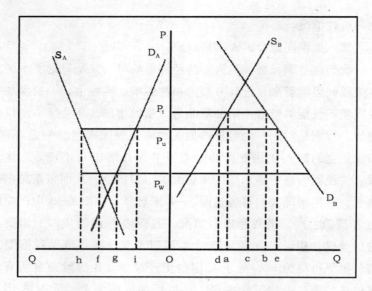

图1—2　扩大出口效应

三　关税同盟的动态效应

关税同盟不仅会给参加国会带来静态影响，还会给它们带来某些动态影响。有时，这种动态效应比其静态效应更为重要，对成员国的经济增长有重要的影响。

关税同盟的动态优势：

（1）关税同盟的第一个动态效应就是大市场效应（或规模经济效应）。关税同盟建立以后，为成员国之间产品的相互出口创造了良好的条件。这种市场范围的扩大促进了企业生产的发展，使生产者可以不断扩大生产规模，降低成本，享受到规模经济的利益，并且可进一步增强同盟内的企业对外特别是对非成员国同类企业的竞争能力。因此关税同盟所创造的大市场效应引发了企业规模经济的实现。

（2）关税同盟的建立促进了成员国之间企业的竞争。在各成员国组成关税同盟以前，许多部门已经形成了国内的垄断，几家企业长期占据国内市场，获取超额垄断利润，因而不利于各国的资源配置和技术进步。组成关税同盟以后，由于市场的相互开放，各国企业面临着来自于其他成员国同类企业的竞争。结果各企业为在竞争中取得有利地位，必然会纷纷改善生产经营效率，增加研究与开发投入，增强采用新技术的意识，不断降低生产成本，从而在同盟内营造一种浓烈的竞争气氛，提高经济效率，促进技术进步。

（3）关税同盟的建立有助于吸引外部投资。关税同盟的建立意味着对来自非成员国产品的排斥，同盟外的国家为了抵消这种不利影响，可能会将生产点转移到关税同盟内的一些国家，在当地直接生产并销售，以便绕过统一的关税和非关税壁垒。这样客观上便产生了一种伴随生产转移而生的资本流入，吸引了大量的外国直接投资。

关税同盟的动态劣势[①]：

（1）关税同盟的建立促成了新的垄断的形成，如果关税同盟的对外排他性很大，那么这种保护所形成的新垄断又会成为技术进步的严重障碍。除非关税同盟不断有新的成员国加入，从而不断产生新的刺激，否则由此产生的技术进步缓慢现象就不容忽视。

（2）关税同盟的建立可能会拉大成员国不同地区之间经济发展水平的差距。关税同盟建立以后，资本逐步向投资环境比较好的地区流动，如果没有促进地区平衡发展的政策，一些国家中的落后地区与先进地区的差别将逐步拉大。

---

① 薛敬孝等：《国际经济学》，高等教育出版社 2002 年版。

1.1.2 共同市场理论

共同市场（Common Market），是指各成员国之间不仅实现了自由贸易，建立了共同对外关税，而且还实现了服务、资本和劳动力的自由流动。可以说，共同市场是比自由贸易区和关税同盟更高一级的经济一体化形式。

共同市场的特征是：

（1）成员国之间不仅实现了商品的自由流动，还实现了生产要素和服务的自由流动。服务贸易的自由化意味着成员国之间在相互提供通信、咨询、运输、信息、金融和其他服务方面的自由化，没有人为的限制；资本的自由流动意味着成员国的资本可以在共同体内部自由流出和流入；劳动力的自由流动意味着成员国的公民可以在共同体内的任何国家自由寻找工作。

（2）为实现上述要素的自由流动，各成员国之间要实施统一的技术标准、统一的间接税制度，并且协调各成员国之间同一产品的课税率；协调金融市场管理的法规以及成员国学历的相互承认，等等。

（3）共同市场的建立需要成员国让渡多方面的权力，主要包括进口关税的制定权；非关税壁垒；特别是技术标准的制定权；国内间接税率的调整权；干预资本流动权，等等。

1.1.3 最优货币区理论

一 最优货币区理论

最优货币区理论（Optimum Currency Areas，即 OCA）是20 世纪 60 年代，在经济学界对固定汇率和浮动汇率制度孰优的争论中，由美国经济学家蒙代尔（Robert A. Mundell）教授在其发表于 1961 年的论文《最优货币区理论》中首先提出来的。① 蒙代尔在该文中对最适度货币的概念、标准及特征作了比较详细的论述。最优货币区理论研究了某一区域内一组国家在具备一定条件的基础上可以组成货币区，在经济趋同的基础上实行单一货币。这一学说为实行区域货币一体化奠定了理论基础。蒙代尔认为，在价格、工资呈刚性的前提下，是否能组成最优货币区主要取决于相关地区的要素流动程度。如果要素在国内能够高度流动而国际间的流动程度很低，基于国家货币的浮动汇率体系就会有效运转；如果要素流动的区域不与国界重叠，而是跨边界在区域内自由流动，会发生对真实经济中阻碍因素的调整，无须区域内各成员国之间大幅度的、破坏性的物价和收入的变动，从而有利于抵抗外部冲击，维护宏观经济的稳定。而且生产要素（资本和劳动力）若能自由流动，就可以实现资本和劳动力从盈余国向赤字国的转移，促使区域内各地区经济结构及时调整，经济周期趋于同步，这样就可以促进区域内经济的协调发展，实现内部经济均衡，促使区域内各成员国向一体化趋势发展。同时，蒙代尔教授提醒我们注意，"从地理和产业两个方面来说，区域内的要素流动性最好被看作是相对概念而不是绝对概念，它很可能会因为政治经济条件的变动而随时改变"。如果区域内每个国家都设置贸易壁垒，就不能实现真正意义上的要素完全流动。因此，发展区域经济一体化反过来又会促成区域内形成最优货币区。

二　建立最优货币区的标准

麦金农在 1963 年提出将经济开放度（即一国生产或消费中贸易商品对非贸易商品之比）作为建立最优货币区的标准。他认为，

---

① 郭灿：《最优货币区理论研究进展》，《经济学动态》2004 年第 4 期。

对于一个开放的经济区域而言，浮动汇率对校正国际收支失衡的效能不高。由于开放经济非贸易品部门规模不大，缺少"货币幻觉"，进口需求弹性不高等因素的影响，汇率的变动几乎会被价格变动所抵消。所以，在一些相互贸易关系密切的经济开放区，应组成一个共同货币区，在区内实行固定汇率，以达到价格稳定；运用支出变动政策来实现外部平衡，从而有利于实现内外部经济均衡价格的稳定。同时，他还指出相对于大的开放经济区域而言，固定汇率制更适合于小国开放型经济体，而在一些大量进口消费品且需求弹性较低的国家，汇率变动必须非常大才足以弥补失衡，因此这种区域单独成为一个货币区是非理性的。[①]

经济一体化趋势已成为当前世界经济发展的一个重要特征，而金融一体化则是经济一体化发展的必然结果。英格拉姆提出与长期资本自由流动相联系的金融一体化才是衡量货币区是否最优的标准。当金融市场高度一体化时，一国就可以借助资本的自由流动来恢复由国际收支失衡所导致的利率的任何不利变化，从而降低通过汇率波动来改变区域内贸易条件的需要，因此就适宜实行固定汇率制。如果地区间国际收支赤字是由暂时、可逆的扰动因素引起的，资本流动就可以成为使实际经济调整较小或不必要的缓冲器。若赤字是由长期、不可逆的扰动因素造成的，资本流动虽不能无限期地支撑赤字，但它可使实际经济调整分散到一个较长的时期里进行。通过价格和工资浮动及内部生产要素的流动，能减少调整引致的失业代价，而且，金融交易也加强了利用不同渠道，即财富效应的长期调整过程。这样，在金融市场高度一体化的情形下，国际收支失衡所导致的利率微小变动，就会引

---

① 刘澄等：《区域经济一体化的最优货币区理论分析》，《经济经纬》2006 年第 3 期。

起足够的资本流动来恢复均衡，从而降低了通过汇率的波动以改变地区间（即区域内）贸易条件的需要，至少短期内是如此。考虑到汇率波动及由此所带来的种种令人头痛的风险，在金融市场一体化的区域内，实施固定汇率更好。基于对宏观层面条件趋同必要性的理解和对现实中宏观结构差异的认识，英格拉姆等人先后提出了达成最佳通货区的政策一体化条件。为使货币区能够正常运行，各成员国必须对其货币、财政以及其他经济乃至社会政策进行协调，寻求一致。为此，各成员国必须对其主权实行部分让渡，核心是货币政策的协调和让渡。弗莱明还倡议建立一个超国家的中央银行，认为只有中央银行才能刺激短期利率的趋同。同时他们还提出了一些其他标准，诸如经济结构的相似性、财政一体化以及政治因素等。

20 世纪 80 年代中期，欧洲经济一体化经过近 20 年的停滞后开始复兴，新增长理论、博弈论等诸多理论的新发展为这方面研究提供了理论与方法上的支撑，欧洲货币一体化的实践既构成其研究基础，又成为其研究动力。传统的政治制度强调的是权力辖区的相互排斥，反映在货币关系上就是"一个国家、一种货币"的货币主权观。在 19 世纪以来的相当长时期中，国家作为调节市场的核心主体地位得以确认，相应地，国家在货币创造、货币供应、货币信誉等货币制度方面享有高度统治权，以国家疆界作为市场空间也就顺理成章。但当市场融合对国家疆界的超越形成一种趋势时，以一个国家货币制度或以各个国家简单总和而成的国际货币制度安排，便难以满足市场对货币服务的要求，相反倒有可能成为障碍因素。尤其在经济全球化、一体化涉及货币层面的时候，市场驱动的货币竞争极大地改变了货币关系的空间组成，显著地侵蚀了国家的货币垄断权力。世界需要根据货币运行的功能性分析，按每种货币有效使用和影响力辐射的完整范围来重新构筑货币层面市场—制度关系的新框架，这便产生了"一个市场、一种货币"的新思想、新理念。1992年，爱默生和格罗斯提出了"一个市场、一种货币"的新思想。他们认为，货币选择根本上应由市场状况，尤其是由市场需求来决定，具体的货币空间由实际的货币交易网络来划分，每个货币的空间就是其功能性权威的影响范围，即完整市场在货币层面的响应——"货币圈"。显然，这里强调的是空间的功能意义而不是空间的物理意义。此时，货币作为一种交换工具和价值工具，开始真正服务于市场，无论这个市场有多大，涉及多少个国家，只要是一个统一的大市场，那么单一货币就是最佳选择。爱默生和格罗斯的贡献在于为国家间的货币融合扫清了思想上的障碍。以往，货币总是被贴上国家主权的标签，货币统一成为国家统一的关键性标志，从而主权国家都不愿意放弃对本国货币的控制权。在爱默生等人"一个市场、一种货币"思想的号召下，越来越多的国家认识到货币从根本上是服务于市场的，国际经济交往的深化需要某种形式的货币融合。当一个国家无法更好地发挥货币职能与作用的时候，如果货币权的让渡有利于经济的发展和人民福利的提高，那么就应该将货币权上交给更高层次的超国家机构。

三　GG－LL模型

传统的最优货币区理论对共同货币理论与实践的发展起到了巨大的推动作用，但随着经济全球化和区域经济一体化的发展，以及世界经济形势和格局的巨大变化，其历史的局限性和不成熟性也逐渐暴露出来。对货币一体化的重新评价应从多角度、以多重标准来考察最优货币区问题，因此必须采取比传统的最优货币区理论更加广泛的方法。这种方法强调着眼于对货币一体化可预见的成本和收益范围的把握，然后根据所涉及的各个目标间轻重缓急的权衡，保证区域内各成员国及作为整体的集团所有目标的达成，从而估算出这些成本和收益的比例及其重要性。

　　20 世纪 90 年代以后，随着欧元和拉丁美洲美元化进程的加快，国际货币体系眼看就要分成几个大的货币区，每个国家都面临着是否参与区域经济和区域货币一体化的现实选择。于是关于一个区域内各经济体如何选择是否参加货币区的理论便应运而生，其中最重要的是克鲁格曼以欧盟和芬兰为例，分析了芬兰加入欧盟的成本—收益曲线，得出了著名的 GG – LL 模型，如图 1—3。① 克鲁格曼认为，一体化体系内成员国加入货币区的收益大小取决于该国与货币体系成员国贸易关系的一体化程度。

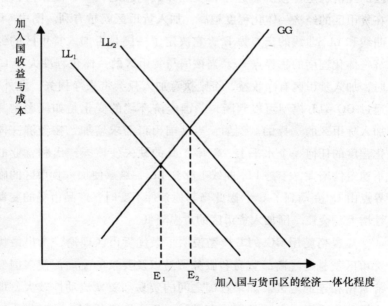

图 1—3　GG – LL 模型

　　①　张家寿：《最优货币区理论与东盟货币一体化》，《东南亚纵横》2003 年第 6 期。

图1—3横轴表示加入国与货币区的经济紧密程度，它可以用经济交往占GNP的百分比来表示；纵轴表示加入国收益（即货币效率收益）与成本（当一个国家加入货币区后，由于放弃了运用汇率政策和货币政策调节就业和产出以保持经济稳定的权力而引发的额外的经济不稳定性，即所谓的"经济稳定性损失"）。图中GG曲线为收益曲线，其斜率为正，说明一个国家与其所在货币区的经济一体化程度越高，跨国贸易和要素流动越广泛，加入单一货币区的收益就越大；LL曲线为成本曲线，其斜率为负，说明一个国家的经济与其所在货币区的经济联系程度越密切，加入货币区的经济稳定性损失就越小，反之亦然。总之，一个国家与其所在货币区的经济一体化程度越高，加入货币区就越有利。图中GG曲线和LL_1曲线的交点为E_1，它决定了一国是否加入货币区的经济一体化程度的临界点C_1。当该国与货币区的一体化程度大于C_2时，加入货币区有净收益，否则执意加入只会带来净损失。此外，通过GG-LL模型可以判断，一国经济环境的变化是如何影响其加入货币区的选择的。例如，当某国出口需求增加，在经济一体化程度的任何一个水平上，汇率工具的缺失使该国产出和就业的不稳定性增大，于是LL_1曲线上移到LL_2，结果使加入货币区的临界点由C_1变动到了C_2。因此当其他条件不变时，产品市场的变动性增大，会使一国加入货币区的意愿降低。

克鲁格曼用GG-LL模型说明了最优货币区理论，指出最优货币区就是通过商品贸易和服务贸易以及要素的流动促使多国经济紧密相连的地区。如果各国之间的贸易和要素流动性较大，那么组建货币区对各成员国均有益处，反之则不适宜。这对货币一体化的实践具有重要的指导意义。另一方面，克鲁格曼的GG-LL模型借用传统的成本—收益分析方法，从单个国家是否加入货币区为切入点，分析了加入货币区的成本、收益因素，有助于人们直观地分析单个国家加入货币区的利弊得失，从而成为确定一国是否加入货币区的一个重要分析工具。

1.2　欧洲经济一体化内涵界定

欧洲一体化从一开始就跨越了自由贸易区阶段，于 1968 年 7 月 1 日实现了关税同盟，1993 年基本建成欧洲统一大市场，1999 年 1 月 1 日欧元顺利启动，首先在 11 个成员国实现了货币联盟，目前正处于建设和完善经济货币联盟的阶段，并在为实现政治联盟创造积极条件。①

1.2.1　关税同盟

欧盟是以关税同盟为起点着手建立共同市场的，并向经济与货币联盟这种经济一体化的最高形式发展。因此，关税同盟是欧洲联盟得以存在和发展的基础。欧盟于 1968 年 7 月 1 日完成了《罗马条约》赋予的取消成员国之间的贸易限制和关税以及统一各国对外关税税率的任务，比原计划提前一年半建成了关税同盟。但是，欧盟成员国之间虽然取消了所有关税并建立了统一的共同海关税则，但在较长时间内成员国之间的海关手续和许多无形的壁垒仍阻碍着商品的自由流通。1994 年 1 月 1 日欧盟颁布了新的海关法，简化了海关程序和手续，统一了海关规则。

1.2.2　共同市场

1985 年 6 月米兰首脑会议期间，欧委会正式提出了关于建

---

① 《欧洲一体化的原因、进程和意义》，http：//zhidao. baidu. com/question/7736214. html? fr = qrl3.

设内部统一大市场的白皮书，其中列举了 300 项具体措施（最后定为 282 项），提出要在欧共体内部建立"无国界"的统一大市场，真正实行人员、商品、资本、服务的自由流通。1985 年 12 月，统一大市场白皮书得到理事会批准。为推进"白皮书"的实施，1986 年 2 月 17 日和 28 日分别在卢森堡和海牙举行的首脑会议上签署了《单一欧洲文件》，提出了实施白皮书 282 项措施的具体计划和时间表，并提出最迟在 1993 年初正式建立统一大市场。另外，文件还对《罗马条约》进行了第一次重要修改，以"有效多数"取代"一致同意"作为统一大市场有关事务的决策程序，有效地便利了理事会和委员会建设统一大市场的努力。1993 年 1 月 1 日，欧洲统一大市场宣布基本建成，并正式投入运作。经过不断完善，现已取得如下成果：

（1）通过一系列有关公共采购和建筑市场的法规，加强了透明度和市场监督，开放了公共市场（尚不包括运输、能源与电信）。

（2）协调了各成员国在直接税、增值税与消费税等方面的法规，减少了各成员国在税收上的差别。

（3）使资本市场与金融服务自由化。

（4）在标准化方面，一方面通过欧盟统一的技术法规，另一方面各成员国相互承认技术标准与认证，排除了技术标准方面的贸易障碍。

（5）通过相互承认学历和技术证书，使自然人能够自由地在其他成员国从业。在"申根协定"成员国之间通过取消边境检查，使人员可以自由流动。

（6）通过协调成员国的公司法和有关知识产权（商标与专利）的立法，为企业创造了一个便利工业合作的良好基础。

为了进一步消除人员自由流动方面的障碍，1985 年 6 月，

法国、德国、荷兰、比利时、卢森堡五国在卢森堡与法国和德国
交界的小镇申根签署了关于人员自由流通的协定，简称"申根
协定"。意大利（1990 年 11 月 27 日）、西班牙和葡萄牙（1991
年 11 月 18 日）、希腊（1992 年 11 月 6 日）、奥地利（1995 年 4
月 21 日）也先后加入。1995 年 3 月 26 日，"申根协定"首先在
法、德、荷、比、卢、葡、西七国生效，七国人员及其他欧盟国
家的人员均可在七国间自由来往，第三国人员只要取得一国的申
根签证，也可在签证有效期内在七国之间自由通行。意大利和奥
地利分别于 1997 年 10 月和 12 月开始执行"申根协定"，从
1998 年 3 月 31 日起，意大利和奥地利也取消了与"申根协定"
国家之间的所有边境检查。2000 年 1 月 1 日希腊也开始执行
"申根协定"。1996 年 12 月，丹麦、芬兰和瑞典签署了同意加入
"申根协定"的议定书。英国和爱尔兰目前尚未加入"申根协
定"。1997 年 10 月签署的"阿约"将"申根协定"所取得的成
果纳入一体化。1999 年 5 月 1 日"阿约"生效，"申根协定"秘
书处被正式并入欧盟理事会秘书处。

1.2.3　走向货币联盟

经济和货币联盟（Economic and Monetary Union）简称"经
货联盟"（EMU）。欧盟早在《罗马条约》第 2 条中就提出要
"建立经济和货币联盟"。1969 年 12 月，在法国总统蓬皮杜的倡
议下，欧盟六个创始国举行首脑会议，作出了建立欧洲经货联盟
的原则性决定，并于 1970 年提出了"维尔纳报告"（Werner Re-
port），提出要在 10 年间分三阶段建立经货联盟的设想。但由于
受 70 年代初美元危机和石油危机的冲击，这一努力没有成功，
各国不得不谋求其他的货币合作途径以减少美元危机的冲击。
1989 年以欧委会主席德洛尔为首的专门委员会再次提出了分三

阶段建立经货联盟的报告,史称"德洛尔报告"。1989 年 6 月马德里首脑会议通过了该报告,欧洲经货联盟开始进入实质性建设时期。经货联盟第一阶段从 1990 年 7 月 1 日开始,其目标是要求成员国在欧洲货币体系的基础上进一步加强协调,取消国家外汇管制,促进资本流通,同时各成员国加入欧洲货币体系的汇率机制,缩小汇率浮动范围;第二阶段自 1994 年 1 月 1 日开始,在法兰克福成立欧洲货币局,进一步协调各成员国的货币政策并加强欧洲货币单位,确定统一的加入经货联盟的标准和时间表;第三阶段最晚于 1999 年 1 月 1 日开始,逐步取消欧元区成员国的货币,逐步推广欧洲单一货币,直至完全建立经货联盟。1999年 1 月 1 日,欧洲经货联盟第三阶段正式开始,欧元开始在银行、外汇交易和公共债券等方面正式使用。

1.3　欧洲经济一体化的起因与进程

1.3.1　一体化的起因

谋求欧洲统一的思想有着相当久远的历史渊源。早在 14 世纪初就出现了欧洲统一的思想,1305 年诺曼底的一个法学家 P. 杜波依斯倡议建立统一的欧洲国家,以后查理五世、亨利四世、拿破仑等政治家妄想以武力统一欧洲,但均遭失败。[①]

第一次世界大战后,"泛欧主义"思想十分流行,奥地利的卡内基、法国的白里安和赫里欧、德国的施特莱斯等人先后提出建立"泛欧联盟"、"欧洲联邦"或"欧洲合众国"的想法。"欧洲统一"再次成为热门话题。最终,希特勒妄图用法西斯主

---

① 《欧洲一体化回眸与展望》,http://luhu5465.bokee.com/viewdiary.10111480.html.

义统一欧洲的实践失败了。

经过两次世界大战，特别是第二次世界大战的惨烈厮杀，西欧国家在世界经济中的地位已经远非昔比，工业产值在世界工业总产值中所占比重也大幅度下降，1937 年为 34%，1951 年则降为 26%。① 昔日称雄于世的欧洲列强均已降为二等国、三等国。以老牌资本主义国家英国和法国为例，在第二次世界大战中，英国死伤军民 76 万人，耗费财物 250 亿英镑；战争期间，英国出售了 45 亿美元的海外投资，丧失了许多海外市场，黄金储备消耗殆尽，1945 年英国工业总产值比 1938 年减少了 20%。法国经济损失 48930 亿旧法郎，相当于战前法国三年的全部生产总值，法国死于战争的人数达 140 万之多，1944 年法国的工业生产下降为 1938 年的 40%，1943 年法国的农产品实际价值仅为 1938 年的 40%。

第二次世界大战严重削弱了欧洲的老牌资本主义国家，与此同时，在这些老牌资本主义国家的东面和西面，却同时崛起了两个超级大国——苏联和美国。② 当时，两个超级大国加紧争夺欧洲，日益威胁到欧洲国家的独立和安全。在东方，来自苏联和东欧国家的威胁日益严重；在西方，来自美国的经济渗透和政治控制不断加强，"被战火摧毁了的、幻灭的欧洲匍匐在华盛顿和莫斯科直接或间接的影响下"。欧洲政治家清楚地意识到，"西欧国家如果分裂成一小块一小块，那么在军事上面对苏联就不安全，在经济上面对美国就不相称"，如此下去，欧洲将不再是欧洲人的欧洲。第二次世界大战后，面对严重衰落的欧洲，欧洲政治家们又发出了新的欧洲统一的呼声。西欧国家决心进一步联

---

① http://pde.yxms.net/yule/zs/1051.html.

② http://luhu5465.bokee.com/viewdiary.10111480.html.

合，加强它们在经济和政治上的联合，争取建设一个"显示自己个性"的欧洲，"对欧洲来说，现在已经到了这样的时刻：要明确认识自己利益的一致，能力的增大和责任的重要。欧洲应该能够在世界事务中使人听到它的声音"。随着冷战的结束，共同的敌人已经消失，欧洲人开始考虑再跟随美国是否值得，许多国家都想摆脱美国的束缚，但又迫于美国的压力，没有一个国家敢于单独与美国叫板，于是欧洲人便思量着组建一个联盟，不求与美国抗衡，只想以众人之力挣脱美国的束缚与控制。

西欧各国加强联系也有其特定的经济环境要求。它是经济发展要求打破民族国家壁垒的必然反映。战后科学技术的迅猛发展，使生产社会化和国际化向更深更广的方向发展，国际分工、国际贸易和国际投资迅速扩展，跨国公司迅速增长，越来越多的商品、资本和劳动力出现国际交流的情况，各国经济的相互依存性大大加强，经济生活国际化已经发展到一个崭新阶段。这种发展受到了国家壁垒的阻碍，商品的自由流通、资本和技术的发展要求扫除障碍。与此同时，国家垄断资本主义也空前发展，国家的经济职能不断扩大和加强，而经济生活国际化和在国际间的激烈竞争，也使国际经济调节和干预成为必要。在现实条件下，由于垄断资本集团之间、帝国主义国家之间矛盾日益激化，这种国际经济协调和联合只能表现为利益相近的国家结成区域性经济集团。

再者，西欧的联合也有较好的客观条件。西欧各国国土面积狭小，地域相连，经济结构、体制和发展水平接近，经济和贸易关系历来密切，政治体制、意识形态、价值观念与宗教信仰基本相同，文化差异较小，不存在所谓的"文明冲突"。

所以欧洲经济一体化的起因可以概括为：一是为了彻底消除法德的矛盾；二是为了配合"马歇尔计划"的推行；三是为了

抵御来自苏联、美国的威胁。[①]

1.3.2　一体化的进程

实现欧洲统一的现实障碍是交恶百年的法德矛盾，这个矛盾在第二次世界大战后主要表现为法兰西民族深深的怨德情绪和法占德国工业原料基地萨尔的归属问题。1949 年，联邦德国阿登纳政府积极努力，主动表示欢迎法国对西德工业的投资。1950年 5 月，法国外长舒曼提出建立煤钢共同市场的"舒曼计划"。1951 年 4 月，法国、联邦德国、意大利、荷兰、比利时和卢森堡六国签署了煤钢联营协定，把西德重整军备的关键工业部门置于共同管理和监督之下。法国对德国亦怨亦忧的情绪得到缓解，这就为欧洲统一铺平了政治道路，同时，西欧六国建立的煤钢共同市场也开辟了由经济联合入手解决欧洲统一问题的新途径。

1946 年，英国首相邱吉尔率先提出，我们需要建立起"某种类似于欧洲合众国的东西"。1951 年，欧洲统一之父——让·莫内在设计欧洲煤钢共同体时也强调了欧洲统一的前景。他指出："煤钢共同体所属六国的煤钢事业在顺利发展，应该使其继续顺利发展下去，直到建成欧洲合众国时，才算取得最后胜利。"自 1951年至今，欧洲一体化演绎着不断扩张和深化的历史。

1951 年 4 月 18 日，法国、联邦德国、意大利、荷兰、比利时和卢森堡在巴黎签订建立欧洲煤钢共同体条约，1952 年 7 月25 日生效。

1957 年 3 月 25 日，西欧六国首脑在罗马签署了《罗马条约》，决定在欧洲煤钢联营共同体的基础上建立欧洲经济共同体和欧洲原子能联营共同体。1958 年 1 月 1 日，该条约生效，一

---

① 刘世安等:《欧洲一体化史》，河北人民出版社 2003 年版。

个包括欧洲六国，拥有 116.8 万平方公里的土地，1.6 亿人口的经济共同体宣告成立。根据《罗马条约》，欧共体下设欧洲议会、部长理事会、欧洲执委会、欧洲法院四个主要机构。欧共体正式以全新的面貌走上了历史舞台。

1965 年 4 月，六国签订了《布鲁塞尔条约》，决定将欧洲煤钢共同体、欧洲经济共同体和欧洲原子能共同体三个机构合并，统称"欧洲共同体"或"欧洲共同市场"。1967 年 7 月，条约正式生效，欧洲共同体正式成立。

欧共体成立之后，西欧经济一体化取得了重要进展：建立了关税同盟，取消关税和限量，实行商品自由流通，对外建立关税壁垒，限制外部商品输入；实行共同农业政策，统一农产品价格，实行农产品出口补贴，建立农业指导和保证基金，1962 年，建立了农业共同市场；建立欧洲货币体系，创建欧洲货币单位和货币基金；加强科技合作，积极实行"尤里卡计划"，即建立科技共同体。

欧共体也显示了极强的生命力。1955—1972 年间，六国内部贸易不断增长，规模经济促进了经济的发展，六国出口贸易增长了 5 倍半，而同期全世界出口贸易只增长了 3.3 倍。成员国相互贸易增长 9 倍之多，年增长率为 14.4%，同期世界出口年增长率只有 9.1%。正如哈尔斯坦所说："联合意味着能够在一个比过去更大的、更广泛的规模上处理生产、劳动、资本和工业设置问题，它意味着更多的收益来源、更大的市场、资源的集中和更合理的使用，以及提高生产率。"欧共体的成立还进一步改变了国际经济和政治力量的对比，增强了西欧国家抗衡超级大国的地位和力量，提高了西欧的国际地位。

1973 年 1 月 1 日，英国、爱尔兰、丹麦正式成为共同体成员国。这是欧共体的第一次扩大，第一次扩大改变了欧共体国家对美苏两个超级大国的力量对比。欧共体九国 1973 年的人口为 2.6 亿，国民生产总值为 10650 亿美元，而美国人口 2.1 亿，国民生产总值为 13070 亿美元，苏联人口为 2.5 亿，国民生产总值为 6750 亿美元。出口贸易和黄金外汇储备，共同体更是遥遥领先。欧共体扩大在国际上引起了极大的反响，时任美国总统的尼克松说："美国遇到了我们做梦也想不到的那种挑战"，"这种变化意味着由美国担任西欧保护者的情况宣告结束"。而苏联也表示："要密切地注视着共同体市场的活动及其发展。"

1981 年，希腊加入欧共体，完成了第二次扩大。1986 年 1 月 1 日，西班牙和葡萄牙也加入了欧共体，这就是欧共体的第三次扩大。欧共体此次扩大后，地域面积增加了 50%，达到 225.4 万平方公里，人口增加了 20% 以上，达到约 3.2 亿人口，欧共体 12 国的国民生产总值占整个西欧的 6/7，占整个世界的 1/4，对外贸易占全世界贸易总额的 40%，实力进一步增强。从总体上看，共同体扩大显示了西欧国家互相依存、加强联系的发展趋势。

同年，欧共体卢森堡首脑会议通过了《单一欧洲法令》，作为《罗马条约》的附件。该法令以法律的形式规定了在 1992 年 12 月 31 日前在欧共体范围内实现商品、人员、资本和劳务的自由流通。为达到这一目标，欧共体还提出了 282 项指令。到 1992 年底，约有 90% 的指令为各成员国所接受或转化为国内法律。这标志着欧洲统一大市场已如期形成。欧洲统一大市场的建成，加强了欧洲经济在世界经济中的地位，同时也为欧洲联盟的建立以及经济与货币联盟的实施提供了有利条件。1991 年 12 月，欧共体与匈牙利、波兰和捷克斯洛伐克签署了"联系国"协议，三国获得了 10 年入围候补资格。该协议规定，申请国必须在候补期内政治上实现"不可逆转的民主化"，经济上完成市场化的改造，对此，欧共体将提供必要的援助，并与这些国家逐渐实现贸易自由化。1993 年哥本哈根欧共体首脑会议发表声明表示，欧共体准备接纳波兰、匈牙利、捷克、斯洛伐克、保加利亚和罗马尼亚为成员国，但接纳顺序要视各国政治和经济体制改革的情况而定。1995 年 1 月 1 日，奥地利、瑞典和芬兰三国正式加入欧洲联盟，欧洲共同体第四次扩大，成员国达到 15 个。1997 年 7 月 16 日，欧盟委员会通过了"2000 年议事日程"报告，提出首批东扩名单。东扩的首批国家为：塞浦路斯、匈牙利、波兰、爱沙尼亚、捷克和斯洛文尼亚。

1995 年，奥地利、芬兰、瑞典加入欧盟。1998 年，欧盟与波兰、匈牙利、捷克、斯洛文尼亚、爱沙尼亚和塞浦路斯六个申请国开始了正式部长级入盟谈判。根据这批申请国的达标情况，当时估计最快也要到 2006 年才能成为欧盟成员国。1999 年的科索沃危机敲响了警钟，为了欧洲地区的稳定，欧盟决定采取措施加快扩大进程。这些措施是：一方面加快与上述六国的谈判，将其中最成熟国家的入盟时间提前到 2003 年；另一方面立刻与其他申请国谈判，参加第二批入盟谈判的国家也是六个。当所有这些国家都入盟时，欧盟成员国的总数将达到 27 个。同时，欧盟执委会还将长久以来被排除在考虑之外的土耳其也列入候选国名单。

1999 年 12 月，土耳其被宣布为候选成员国。2000 年 1 月，罗马尼亚、斯洛伐克、拉脱维亚、立陶宛、保加利亚和马耳他开始入盟会谈。2002 年 10 月 9 日欧盟委员会宣布，2002 年前，塞浦路斯、捷克、爱沙尼亚、匈牙利、拉脱维亚、立陶宛、马耳他、波兰、斯洛文尼亚和斯洛伐克十个中东欧国家将结束同欧洲联盟的入盟谈判，并于 2004 年成为欧盟的新成员。保加尼亚和罗马尼亚在 2007 年 1 月 1 号也被接纳为成员国。

1992 年，在荷兰的马斯特里赫特签订的条约，把欧洲经济共同体变成拥有更大政治权力的欧洲联盟，确定实行单一货币的日期。1999 年 1 月，欧元在欧盟 15 个成员国中的 11 个成员国问世，标志着欧盟一体化进程又向前迈进了一大步。2002 年 1 月，欧元取代了 12 个国家的本国货币。[1]

欧盟从 1957 年签订《罗马条约》建立经济共同体开始，到今天已经走过 50 多年的历程，这 50 多年来取得了很大进展：从一个六国的关税同盟发展到今天成为拥有 27 个成员国，人口 4.89 亿（2006 年），面积 432.2 万平方公里，国内生产总值达 13.6 万亿美元（2005 年数据）的超国家性质的组织，内部实现了商品、资本、服务和人员的自由流动，发行了统一的货币，外部拥有广泛联系和各种特惠贸易协定的世界上最大的单一大市场。[2] 迄今为止，欧盟是经济区域化、集团化进程最快、范围最广、层次最高、成绩最大的组织。欧洲共同体是战后西欧主要资本主义国家适应生产和资本国家化趋势，建立在国家垄断资本主义高度发达基础上的国家垄断联盟，是当代资本主义世界最高级的一种调节形式。它的产生与发展既是战后资本主义世界经济进一步发展的产物，也是欧美之间控制与反控制的结果。

1.4 欧洲经济一体化的现状与趋势

1.4.1 经济一体化的现状分析

2007 年 1 月 1 日，罗马尼亚和保加利亚加入欧盟，欧盟的

---

① 1999 年，加入欧元区的国家有比利时、德国、西班牙、法国、爱尔兰、意大利、卢森堡、荷兰、奥地利、葡萄牙和芬兰。希腊于 2000 年开始使用欧元。英国、丹麦和瑞典三国没有启用欧元，尽管它们今后还是很可能使用欧元的。

② 周建平：《欧洲一体化政治经济学》，上海复旦大学出版社 2002 年版。

成员国增加至 27 个，其一体化程度从广度上来说进一步增强了。欧盟的扩大，除了涉及地缘政治和安全格局的变化外，其经济方面的影响也不可低估。从总体上看，欧盟扩大将有助于推动欧洲国家经济特别是欧盟新成员国经济的发展。欧盟已发展成为当今世界上经济实力最强、一体化程度最高的国家联合体，欧盟实现经济增长的内力相比于以前得到了显著加强，欧盟作为多极世界中的一极，作为与美国不同的一种模式，在世界经济与政治舞台上的地位与作用也赫然显现。2004 年欧盟 15 国经济增长创新高，达到 1.9%，比 2003 年的增长速度增加了近两倍。2004 年 5 月 1 日，欧盟原 15 国扩大为 25 国，这是欧洲一体化进程中最重要的一次扩大。据统计，欧盟 25 国总人口占到世界总人口的 7%，在经济发展领域中，新的十个成员国将使欧盟的 GDP 扩大 5%，欧盟在经济发展的领域中翻开了新的篇章。欧盟进出口贸易额占到世界的近 1/5，强劲的外需拉动了经济的增长；欧盟总体就业率水平不断上升；欧元区资本市场发展的深度和广度水平较高，且与美日资本市场经济指标存在联动性，同业拆借的一体化程度也有明显提高；银行在面临一体化进程和竞争增加的背景下，会采取一系列主动的竞争行为和内政策略来应对；银行的经营绩效与规模确实存在着较大的相关性，但与市场集中的相关度不大。

一 GDP 增长及其组成因素

欧元的启动虽然没有给欧盟的经济带来太多的刺激，但其经济还是保持着稳步的增长。1999 年欧元区 GDP 增长率达到 2.6%。欧盟 15 国 GDP 增长率为 2.7%。2000 年尽管世界石油价格普遍上涨，通货膨胀压力加大，但经济增长率仍达到了十年来的最高点，欧元区经济增长 3.5%，欧盟 15 国经济增长 3.6%。除了周期性因素外，内外需求的扩大，欧盟内部改革也推动了经济增长。欧盟于 2000 年 3 月里斯本峰会期间，就对欧盟完成统一大市场所涉及的关税、财政、投资、电信、福利、交通等领域的改革与协调工作制定了最后期限。几年来，欧盟在统一税制、降低个人所得税和公司所得税方面取得了较大进展，德、法、英等国税率都有所降低。在社会福利方面，建立了职业和私人福利基金，旨在减轻由于人口老龄化所造成的政府福利支出对财政的压力。

自 2000 年下半年起，世界经济增长速度开始减慢，加之后来美国遭受的恐怖袭击，沉重打击了全球消费者和投资者的信心。作为世界三大经济体之一的欧盟经济也同样受到了严重影响。由于相当于 GDP 总量 0.6% 的减税措施的实施，欧元区的消费相对保持了较好的增长势头，是 2001 年经济增长的主要推动力。但受信息产业过度投资和出口下降的影响，投资停滞不前。口蹄疫和疯牛病使农业减产，制造业从年中开始出现负增长，2001 年欧元区经济增长率下降到 1.6%。欧盟 15 国为 1.7%。与此同时，2000 年秋天欧洲中央银行采取提高利率的货币紧缩政策，其影响一年后开始显现：2001 年欧元区经济增长明显受到了利率的影响，欧元区投资，尤其是建筑行业的投资缩减。2002 年和 2003 年经济进一步衰退，2003 年欧元区经济增长仅为 0.6%。欧盟 15 国为 0.9%。但自 2003 年下半年开始，欧元区和欧盟经济开始复苏，2004 年欧元区的经济增长回升到 1.7%。欧盟达到了 2%。欧盟经济发展的具体情况如下所述：[①]

（一）各成员国经济增长差异较大

自 2000 年以来，欧元区和欧盟经济发展呈现的一个特点是：

---

① 复旦大学欧洲问题研究中心：《欧盟经济发展报告 2006》，复旦大学出版社 2006 年版。

欧盟各国经济增长步伐不尽一致,欧盟主要大国增长步伐落后于较小成员国,尤其是占欧元区经济总量约 1/3 的德国经济增长远远落后于欧盟平均水平,在 2003 年甚至出现了负增长,拖累了整个欧盟经济,欧盟经济火车头的作用已不再显现。商业信心下降和消费者购买力减弱,内部需求乏力,高福利的政策加重了企业的负担,又逢欧元升值,出口产品的国际综合竞争力水平下降,阻碍了德国经济增长,同时德国为削减预算赤字而增加税收,势必加剧德国经济不景气的趋势,也会对整个欧元区造成直接的负面影响。据有关方面计算,2003 年受德国经济的负面影响,欧元区制造业和金融服务业增幅至少减少 0.25—0.5 个百分点。2004 年 5 月,欧盟完成了目前为止最大的一次东扩,新入盟的成员国基本上都保持了较快的经济增长,从而加大了欧盟内部各成员国经济增长的差异。

2004 年欧盟宏观经济各方面的指标都有所改善,整体经济朝着好的方向发展,但其增长的基础主要靠外需拉动。

表 1—1 欧盟各国 2000—2006 年经济增长率(占 GDP 百分比)

年份 国别	2000	2001	2002	2003	2004	2005	2006
比利时	3.9	0.7	0.9	1.3	2.3	2.5	2.6
德国	2.9	0.8	0.1	−0.1	1.9	1.5	1.7
希腊	4.5	4.3	3.6	4.5	3.8	3.3	3.3
西班牙	4.4	2.8	2.2	2.5	2.6	2.6	2.7
法国	3.8	2.1	1.2	0.5	2.4	2.2	2.2
爱尔兰	9.9	6.0	6.1	3.7	5.2	4.8	5.0
意大利	3.0	1.8	0.4	0.3	1.3	1.8	1.8
卢森堡	9.0	1.5	2.5	2.9	4.0	3.5	3.6

续表

年份\国别	2000	2001	2002	2003	2004	2005	2006
荷兰	3.5	1.4	0.6	-0.9	1.4	1.7	2.4
奥地利	3.4	0.7	1.2	0.8	1.9	2.4	2.4
葡萄牙	3.4	1.6	0.4	-1.2	1.3	2.2	2.4
芬兰	5.1	1.1	2.3	1.9	3.0	3.1	2.7
欧元区	3.5	1.6	0.9	0.6	2.1	2.0	2.2
捷克	3.9	2.6	1.5	3.1	3.8	3.8	4.0
丹麦	2.8	1.6	1.0	0.5	2.3	2.4	2.0
爱沙尼亚	7.8	6.4	7.2	5.1	5.9	6.0	6.2
塞浦路斯	5.0	4.0	2.0	2.0	3.5	3.9	4.2
拉脱维亚	6.9	8.0	6.4	7.5	7.5	6.7	6.7
立陶宛	3.9	6.4	6.8	9.7	7.1	6.4	5.9
匈牙利	5.2	3.8	3.5	3.0	3.9	3.7	3.8
马耳他	6.4	-2.2	1.8	0.2	1.0	1.5	1.8
波兰	4.0	1.0	1.4	3.8	5.8	4.9	4.5
斯洛文尼亚	3.9	2.7	3.3	2.5	4.0	3.6	3.8
斯洛伐克	2.0	3.8	4.6	4.0	4.9	4.5	5.2
英国	3.9	2.3	1.8	2.2	3.3	2.8	2.8
欧盟15国	3.6	1.7	1.1	0.9	2.3	2.2	2.3
欧盟25国	3.6	1.8	1.1	1.0	2.5	2.3	2.4

（二）内部需求乏力

相关统计数据显示，欧盟内需和投资的变化与GDP增长情况表现出很强的一致性。2000年是欧盟近十年来内部需求增长达到最高的一年。欧元区为3%，欧盟15国为3.2%；随后出现疲软，2002年欧元区的增长率仅为0.4%，欧盟15国为0.9%；2003年下半年随着经济开始复苏，内需的增长也慢慢得到恢复，

2004 年欧元区上升到 2%，欧盟 15 国达到 2.2%，加上中东欧 10 国入盟效应所带来的需求扩大，欧盟 25 国内部需求比 2003 年增长 2.4%。

就私人消费而言，从 20 世纪 90 年代中期以来到 2000 年都保持着稳步的增长，2000 年欧元区增长 2.8%，欧盟 15 国增长 3.1%，到 2001 年出现大幅度减速，德国、奥地利、葡萄牙相继出现负增长。在经历了三年的萎靡不振后，2004 年有所恢复，但增长的势头并不强劲，大大低于衰退前的水平。欧元区增长 1.5%，欧盟 25 国增长 2%。

再看投资方面，就总投资而言，20 世纪中期至 2000 年，投资保持良性增长，2000 年欧元区投资增长 5%，欧盟 15 国增长 4.9%，但在随后三年的经济衰退期欧元区和欧盟 15 国都出现了投资的负增长。随着 2004 年经济复苏，欧元区投资增长达到 2.2%。由于新成员国的加入，欧盟 25 国投资增长了 3.2%。作为调节宏观经济作用的政府公共投资或多或少缓和了私人投资的巨大波动，政府公共投资基本保持平稳，而且在经济衰退期稍微提高，保持了宏观经济的稳定。①

从构成 GDP 的两大重要部分即消费和投资来看，欧元区和欧盟 15 国私人消费和投资与 GDP 保持较一致的变动趋势，而政府公共消费与投资则在私人消费萎缩的时候起到了一定的支撑总需求、调控宏观经济的作用。

（三）外部需求增长强劲

随着全球化的发展，世界经济联系越来越紧密，任何一个经济体与外部的联动性会越来越强。欧盟作为区域一体化成功的典

---

① 复旦大学欧洲问题研究中心：《欧盟经济发展报告 2006》，复旦大学出版社 2006 年版。

范，即便其内部性再强，也不可避免地会受到外部的影响，而且这种趋势有增无减。2000 年世界经济形势的好转，使欧盟经济重新焕发生机，外部需求的复苏，同时欧元的贬值，使欧盟的出口呈现强劲势头。欧元区与欧盟出口年增长率均为 12.2%，整个欧盟经济被带动起来。然而好景不长，作为主要贸易伙伴国的美国"新经济"泡沫的破灭，后又遭到恐怖主义的袭击，消费和投资的信心严重受挫，经济开始衰退，严重拖累了世界经济，并通过贸易、投资、金融等渠道影响了欧盟的经济。欧盟委员会公布的数据显示（表 1—2），2001 年欧元区出口增长率下降到 3.1%，欧盟出口增长率下降到 2.9%，而且这种趋势一直持续到 2003 年（欧元区和欧盟 15 国出口增长率仅为 0.6%）。2004 年世界经济增长速度为 20 世纪 70 年代以来最高水平，反映了全球经济的同步复苏。世界市场的扩大转化为欧盟出口市场的强劲扩张（增长 8.6%），在一定程度上抵消了竞争力提高缓慢的弱势。

表 1—2　　　　　欧元区和欧盟进出口增长情况　　　　（%）

年份	1996—2000	2000	2001	2002	2003	2004
出口量						
欧元区	7.9	12.2	3.1	1.9	0.6	7.6
欧盟 15 国	7.8	12.2	2.9	1.6	0.6	7.0
欧盟 25 国	8.1	12.8	3.3	2.0	1.5	7.4
进口量						
欧元区	8.2	11.4	0.8	0.6	2.6	7.1
欧盟 15 国	8.3	11.1	1.3	1.1	2.4	6.9
欧盟 25 国	8.7	11.7	1.6	1.4	3.0	7.4

　　德国贸易在欧盟起着主导作用，在地理位置上德国居于欧盟中心，就贸易量而言，德国占了约欧盟贸易总量的四分之一，贸易辐射效应遍及欧盟的所有成员国，尤其是周边国家。德国对外贸易的结构也影响着其他的成员国。由于德国巨大的贸易量，欧元区的对外贸易顺差直接受到德国贸易顺差的影响，两者变化较具有一致性，2001年德国贸易顺差比2000年增加了378亿欧元，欧元区贸易顺差同时增加了621亿欧元，2002年欧元区贸易顺差比上年增加了467亿欧元，其中德国贸易顺差增加362亿欧元，2004年德国巨大顺差更是把欧元区从顺差缩小的趋势中拉回来。

　　欧元升值并没有抑制其出口。出口商品的结构调整有利于欧盟出口。其中投资品占了欧盟出口的相当大比重（2003年为18%）。除法国外，欧元区成员国出口产品中投资品的比重与其出口呈现出正相关关系。

　　二　就业与失业

　　从就业增长的情况看，2002年以来整个欧盟就业形势比较严峻，就业增长已很难达到衰退前2000年的水平，如表1—3所示欧元区2000年就业增长情况。欧盟15国就业增长2%。但在其后的几年里，就业增长的最高态势没有持续，而且每况愈下：在2001年比前一年下降了1个百分点之后，2002—2004年欧元区和欧盟15国的就业增长没有超过0.5%。即便是2004年经济复苏，对就业的影响也并不明显。这是2001—2003年经济增长放慢的滞后反应。与此同时，欧盟新入盟的成员国对劳动力市场的调整也影响了就业市场的改善。2004年欧盟25国的就业增长率仅为0.4%。

表 1—3　　　　　欧盟就业、失业、GDP 增长变化情况

年份	2000	2001	2002	2003	2004	2005	2006
就业年增长率							
欧元区	2.2	1.4	0.6	0.2	0.4	0.9	0.9
欧盟 15 国	2.0	1.2	0.5	0.3	0.5	0.8	0.8
欧盟 25 国	1.5	1.0	0.3	0.3	0.4	0.7	0.8
失业年增长率							
欧元区	8.4	8.0	8.4	8.9	8.9	8.9	8.6
欧盟 15 国	7.8	7.4	7.7	8.1	8.1	8.1	7.9
欧盟 25 国	8.7	8.5	8.9	9.1	9.1	9.1	8.8
GDP 年增长率							
欧元区	3.5	1.6	0.9	0.6	2.1	2.0	2.2
欧盟 15 国	3.6	1.7	1.1	0.9	2.3	2.2	2.3
欧盟 25 国	3.6	1.8	1.1	1.0	2.5	2.3	2.4

　　从图 1—4、1—5、1—6 中可以看出，欧元区和欧盟 15 国失业率的变化较 GDP 和就业率的变化滞后一年，即失业率最低点并非发生在经济和就业增长最快的 2000 年，而是其后的 2001 年，而且 2002 年欧盟 15 国的失业率水平低于经济衰退前的水平，为 7.7%，欧元区失业率保持在 2000 年的 8.4% 水平。从 2002 年开始，欧盟尤其是欧元区，失业率逐渐上升。2004 年欧盟整体失业率依然居高不下，欧元区失业率为 8.9%，欧盟 25 国却超过了 9%，达到 9.1%，这主要是由于新加入的中东欧国家都属于高失业国家。与 1992—1993 年的经济衰退减少了 250 万以上的就业机会不同，此次衰退并未导致大量的失业。①

---

　　① 复旦大学欧洲问题研究中心：《欧盟经济发展报告 2006》，复旦大学出版社 2006 年版。

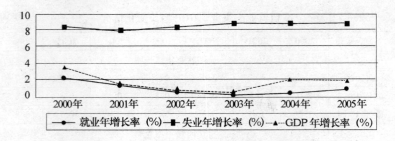

图 1—4   欧元区近年就业/失业/经济增长状况

资料来源：根据欧盟委员会"2004 年秋季经济预测报告"统计附录第
117、130、131 页的数据编制。

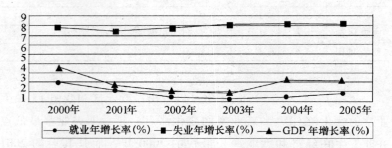

图 1—5   欧盟 15 国 2000—2005 年就业/失业/经济增长状况

资料来源：同图 1—4。

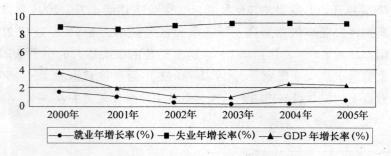

图 1—6   欧盟 25 国 2000—2005 年就业/失业/经济增长状况

资料来源：同图 1—4。

东扩增加了欧盟失业的压力，2004—2005 年欧盟 25 国的失业率均突破 9%，达到 9.1%。但东扩对欧盟失业率的影响是多方面的，同时对欧盟新老成员国的影响也是不同的。一方面新成员国具有较高的失业率，波兰和斯洛伐克也分别高达 18.7% 和 17.9%。另一方面，新成员国的劳动力成本较低，这导致一部分投资从老成员国转到新成员国，从而使原有成员国的就业压力更大。再则在加入欧盟后，新成员国的贸易地位得到提升，政策透明度的提高以及各方面投资环境的改善，有利于吸引更多的外部投资。

三 物价和通货膨胀

自 2000 年以来，欧元区和欧盟的通货膨胀控制的不是很好，超过了欧洲中央银行 2% 的目标。2001—2003 年上半年，欧盟国家经历了持续性的经济衰退，而欧元的名义汇率却从 2002 年下半年开始上升。尽管这两个因素对抑制通货膨胀都有潜在的作用，但欧元区和欧盟的通货膨胀仍呈现出较强的黏性。

四 财政赤字和政府债务

欧盟统计局公布的数据显示，欧盟 2005 年政府综合预算赤字占本地生产总值（GDP）的比例由 2004 年的 2.7% 降至 2.3%，其中，赤字规模排名靠前的是匈牙利、葡萄牙、希腊和意大利。

匈牙利政府预算赤字占 GDP 的比例由上年的 5.3% 升至 6.5%，远高于欧盟设定的 3.0% 的比例上限。总体而言，欧盟共有九个国家的政府预算赤字占 GDP 的比例超出了 3.0% 的上限。欧盟统计局数据显示，2005 年欧盟各国政府债务较 2004 年有所增长。其中有九个成员国政府负债率高于欧盟所设定的债务占 GDP 比例 60% 的上限。

欧元区国家综合赤字仍稍高于欧盟 25 国综合赤字规模，但欧元区综合赤字占 GDP 的比例由 2004 年的 2.8% 降到了 2.4%。近年来赤字规模超过 GDP 总额 3% 上限的德国和法国 2005 年赤字状况都有所改善。法国政府赤字占 GDP 的比例由 2004 年的 3.7% 降至 2.9%，已低于欧盟所设上限；德国由 2004 年的 3.7% 降至 3.2%。意大利 2005 年的预算赤字继续扩大，占到了 GDP 的 4.1%，2004 年为 3.4%。不使用欧元的英国 2005 年赤字规模连续第三年超出欧盟规定的上限，占 GDP 的比例由 2004 年的 3.2% 升至 3.3%。[①]

1.4.2 欧盟经济发展的不平衡性

刚刚过去的 2006 年是欧盟自 2004 年大举东扩后，遭遇重重危机的一年，面临的问题仍不容乐观，内部经济增长缺乏平衡，欧盟首脑会议决定推迟实行欧盟宪法，移民问题日趋严重，尤其是欧盟内部经济发展不平衡：其一，对美国市场的依赖在短期内不可能减弱，目前，美国约占欧盟出口总量的 1/4，而一个客观的事实是，美国经济已经出现走弱的趋势。其二，石油价格的上涨始终是欧盟经济天空中难以驱散的乌云。其三，经济发展的不平衡性恐怕是其今后很长时期内必须面对的严峻问题，成为欧盟进一步发展的沉重包袱，暂停欧盟扩大的呼声空前高涨。

欧盟目前的经济实力不仅远远地超过了日本，也完全可以与美国相抗衡。然而一个值得关注的问题是，随着欧盟一体化的不断扩大和深化，欧盟内部的经济发展呈现出较大的不平衡。这种经济发展的不平衡既反映在不同成员国之间，又表现在同一成员国的不同地区之间。（1）成员国经济增长表现出很大的差异性。

---

① 复旦大学欧洲问题研究中心：《欧盟经济发展报告 2006》，复旦大学出版社 2006 年版。

在老欧盟成员国中，按购买力平均价计算，卢森堡的人均国内生产总值是罗马尼亚、保加利亚入盟前欧盟排行最末位的拉脱维亚的 5 倍。英国人均国内生产总值接近欧盟平均水平的 120%，德国和法国相当于欧盟平均水平的 110%，而排名靠后的希腊和葡萄牙分别比平均水平低 20% 和 30%。10 个中东欧成员国的人均国内生产总值都处于欧盟平均线以下。希腊 2001 年的实际 GDP 增长率为 4.1%，仅次于爱尔兰的 6.5%，而德国的经济增长率只有 0.7%，低于欧盟平均水平（1.7%）一个百分点。（2）成员国的人均收入存在严重不平衡。欧盟 3 个收入最低的成员国依次是希腊、葡萄牙、西班牙，其人均 GDP 远低于欧盟的平均水平，意大利与英的收入相当，接近 15 国的平均值；其他成员国的人均 GDP 都高于欧盟的平均水平，其中卢森堡的人均 GDP 为希腊的 2.8 倍。如果进一步就欧盟内部不同区域进行考察，收入差距的存在是一种普遍现象。欧盟 10% 最富裕的地区主要集中在由英国北约克地区、法国法郎什—孔泰地区以及德国汉堡地区构成的三角地带。而 10% 最贫穷的地区主要包括希腊、法国海外省、西班牙与葡萄牙的部分地区、意大利南部等地区，前者的人均收入比后者要高出近三倍。（3）成员国工业生产水平参差不齐。长期以来，德、英、法等经济发达国家都拥有比较完备的工业生产体系，工业基础雄厚，主要从事电子、航空、通信、汽车等高附加值的资本技术密集型产品的生产。而希腊、葡萄牙、西班牙等相对落后的国家则基本上以低附加值劳动密集型产品为主。2000 年，希腊、葡萄牙的工业生产仅增长 0.5%，远远低于欧盟的平均增幅 4.8%。（4）2000 年欧盟平均失业率继续攀升，达到 8.2%，其中，西班牙、希腊、意大利的失业率均超过两位数，分别为 14.1%、11.1% 和 10.5%，法国和德国的失业率也分别上升到 9.5% 和 7.9%，按照欧盟委员会的有关报告，欧盟 10% 最富裕地区的平均失业率仅为 3%，10% 最贫穷地区的平均失业率却高达 23%。需要特别指出的是，欧盟的长期失业问题和青年失业问题尤为突出，失业时间超过一年以上的人员占总失业人员的比例平均高达 49%，而 25 岁以下青年的失业率在西班牙和意大利的一些地区平均超过了 30%。（5）成员国的通胀率在趋同过程中仍然存在一定的差异。到 2000 年，欧盟的通胀率仅为 1.9%，属于历史的最低水平，其中通胀率为欧盟平均水平的成员国有 5 个，分别是英国 0.6%、瑞典 0.9%、德国 1.4%、法国 1.5% 和奥地利 1.5%。（6）成员国政府债务负担差异依然明显。2000 年，欧盟的平均公债率达到 64.2%，已超过"马约"规定的上限，其中意大利和比利时的公债率分别高达 110.5% 和 109.3%，希腊的公债率也上升到 103.3%，奥地利、西班牙和德国的公债率也都超过了 60%，而爱尔兰的公债率只有 38.6%，卢森堡仅为 5.2%。[①]

1.4.3　欧洲经济一体化的趋势

2004 年欧盟一体化的扩大和深化都取得了举世震撼的重大进展：5 月 1 日，欧盟正式实现了其历史上最大规模的第五次扩大，吸收了包括 8 个中东欧国家在内的 10 个新成员国，使欧盟扩大为拥有 25 个成员国、4.53 亿人口的区域经济政治联盟。10 月 29 日，欧盟及其 25 个成员国正式签署了《欧盟宪法条约》，为欧盟一体化的深化和高效运行奠定了法律基础，这两件大事是欧盟一体化大步向前迈进的重大举措。

然而，2005 年 5—6 月间欧盟形势急剧逆转，法国和荷兰相

---

① 参见申皓《欧盟成员国经济发展不平衡浅析》，《欧洲未来：挑战与前景》，中国社会科学出版社 2005 年版。

继在全民公投中否决了《欧盟宪法条约》，欧洲一体化乐极生悲，发生了严重危机。不仅欧洲而且全世界关心欧洲局势发展的人们都为之震惊，欧洲未来前景如何？欧盟一体化发展将何去何从？见仁见智，众说纷纭，大相径庭。大致有两种截然不同的看法和判断。①

1. 欧盟制宪就此告终，欧盟机制运行将会瘫痪，欧洲将趋沉沦

有舆论认为，欧盟制宪危机源于欧盟东扩的步子过大过快过急，致使欧盟发展得过于庞杂，成员国差异急剧拉大，内部矛盾难以弥合，欧盟势必走向松散。作为欧盟创始国和核心国的法、荷两国公投否决，从程序上宣告了欧盟制宪进程遭遇颠覆，制宪无法再继续进行，《欧盟宪法条约》已胎死腹中，欧盟的扩大进程也将急刹车，从此欧洲一体化将停滞不前，甚至有可能倒退到英国和一些北欧国家一向倡导的自由贸易区模式。持类似主张者认为，欧盟内部新老成员国间，贫富成员国间的矛盾必将加剧，欧盟预算收支纷争激烈，净支出国不愿再多支付，力争少交纳；净收入国都不想退让，力争要多拿些，"粥少僧多"，矛盾无法协调。欧盟运作机制已失灵，今后欧盟议事必将议而不决，决而难行，终将陷于瘫痪。同时，欧元区经济长期停滞，有些国家如意大利还会退出欧元区，欧元有可能垮台。欧洲社会福利制度超负荷，各国财政难以为继，民众失望、不满情绪弥漫欧盟各国。欧盟在身份认同危机和福利老化病的冲击下，在全球化加速发展中成为落伍者，欧洲的黄金时代已经过去，欧洲将会沉沦下去。

---

① 伍贻康：《欧盟一体化何去何从举世瞩目》，http：//www.escsass.org.cn/adm/UploadFiles/2006121102741143.doc。

2. 欧盟善于通过妥协实现调整变革以推进一体化

欧盟制宪是欧洲一体化形势和任务需要的产物，法、荷公投否决表明欧盟制宪条件尚不够成熟，这一严重挫折反映了半个世纪以来欧洲精英政治设计和推动的欧洲一体化进程受到公民欧洲的严峻挑战，充分暴露了精英欧洲和公民欧洲间的严重鸿沟。欧盟制宪危机激发了欧洲朝野上下对欧洲一体化进程进行认真总结和深刻反思，尽管欧盟一体化的进一步扩大和深化暂时受阻，但这次危机并不一定是坏事，尤其从长远来看。对欧洲一体化的全面、深入总结和反思，将为精英欧洲和公民欧洲的紧密有机结合提供一个契机，以塑造一个新欧洲；使欧盟各国领导人和政治家更加认真考虑落实普通公民的权利和利益，更加重视多元化和一体化的辩证统一和协调一致，妥善处理成员国之间的权益，从而把欧盟机制的调整变革进行得更加稳妥，使欧盟一体化的扩大和深化进程走得更扎实、平稳些。

应该正确认识和冷静看待欧盟的危机和挫折，欧洲一体化决不是一条笔直的坦途，欧共体创造者让·莫内早已说过："欧洲将在危机中建设起来。"半个多世纪的欧洲一体化历程已经证明，从欧共体发展到欧盟渡过了一次次危难和挫折。成员国之间总是能够通过协调寻求出路，实行逐步调整，不断变革，用相互妥协、小步渐进的方式推进一体化进程，这已成为欧盟克服矛盾、摆脱危机的规律。2005年12月17日，欧盟各国首脑通过互谅互让就曾被认为僵持而难以妥协的2007—2013年欧盟财政预算方案达成协议，这是欧洲妥协艺术的又一新成果，一位欧盟官员说，妥协已逐步成为了欧盟的一种品格，是"我们的制胜法宝"。

欧盟一体化具有较坚实的基础，不会发生根本性逆转，欧洲一体化符合国际力量格局重新组合的需要，有益于开创人类社会发展探索区域共同治理的新模式，欧盟更不可能散伙垮台。欧洲必将对未来世界多极化格局的最终形成作出其应有的贡献。

3. 一体化在曲折中继续向前推进①

欧洲一体化是一个曲折发展的历史进程。综观其 50 多年的历史，往往都是在退一步进两步的循环中曲折前行。在 20 世纪 50 年代，欧洲一体化进程遭遇了欧洲防务共同体计划失败的严重危机，但危机过后不久，欧洲经济共同体和欧洲原子能共同体宣告诞生，从此开始了欧洲一体化的新历程。在 20 世纪 60 年代，法国"空椅子"危机再次使欧洲一体化进程遭遇挫折，但仍不能阻止一体化进程；共同农业政策和关税同盟的建立，是这一时期欧洲一体化取得的两大突出成就。更有意义的是，欧洲煤钢共同体、欧洲经济共同体和欧洲原子能共同体于 1967 年合并为欧洲共同体，标志着欧洲一体化发展的历史潮流已经不可逆转。在 20 世纪 70 年代，由于受石油危机和经济发展停滞的影响，欧洲的经济一体化经历了一个困难时期。在 20 世纪 80 年代，英国的摊款争端曾在一段时间里严重困扰着欧共体的发展，但成员国通过反复谈判和讨价还价最终基本上解决了这一问题，扫除了欧共体发展的一大障碍。20 世纪 90 年代初，以《欧洲联盟条约》（"马约"）的签署为标志，欧洲一体化进程进入一个新阶段，开始了欧洲政经联合的新纪元。不过，随后启动的欧盟建设进程并不顺利，1992 年丹麦第一次全民公决否决了"马约"，顿使欧盟陷入危机之中；与此同时，欧洲金融市场的动荡，亦使得欧洲货币联盟的建设前景难测。但欧洲人在困难和危机面前没有退缩，他们先是通过采取灵活的变通措施促使丹麦人最终接受

---

① 赵怀普：《对当前欧盟形式及其走向的几点看法》，《国际问题研究》2006年第 2 期。

了"马约";而后又采取了较为激烈的改革措施以求达至经货联盟的标准,并最终在1999年建立了货币联盟,使欧洲的经济一体化水平达到了一个新高度。进入21世纪,在经济全球化和世界政治多极化形势深入发展的背景下,欧洲一体化进程继续向前推进。

毫无疑问,欧宪条约的挫折与欧盟历史上遭遇的危机一样,都不可避免地对欧洲一体化进程产生了一定的冲击。但同时,这次挫折和以往的多次危机一样,也不过是欧盟"成长中的烦恼"。经过50多年在一体化进程中的相互学习,欧洲人早已学会了如何应付危机,学会了如何妥协与平衡。因而每当欧盟一体化进程遇到挫折,欧盟领导人总能够设法找到各方均能接受的利益平衡点,使一体化进程在化险为夷后继续前行。

欧洲议会2008年2月20日在总部所在地斯特拉斯堡举行的全体会议上,以525票赞成、115票反对、29票弃权的表决结果通过一项决议,批准了旨在取代欧盟宪法条约的《里斯本条约》。决议强调,《里斯本条约》将有助于加强民主、改善公民权利以及提高欧盟运行效率。决议呼吁欧盟各机构及各成员国加大宣传力度,使普通民众能够客观、全面地了解《里斯本条约》的内容。决议要求各成员国加快批约程序,以使《里斯本条约》能在得到全体成员国批准后于2009年1月1日如期生效。欧洲议会议长珀特林当天发表声明,对欧洲议会批准《里斯本条约》表示祝贺。他强调,随着《里斯本条约》的生效,在气候变化、反恐以及打击跨国犯罪等一些民众普遍关切的问题上,欧盟的行动能力将大大提高。2007年12月13日,欧盟各国领导人在葡萄牙首都里斯本签署《里斯本条约》,使此前一直困扰欧盟的制宪危机暂时获得缓解。根据规定,条约签署后将交由各成员国批准,如获所有成员国批准将于2009年1月1日生效。目前,法国、匈牙利、马耳他、斯洛文尼亚和罗马尼亚等 5 国已正式批准《里斯本条约》。

1.5 欧洲经济一体化与全球化

1.5.1 经济全球化

经济全球化是指世界各国和地区的经济相互融合日益紧密，逐渐形成全球经济一体化的过程，包括贸易全球化、生产全球化与金融全球化三个阶段，以及与此相适应的世界经济运行机制的建立与规范化过程。① 具体指这样一种状态，即各国和地区的经济都融合到国际经济的大循环中，经济交往中的对外贸易比重大大提高，生产领域中跨国公司占据着举足轻重的地位，金融市场上外国货币大量流通，资本跨国流动加快，各国的金融市场由先进的通信工具，发达的交易网络系统连接成为一个整体。

贸易全球化、生产全球化与金融全球化是经济全球化的主要内容和形式，它们是层层推进的关系，贸易全球化是经济全球化过程的起点，从 19 世纪开始到"冷战"结束，一直是经济全球化过程的主要形式。生产全球化主要是 20 世纪 70 年代以后的事情。随着贸易品种和贸易规模的扩大，金融全球化逐渐产生了。

对这个定义还可从以下五个方面来认识：

（1）经济全球化的本质特征是全球经济趋于一体。它突出表现为资源在全球更合理地配置，社会财富的极大涌流；在统一大市场的基础上产生超国家的经济组织，实现全球经济的统一管理。

---

① 《欧洲议会批准旨在取代欧宪条约的〈里斯本条约〉》，http：//211.153.179.241/nrwy/benk/mj/mj－5/bk－mj－5－mcjs.htm。

（2）经济全球化的出发点是民族国家谋求增进本国的经济利益。它表现为各国参与世界经济、让渡部分国家经济权力以获得本国经济利益的增进。

（3）经济全球化的条件。一是国家经济边界弱化。它表现为国家经济主权的无形销蚀（生产国际化：跨国公司在东道国内直接从事生产经营）和有形让渡（关税减让、非关税壁垒逐渐减少）。二是市场经济体制和市场规则的普遍适行。它表现为各国各经济主体对宏观的多边制度安排和微观的国际惯例的普遍认同和接受。

（4）经济全球化的载体是组织程度日益加深的世界经济组织、各国政府和国际跨国公司。它表现为各种世界经济组织、各区域经济组织、各国之间、各跨国公司之间的触角延伸范围的不断扩大，经济组织管理程度的不断深化。

（5）经济全球化的纽带是联系日益密切的经济活动。它表现为金融、生产、贸易服务、技术、人才和劳务等各种生产要素在全球流动、配置更全面、更自由。经济全球化将通过金融全球化、生产全球化、贸易服务全球化、技术全球化、人才劳务流动全球化这五个方面的具体全球化来表现。

经济全球化实现的程度就取决于以上五方面的发展程度。

1.5.2 区域经济一体化

区域经济一体化是指地理位置相邻的国家，在客观经济联系愈来愈密切的基础上，对各种生产要素的流动，相互采取比对区域外国家更为开放、自由的政策，并在体制框架、调节机制上结成经济联合组织以至国家集团的统一大市场的进程。它既包括经济联系、结合的关系或进程，也包括经济联合、调节的机构或行为。区域经济一体化的组织形式从内涵发展的态势看，其涉及的

经济领域、达到的层次和程度在不断提升和深化。目前区域经济
一体化有五种基本组织形式，它们的内涵区别如表1—4所示。

表1—4　　　　　区域经济一体化的基本组织形式

组织形式	成员国相互间的关系	与第三国的关系	联系程度
特惠关税区	部分商品减免关税，不涉及农产品	不得享受关税减免	最低形式
自由贸易区	取消商品关税，不涉及农产品	各成员国按各自的标准分别征收关税	初级形式
关税同盟	取消进口关税，贸易自由	实行统一的对外关税	中级形式
共同市场	取消进口关税，贸易服务、人口、劳务、资本自由转移	实行统一的对外关税	较高形式
经济联盟	取消进口关税，贸易服务、人口、劳务、资本自由转移，统一经济政策，建立超国家的权力机构，国家经济边界消失	实行统一的对外关税，统一对外经济政策	最高形式

1.5.3　区域一体化与经济全球化的关系

经济全球化与区域经济一体化是既相互联系又相互区别的两
个范畴。区域经济一体化所表达的是各国经济在机制上的统一，
而经济全球化所表达的是世界经济在范围上的扩大；区域经济一
体化所指的是世界各国经济高度融合的状态，经济全球化则反映
了各个相对独立的国民经济之间的联系越来越密切的事实。区域
经济一体化是经济全球化的发展趋势，是全球经济一体化的前提
条件，区域经济一体化是经济全球化的内在机制，经济全球化则
是区域经济一体化的外在形式。可以形象地将经济一体化与经济
全球化比喻为纵向深化与横向扩张的关系，也可以将区域一体化

看成是经济国际化发展的质变，经济全球化则是经济国际化过程中的量变。①

一　经济全球化与区域经济一体化的联系

经济全球化与区域经济一体化的相同点，总的来讲，都是国与国之间的经济联系。区域经济一开始就表现为国与国之间的经济关系，它的发展与扩张就是更多的国家参与其中，更多的国家加入一体化的过程。具体表现在以下五个方面：一是实质相同，最终都趋向经济一体化，国家经济边界逐渐消失；二是出发点相同，都为增进民族国家的经济利益，增强国家的经济实力，改善国内人民的生活水平；三是宏观经济调控运用统一的经济政策，微观经济联系和运行采用统一的国际惯例；四是内部都采用共同的市场机制、市场运行规则和市场运行方式，力求经济资源得到最合理、最充分的利用；五是内容相同，是各种生产要素全面、自由的流动。②

从经济全球化和区域一体化所追求的目标来看，无论经济全球化还是区域一体化，其目的都是实现规模经济、提高经济效率和增强产品竞争力，只不过是范围大小的不同而已。经济全球化的发展客观上要求突破国家的界限，要求有关国家在经济上以某种方式联合起来，在更大的范围内有效地配置各种生产要素。区域经济集团就是通过签约的方式结为不同性质的经济联盟，并允许各成员国的生产要素在本区域内自由流动，从而提高成员国的经济效益。可以说，在某种程度上，区域经济一体化对经济全球化起到了奠基和推动作用。从生产、贸易、金融三个角度看，区

① 田素华：《经济全球化与区域经济一体化》，《上海经济研究》2000 年第 4 期。

② 袁经荣、康东升：《试论经济全球化与区域经济一体化的关系》，《经济与社会发展》2003 年第 5 期。

域经济一体化不仅有利于生产要素的国际流通，而且亦能提高资源配置的效能并刺激经济增长，最终加快经济全球化进程。

1. 区域经济一体化是经济全球化过程最终达到全球经济一体化的必经阶段。世界上为数众多的国家和地区不可能同时实现贸易一体化，更不用说更高层次的生产一体化和金融一体化了。而一些在地域上、文化传统上、经济上密切相关的国家和地区首先实现区域经济一体化，有助于推进经济全球化进程。因为与分散孤立的各国经济联系相比，组成区域性经济一体化的组织实际上不仅已在全球经济的不同部分、不同层次实现了经济一体化，而且也更有可能和更容易通过联合或合并的方式向经济全球化的完成形式——全球经济一体化过渡。正如欧洲的经济一体化组织不断扩大，最终将形成全欧洲的经济一体化一样，全球经济一体化也将以同样的形式得到实现。

此外，区域经济一体化的发展为经济全球化进一步发展提供了范例和模式，也有助于推动经济全球化进程。未来的全球经济将向何处发展？全球经济一体化包括哪些内容？它能够发展到何种程度？区域经济一体化组织特别是欧共体所作的巨大努力和尝试，为其探索了发展方向和实施步骤。无论是统一大市场的建议，还是单一货币的设想与启动，区域性中央银行的建设，都是由欧共体首先提出和实施的，并已取得重大进展。这些都为经济全球化过程的发展指明了可供借鉴的发展方向。因此，经济全球化过程最终发展为世界经济一体化，首先是在全球化的各经济区域实现的。正是区域经济一体化的出现，才有实际的、超出国界的经济全球化过程的不断发展。

2. 区域经济一体化和经济全球化是相互适应的。初级阶段的经济全球化以贸易全球化作为核心内容，此时区域经济一体化也处于开始起步的阶段，主要采取关税同盟或自由贸易区等形式，基本目标是解决一定范围内的贸易自由化问题。早期的区域经济一体化理论与经济全球化理论也是基本一致的。比如，区域经济一体化理论也包括了对资本和中间产品流动的分析，并且基本上不涉及从事跨国经济活动的基本单位即企业。当经济全球化进入到生产全球化、金融全球化阶段时，区域经济一体化理论也就把国际直接投资以及跨国公司、经济全球化过程中有关国际宏观经济政策协调作为自己的核心对象与研究范畴。

3. 区域经济一体化和经济全球化是相互促进的。从某一个角度看，经济全球化与区域经济一体化所追求的目标是一致的，即实现规模经济、提高经济效率和增强产品竞争力，只不过是范围大小的不同而已。区域经济一体化是经济全球化过程的有机组成部分，既是经济全球化的一个步骤或阶段，又是经济全球化进一步发展直至形成全球经济一体化的基础。

以世界贸易组织所倡导的经济全球化和以众多区域经济一体化组织倡导的区域经济一体化实质上都是世界经济向一体化发展的过程，即超出国界而进行的各国间国际分工、国际投资、国际生产、国际贸易等使各国经济成为一个相互依存的整体过程。区域经济一体化不仅使成员国之间的贸易额大大增加，而且区域内外之间的贸易额也有增长，其比重也在提高。[①]

区域经济一体化对经济全球化的促进作用表现在：区域经济一体化内部实行生产要素的自由流动，必将加速资本的相互渗透，深化成员国之间的相互依存和国际分工，从而进一步推动全球生产和金融一体化的过程。此外，各区域经济一体化组织除了追求区域内要素自由流动外，还追求从整个世界贸易中获得更多

---

① 田素华：《经济全球化与区域经济一体化》，《上海经济研究》2000年第4期。

的好处。以北美自由贸易区为例，北美地区的内部贸易只占美国、加拿大和墨西哥三国贸易总额的 36%，所以，区域经济一体化会加速世界经济全球化过程，最终形成全球经济一体化。

尽管区域经济一体化组织具有某些内向性、保护主义的色彩，但如果区域性经济一体化组织的成立不对区域外国家和地区形成额外的经济自由交往壁垒，那么，它在世界经济全球化过程中就起着积极而不是消极的作用。况且，区域经济一体化组织接受世界贸易组织（前身为关税和贸易总协定）的领导，因此，在全球多边经济合作体系的保护、协调、控制和管理之下，其消极作用得到限制，而积极作用得到肯定和支持。因此，经济全球化的努力，将保障日益兴起的区域经济一体化浪潮健康发展，并使之成为全球经济一体化发展的推动力。

二　区域经济一体化与经济全球化的区别

经济全球化与区域经济一体化的不同点，总的来讲，受一体化规律的制约，其内部差异与其范围成正比，其内部差异与其组织程度成反比。具体表现在以下三个方面：一是经济全球化由于范围广泛，参与成员多，差异区别大，利益难以协调，从而使一体化程度、层次难以提高，进展缓慢；区域经济一体化正相反。二是全球范围的资源流动只能说是在与各种障碍、保护、壁垒的冲撞中朝着自由与开放的方向发展；区域化的资源流动要比全球化的资源流动更为便捷、自由。三是全球范围的经济协调功能效率较低，资源配置难以合理，尤其是调节机制难以有效建立和运行；而区域经济一体化的协调功能是比较强健、有力、有效的。[①]

[①]　袁经荣、康东升：《试论经济全球化与区域经济一体化的关系》，《经济与社会发展》2003 年第 5 期。

经济全球化系指世界各国的经济运行在生产、分配、消费等方面所发生的一体化趋势。区域经济一体化是经济全球化的一个中间过程，但是区域经济一体化与经济全球化的区别十分明显。

1. 区域经济一体化产生于相邻近区域或经济结构相近或互补区域内的主权国家的制度安排，是区域内各国突破了主权国家的界限，放松主权约束，以国家签订的协约为基础而建立起来的一种国际经济合作的组织形式。它以主权国家为核心，渗入了政治因素。与区域经济一体化不同的是，经济全球化是一种自发的市场行为，是一个超主权的概念。市场经济无限高度发展的结果，就是经济全球化。因此，经济全球化要求最低限度的政府干预，是一种超国家主权的概念。经济全球化的超主权性质决定了它缺乏区域经济一体化中那种有效的政府间的协作与对市场的监督。

2. 经济全球化与区域经济一体化范围不同。有时，区域经济一体化趋势与经济全球化趋势也不完全一致，区域经济一体化经济组织的某些规定在一定程度上不利于经济全球化的发展。如欧共体对亚洲产品实行配额制和反倾销措施，使日本等国深受其害。北美自由贸易协定对成员国商品的免税待遇实行原产地规则，导致其贸易具有内向性，并对区域外贸易产生排他性。

3. 经济全球化是以跨国公司为微观经济行为主体，在市场力量作用下的生产、贸易、投资、金融等经济行为在全球范围内的大规模活动，是生产要素的全球配置与重组，是世界各国经济逐渐高度依赖和融合的过程。因此，经济全球化主要由企业带动，是从下到上的一种微观经济行为，有人称之为"企业逐渐走出原有国境的离心运动"。区域经济一体化要求成员国之间消除各种贸易壁垒及阻碍生产要素自由流动的政策，通过一系列协议和条约形成具有一定约束力和行政管理能力的地域经济合作组织，因此，它主要是由政府出面推动的，是一种以政府参与制定双边或多边协定，微观经济主体在协定框架内活动的向心运动。经济全球化又叫"功能性一体化"，是现实经济领域中各种壁垒的消除而形成的市场的扩大和融合，是各国市场经济在生产力发展的推动下向外扩张的内在要求。区域经济一体化又叫做"制度性一体化"，是通过签订条约和建立超国家组织的主观协调，由国家出面让渡那些阻碍经济行为跨国界活动的主权，以保证该过程顺利进行的高级形式。可以说，区域经济一体化已经造就了维护自己存在的上层建筑，而经济全球化的上层建筑仍在进一步探索、形成之中。

此外，经济全球化与区域经济一体化的理论依据不同。经济全球化的主要理论依据是李嘉图的自由贸易理论，区域经济一体化的主要理论依据是产业结构相似理论、关税同盟理论。

4. 经济全球化是由自发的市场机制起着主导作用的过程，而区域经济一体化则是由国家起主导作用的进程，全球化的本质是市场经济的全球化。[①] 市场经济是一种资源配置方式，它并不是由某种社会制度所决定的，它不具有任何社会制度的性质。经济全球化是全球化的核心，也是全球化进程的最基本动因。市场化有其相对独立的运行轨迹，在世界经济范围内，则表现为市场化在一国内、区域内、世界范围内的逐级演进，最终将促成一体化的全球经济。全球化是世界经济形成一个整体的自然发展过程。当代的全球化一般指第二次世界大战后，特别是 20 世纪六七十年代兴起的全球化，它是伴随着资本主义的崛起而出现的。进入 20 世纪 90 年代，全球化出现了新一轮的发展高潮，互联网

① 赵海涛：《区域经济一体化与经济全球化的区别及联系》，《哈尔滨学院学报》2000 年第 9 期。

技术突破了人类交往中的一切障碍，使人类的交往空前扩大。由此可见，全球化的历史表现为市场经济的自发过程。相反，区域化的世界历史发展过程则表现出明显的国家主导作用。由此可见，区域化的产生与地缘政治有着密切联系。总体来说，产生区域化的直接动因并不是合作而是对抗，区域化所强调的合作仅仅是指内部合作。① 区域经济一体化是通过国家对国家的谈判，把那些愿意参加一体化结盟的国家联结在一起，而经济全球化则是通过市场机制把世界各国联结在一起。

5. 在全球自由市场的状态下，风险是很难规避的；而在经济区域化的状态下，风险是可以得到控制和化解的。按照自由主义经济学家的看法，经济全球化肯定是一个有利于全球福利增进的过程，因为经济全球化扩大了世界市场的规模，促进了国际分工和国际竞争，从而使得所有参与经济全球化的国家可以在更大范围的国际分工与贸易中获利。但是，在现实经济生活中，经济全球化发展的后果并非都是积极的和正面的。造成这种后果的原因大致可以分为两种类型：第一类与市场机制本身所固有的特性相关。与各种类型的国际结盟不同，经济全球化是一个自发的市场机制起作用的过程，市场机制的作用过程不仅具有随机性，而且其作用的结果往往是强者获利、弱者受损。因此，经济全球化的发展进程并不是稳定的，而是具有很大风险的；与此同时，当参与经济全球化的国家国际竞争力过于悬殊时，还会发生世界范围内的财富（包括增量与存量）不利于弱者的分配与再分配。第二类与每个参与经济全球化过程的国家不能采取正确的应对策略有关。这种情况较多发生在国际比较优势发生变化的时期。引起国际比较优势发生变化的主要原因是经济发展与世界市场的扩

---

① 薛誉华：《区域化：全球化的阻力》，《世界经济》2003 年第 2 期。

张，受这两种因素的影响，要么是国际竞争中要素的相对重要性发生了变化，要么是有成本更低的国家参与国际市场的竞争与分工，它们都会引起国际比较优势的转移或结构性变化。在国际比较优势发生变化的情况下，一个参与国际分工的国家如果不能因此而进行有效的结构调整，或者是没有能力来完成这样的结构调整，那么它们就会在全球化浪潮的冲击下受损。而区域经济一体化则不同。根据新制度学派的企业理论，企业是对市场的一种替代，用企业组织取代市场机制，可以降低广义的交易费用，因为市场被内部化了。

三　区域经济一体化对经济全球化的影响

（一）区域经济一体化对经济全球化的推动作用

区域经济一体化有利于区域内部各加盟国之间的合作与交流，同时也促进了各加盟国的经济发展。如前文所述，区域经济一体化对全球化的推进作用更多地表现为间接的影响。

（二）区域经济一体化对经济全球化的阻碍作用

与区域经济一体化对经济全球的间接推进作用相比，它对经济全球化的阻碍作用则表现得比较明显。20世纪50年代开始的区域政治一体化和20世纪80年代开始的区域经济一体化浪潮，正在对当前和今后的世界政治、经济格局以及全球化产生重大的影响。

1. 区域化正在改变全球经济格局

北美自由贸易区、欧盟、APEC、东盟和非盟等区域经济合作组织的逐步形成和完善，彻底改变了世界经济贸易往来的格局。各国对区域内经济依赖的加强和各区域对外合作谈判能力的提升，无疑将给世界经济的发展带来更加激烈的竞争局面。区域合作的增强，还在一定程度上加剧了全球经济发展的不平衡性。近年来，南北经济发展差异进一步扩大就是明显例证。从长远看，支离破碎的全球经济格局将意味着全球性经济福利的减少，并可能导致政治冲突。

2. 区域化创立了新的贸易壁垒

区域一体化的目的在于实现区域内的规模经济，提高经济效率和增强产品竞争力。区域经济内部成员国实行生产要素的自由流动，必将加速资本的相互渗透，深化成员国之间的相互依存和国际分工，从而进一步推动经济区域化的历史进程。就在世界贸易组织为消除全球贸易壁垒进行积极努力的同时，区域化则以区域合作为名为贸易保护提供了一种新的手段。区域化在强化内部利益的同时，对其他国家或地区的产品采取了更加严格的防范政策和措施，不惜采取一切手段建立贸易壁垒，阻止他国产品进口。日益排他的区域经济合作，在满足区域内各国或地区经济发展的同时，伤害了全球经济合作的平等基础，加大了国与国之间对话与谈判的难度，妨碍了真正意义上全球化的推进，因而并不符合人类发展的共同利益。

总之，经济全球化与区域经济一体化已经成为不可逆转的两大历史发展趋势，二者的相互影响必将进一步影响世界经济、政治等各方面的发展格局，同时，这两大历史潮流对今后人类历史发展进程必将是消极作用和积极作用、推进作用和阻碍作用并存。但是有一点是毫无疑问的，人类应该加强合作与交流。这不仅要求各国对此进行更深入的研究，形成更多的建设性的理论，在理论上达成更多的共识，而且更需要人类在实践中为了不断加强彼此间的合作与交流而做出实质性的努力。

1.5.4 欧洲经济一体化与全球化

一 欧洲联盟——区域经济一体化的先锋

欧洲的历史和地缘因素决定了欧洲走向一体化的道路，经济一体化的不断深入增强了欧洲的国际影响力，欧盟已经作为一个整体成为世界经济、政治格局中至关重要的一极。尽管长时间的欧洲历史是以战争和分裂为主线，但自中世纪以来，欧洲人在共同渊源中存有基本认同，这些共同渊源可以归为三个部分：希腊哲学、罗马法和罗马天主教教会的社会伦理。正是这一共同的文化传统为欧洲最终走向联盟奠定了坚实的基础。从欧洲一体化的发展进程来看，我们可以大致划分为四个时期：初创时期，以1952年欧洲煤钢共同体成立为标志；欧共体时期，以1967年煤钢、原子能和经济三个共同体合并为欧洲共同体为标志；欧盟时期，以1993年欧盟的成立为标志；制宪时期，以2003年欧盟宪法草案提交讨论为标志。①

欧洲一体化发展到今天，建立了内部单一市场并统一了货币，目前正在寻求政治领域的一体化。随着欧盟不断东扩，已经扩大为27国。无论在规模上还是制度建设上，欧盟都是区域经济一体化的先锋和典范。

二 全球化环境下欧洲面临新的挑战

欧洲前途取决于它对全球化的全面适应能力，对一体化的创新吸纳程度，以及它在新现代化进程中所取得的实际成就。而欧洲联合和欧洲改革正是它达到这些目标的可靠途径。

在过去50多年的时间里，欧洲人克服了重重困难，先后建成了欧洲经济共同体、欧洲共同体和欧洲联盟，实现了迄今为止作为欧盟主要支柱的统一市场和统一货币。把欧洲一体化事业逐步推向新的高度。尽管如此，由于时代的变迁，特别是20世纪八九十年代之交，苏联的瓦解、世界格局的变动，接着发生的一连串主要由美国发动的战争，以及与之紧密相关的全球化在最近

---

① 伍贻康、张海冰：《经济全球化与经济一体化》，《求是》2004年第1期。

十来年的全面迅猛发展，欧洲人及欧洲建设而今再次面临新的生存与发展环境。欧洲必须面对全球化的新形势，而欧洲联合与欧洲改革是"欧洲车"应对全球化的两个轮子。[①]

1. 全球化使欧洲经济的国际竞争力面临新考验

自20世纪70年代中期以来，与美国和某些其他国家相比，欧洲经济的国际竞争力总体趋向下降，其中包括国家竞争力、企业竞争力和产品竞争力。在国家竞争力方面，仅以在世界货物出口中所占份额为例，德国、法国、英国、意大利欧洲四大国合计由1982年的25.4%减至2000年的21.5%，而美国则由11.5%增至12.3%；[②] 在企业竞争力方面，以"在世界专利使用费收入中所占比重"为例（专利权主要属于企业），美国为57%，欧元区为15.2%；在产品竞争力方面，以世界药品市场为例，在过去十年中，欧洲在世界药品市场上所占份额从32%降至22%，而美国却从31%升至43%。

欧洲人清楚地意识到，随着冷战消逝后美国式全球化的大踏步挺进，欧洲经济的国际竞争力将面临更大的新考验。作为应对措施，欧洲人必须进一步推动欧洲联合与欧洲改革。欧洲人首先致力于在三个层面上进行改革，即改革欧盟机构与机制；使欧盟成员国遵循欧盟的制度、法律法规和相关政策，做好适应性调整，把欧盟的立法真正转变为成员国的国内立法以及欧盟各成员国本身的内部经济与社会改革。同时，欧洲还寄希望于欧洲联合的进一步发展，包括扩大，尤其是深化，特别是大力完善统一市场与统一货币，使之对欧洲经济起到更大的积极作用。

---

① 裘元伦：《欧洲前途系于联合与改革》，《欧洲研究》2003年第5期。

② 世界银行：Global Economic Prospect 2000；国际货币基金组织：《世界经济展望》，2000年5月；OECD：Economic Outlook No. 67，2000年6月。

欧洲人力图用本地区一体化作为对全球化的一种有力回应，这在理论上和实践上都有充分的依据。区域经济一体化的所有理论，无论是巴拉萨把经济一体化定义为既是一个过程，又是一种状态；柯森从生产要素配置的角度解释一体化的过程和状态；丁伯根将经济一体化分为"消极的一体化"和"积极的一体化"；还是库珀强调应以行为条件而不是法律条件来衡量一个区域是否实现了经济一体化，它们至少从三个方面给不少欧洲人以期待，使之希望借助区域经济一体化来有效地应对经济全球化：首先，像欧盟这样的区域经济一体化可以使期望的外部利润内部化，减少不完全市场的不确定性，降低交易成本，市场的扩大将带来规模经济效应，一体化成员之间不但可以获得产业内贸易所带来的收益，而且还可以获得产业间贸易所带来的利润；其次，竞争的日趋激烈化，还会迫使欧盟及其成员国认真审视自身的竞争力，并为提高自己的竞争力做出种种努力；最后，国家对经济主权控制力的削弱为一体化制度的建设提供了客观可能性，而一体化组织拥有与一体化发展阶段相适宜的经济控制权，有利于稳定地区经济。

不仅如此，有的经济学家还对欧洲经济一体化的具体好处作了预测，认为统一大市场的建立和单一货币的引入将对欧洲经济产生积极影响。如1988年的切克契尼报告估计，统一大市场的形成将使欧盟的收入增加2.5%—6.5%。然而，实际成效与预期相去甚远。1996年，欧盟委员会提交了一份内容丰富的报告——《单一市场的影响和效益》，据此，在1987—1993年间欧盟收入增长率仅从1.1%升至1.5%，而且，这些评估还不能确定"实现单一市场"是促进这一经济增长的唯一因素。[①] 欧洲经济一体化的实

----

① ［德］维尔纳·魏登菲尔德等：《欧洲联盟与欧洲一体化手册》，中国轻工业出版社2001年版，第272—273页。

效与预期，在 20 世纪 70 年代以来之所以相去甚远，主要是因为
欧洲联合还远未落实，当前集中体现在统一市场与统一货币的作
用上，同时欧洲改革还处处受阻。在欧洲联合方面，欧盟各成员
国所作的适应性调整还远远不够。虽然目前各成员国已有一半以
上的经济立法来自欧盟总部，但实际上在欧盟范围内迄今尚未建
立起真正统一的市场机制。在欧洲经济改革方面，虽然也取得了
不少成绩，但阻力重重，进展滞缓。首先，在经济合理性与政治
可行性之间存在着矛盾；其次，在欧洲内部，对欧美两种模式的
评价一直存在分歧，欧洲人还是认为他们所信奉的"效率＋公正"
的价值观更为可取，不愿改变现状；再次，欧盟（欧元区）层面
上的自由主义成分与成员国层面上的国家干预主义之间存在矛盾，
另外各国在观念上也存在差异；最后，大致上从 20 世纪 80 年代
初开始，欧洲某些国家都先后不同程度地或至少暂时地向新自由
主义靠近，而新自由主义本身存在着一系列两难问题。简言之，
欧洲尚需在联合和改革两方面做出新的努力。

2. 全球化向欧洲社会福利制度提出新挑战

对于欧洲来说，有人认为，没有哪个领域比社会福利制度更
受国际资本流动和贸易增加的影响了。例如，政治学家约翰·格
雷就把福利国家的死亡看成是全球化的一个直接结果。他认为：
"以为过去的社会市场经济可以在向下协调力量的作用下原封不
动地保留下去，这是与全球市场有关的许多幻想中最为危险的一
种。相反，社会市场体制正在逐渐被迫自己毁坏自己，以便它们
能在比较平等的条件下与社会和劳动成本最低的经济体进行竞
争。"诚然，格雷正确地指出了全球化对于欧洲社会福利制度问
题的重要性，但就其所面临挑战的结果与原因分析而言，格雷的
判断似乎有些夸张了。

但是无论如何，全球化向欧洲社会福利制度提出的新挑战是

相当严重的。这里我们仅以资本转移的威胁为例。在全球化条件下，资本可以自由流动，如果国内经济政策和税收体制影响其收益增加的话，资本可以马上转移。为了留住本国资本、吸引外国资本，各国竞相进行"税收竞争"。为吸引投资而竞相降低税率的做法使各国税收政策越来越趋于一致，这也会给税率造成下调的压力，进一步限制政府利用税收政策提供社会保障的能力。对 14 个主要工业化国家的公司税率的调查已经表明，近年来税率大幅度下降，由 1985 年平均约 46% 降到了 1999 年的 33%。[1] 对个人的税率也有类似的下降。值得注意的是，欧盟在这场竞争中的处境并不那么有利。由于欧盟市场上企业赢利状况欠佳，同时也为了巩固和加强欧洲大公司在国外市场上的竞争地位，欧洲资本大量外流。欧盟统计局 2001 年 7 月公布的一份报告显示，2000 年欧盟成员国对外直接投资总额达 7700 亿欧元，其中 4620 亿欧元为欧盟 15 个成员国相互间的投资，3040 亿欧元为对区外的投资，而同年从区外吸引的直接投资仅为 1250 亿欧元。[2] 德国公司宁愿投资国外，据计算，在德国有大约 2000 家美国公司，为 50 万人提供了就业岗位；而德国则有 3000 家企业在美国，雇佣的美国员工超过 100 万人。[3] 在最近几年中流出法国的资本是流入法国资本的 3 倍。法国 33 家最大的公司从 1997—2000 年增加的国内就业机会约 4.5 万个。而它们在国外增加的就业机会是 12 万个。[4]

　　为了应对这种局势，欧洲人首先应该进一步推进一体化，不仅建设"经济欧洲"，而且致力于"社会欧洲"。然而，欧洲联

---

① ［美］《外交政策》双月刊 2001 年 7—8 月号。

② 《经济日报》2001 年 7 月 18 日报道。

③ 《光明日报》2003 年 4 月 8 日报道。

④ 美国企业研究所网站 2002 年 6 月 12 日刊登该所研究员詹姆斯·K. 格拉斯曼 6 月 6 日在"德国马歇尔基金会"上的演讲稿。

合本来就是一个艰难的历程。《马斯特里赫特条约》与《阿姆斯特丹条约》再次表明了这一点。这两个条约再一次体现了欧洲一体化进程中历来所遵循的程式：成员国之间相互做出政治让步，或求得最小公分母，或做出例外规定，有的成员国可以据此选择放弃，或采取"一揽子"解决方案，或在无最终目标的情况下，先实现局部目标。这套程式为建设"经济欧洲"提供了比较可行的路径。但是"社会欧洲"情形则有所不同。赫斯特等人认为，暂时还不可能形成统一的"社会欧洲"，向上协调或向下协调均不可能。

因此，目前恐怕须更多地着眼于欧洲改革，尤其是各成员国层面上的改革，因为在欧盟一级上有关社会问题的改革特别困难。欧盟委员会在 2003 年 1 月 14 日发表的一份报告中指出，在欧盟一年前通过的有关推动市场一体化进程的 16 项改革措施中，只有天然气和电力市场、政府公共采购等六个方面的改革得以如期进行，而在养老金、税收、专利一体化等关键领域，各项改革措施几乎毫无进展。与此相对照，多数成员国各自在社会领域的改革，尽管困难重重，毕竟在谨慎前行。例如在瑞典，人们改变了法团主义谈判方式和治理安排。丹麦自 20 世纪 90 年代初以来，似乎阻止了福利国家走向危机的趋势，其主要办法是：重视并支持在经济中占突出地位的为数众多的中小企业的发展；维护普遍性福利体制与劳动力市场高参与率相结合。大多数适龄家庭有一个半职工或双职工；既有"消极"的收入分配转移，又有积极的劳动就业措施，保证失业者不被边缘化。在荷兰，人们用改变就业模式、节制工资和发展服务业来予以应对。在意大利，与所有的预期相反，从 20 世纪 90 年代初以来，意大利的产业界，有组织的劳工和政府签订了一系列关于工资的确定、劳资关系以及福利改革等方面的协议，取得了相对的成功。

总之，虽然全球化向欧洲社会福利制度提出了新挑战，但欧洲国家依然有广泛应对的活动余地，即使在欧盟的约束范围内，只要国家拥有政治资源，它们还可以做出各种明确的选择。但欧洲人必须进一步为此做出更大的努力，尤其是国家领导人的政治意志和全社会达成基本共识更为重要。

3. 全球化对欧洲的国际政治地位产生巨大冲击

全球化的新形势对欧洲的国际地位造成的巨大冲击首先来自政治领域。以法、德为代表的主流欧洲同当今美国之间在伊拉克问题上所出现的重大矛盾，其最根本的直接原因是欧美之间的力量严重失衡。欧洲虽然主要在军事力量上明显不及美国，但欧洲有自己的重要利益和价值信仰，在某些方面也有一定优势，例如经济实力、集团优势、南北桥梁和道义原则等。冷战后的欧洲，目标已经不再是先前的"结束过去"，而是"追求未来"，伸张欧洲国家的自我意志日益成为进一步推动欧洲一体化的重要动机。围绕伊拉克问题，欧美矛盾实质上暗含着它们彼此之间事关根本的激烈竞争，即为塑造国际新秩序而展开的竞争，包括国际新秩序所必须遵循的法律、原则、理论、道德、机构、标准、路径等等。

欧洲国际地位所受到的压力还来自世界经济领域。伊拉克战争后，从全球角度来观察，世界经济生活中可能出现三个值得注意的现象，它们都会影响欧洲未来的国际地位。首先是整个世界经济在很大程度上依赖于美国经济的发展状况，这种依赖状况甚至暂时会有所加强：2001 年在世界 GDP 30 多万亿美元中，美国约占 30%，比欧盟 15 国之和约多 20%；2002 年第三季度末，在全世界外汇储备总额 22940 亿美元中，以美元形式的储备占 3/4，约为欧元的 3.5 倍左右；[①] 在世界专利使用费收入中，美国

---

① 英国《金融时报》2003 年 2 月 19 日。

所占比重为57%，几乎相当于欧元区15%的4倍。正是在经济总量、货币力量与科技能力明显占优势的基础上，摩根斯坦利公司估计，20世纪最后5年，美国拉动了40%的世界GDP增长。伊拉克战争后，如果再考虑到美国可能会进一步加强控制中东、中亚等地石油的话，它对世界其他地区的影响，其后果之大难以预料。其次是地缘经济关系可能会发生某些重要变化。美国—亚洲关系将继续加强：由于亚洲经济增长较快，美国经济依然最为重要，伊拉克战后"大中东"、中亚、南亚和东亚将成为进一步吸引美国注意力的"问题地区"。实际上，美国—亚洲经济关系近些年已经有了长足的发展：整个亚洲出口的26%流向美国；在2002年美国经常项目逆差4980亿美元中，亚洲获得盈余2040亿美元，西欧盈余1150亿美元；在2002年第三季度末世界外汇储备近2.3万亿美元中，其中73%是美元形式的储备，全球储备58%在亚洲，其中75%用于购买美国有价证券。在某种程度上可以说，正是亚洲人为了刺激出口、保值美元资产等的需要，愿意看到强势美元。美国—亚洲关系的这种发展，有其积极与消极方面。但是不管怎样，出于安全与经济考虑，它们还会进一步发展。与此相对照，欧洲—亚洲关系将继续保持相对平稳：欧盟近些年来虽然也在致力于对外开放，但毕竟其封闭性依然较强，第五轮扩大（即东扩）后的一段时间内将不得不把较多精力放在内部问题上；欧亚之间还相对缺少更强有力的经济纽带，包括彼此为对方提供市场、加强货币合作，以及"缺少一种具有紧迫性的、被赋予了战略意义的价值"。但欧亚关系仍有许多有利条件和巨大发展潜力。至于欧美关系可能将会相对有所褪色。诚然，在经济、安全和价值观三方面，欧美的共同交会点还是相当多且重要的。欧美经济利益相互渗透、相互依存也很强。但是，由于地缘政治与地缘经济条件的变迁，欧美关系会变得更加复杂

一些。最后是经济全球化进程可能会有所放慢。全球化一直受到
世界范围的反新自由主义力量的阻碍，"反恐"影响着国际人
员、商品、资本、思想等的交流，由美国牵头的"国家利益至
上"而不顾及其他的做法，将起到分割世界的作用，使全球对
话沟通更加困难。然而，所有这一切在今后一段时间内都不会减
少全球化进程中的"美国味"，也不会减轻对欧洲的压力。

　　面对全球化新形势给欧洲国际地位所造成的冲击，欧洲人必
定会更积极、更灵活地推进欧洲联合与改革。欧洲联合本来就是
一项伟大而又艰难的事业。正如施密特所说："虽然迄今已经过
去了近50年，但是到欧盟最终建立起来，仍然需要几十年时间。
到21世纪前25年的后期，欧盟才可能成为一个有全面的行动能
力的强大组织，如果在此期间一切顺利的话。"① 虽然今后未必
会"一切顺利"，但欧洲联合与改革的前进脚步是谁也阻挡不
住的。

---

　　① ［德］赫尔姆特·施密特：《全球化与道德重建》，社会科学文献出版社
2001年版，第25页。

第 二 章

欧盟区域政策与区域发展模式

2.1 欧盟区域政策

2.1.1 欧盟区域政策的产生与发展

欧洲共同体的区域政策是旨在缩小整个共同体范围内各成员国、各地区经济发展不平衡的政策措施的总和。自从 1975 年正式实施以来，对于缓解共同体内部区域发展不平衡的矛盾，维护共同市场的存在和发展起到了重要的作用。随着欧洲政治经济一体化的发展，区域政策在共同体中的地位和作用还会进一步增强。[①]

欧盟的区域政策是随着经济联合的深化和扩大而逐步建立和发展起来的，经历了产生、改革以及创新的变化。

一 欧盟区域政策的产生

欧共体制定区域政策的一个重要原因是共同体内部各成员国之间经济发展极不平衡。这种不平衡主要是由各成员国、各地区之间在经济结构、投资率、就业结构和就业率、劳动生产率以及经济增长率等方面的差别造成的。在欧共体各国中相对发达的国家是德国、法国、荷兰、比利时、卢森堡、丹麦；相对落后的国家是希腊、爱尔兰和意大利。此外，自 20 世纪 70 年代以来，随

---

① 王一鸣：《中国区域经济政策研究》，中国计划出版社 1998 年版。

着经济发展不平衡的加剧，成员国的贸易保护主义有所抬头，非关税壁垒层出不穷。再者，欧盟一体化进程的进一步发展是以成员国之间经济发展水平相接近为前提的。因此，成员国或各地区之间经济发展水平的不平衡阻碍了欧盟的进一步发展。促使欧盟实施区域政策的另一重要原因是各成员国的区域发展政策相互不协调以及某些共同政策对促进落后地区的发展有消极影响。

首先，自 20 世纪 60 年代以来，成员国都实施了自己的区域政策，但各国的区域政策旨在缩小本国内部的地区发展不平衡，而从欧盟范围看，各成员国、各地区之间的不平衡可能会因此加大。其次，各国的政策互不协调，有时甚至彼此矛盾。只有欧盟出面，才能在欧盟一级对多国政策进行协调，从而才能有助于落后地区的发展和提高政策的实施效益。再次，发展水平低于欧盟平均水平的国家，如前面提及的意大利、爱尔兰等都强烈要求由欧盟出面组织、资助本国开发、建设落后地区。最后，促进欧盟内部各国、各地区协调发展，帮助欧盟所有公民提高生活水平，赢得其信任和支持，以培养全体公民对欧盟的责任感和信任感，是欧盟存在和发展的政治、社会基础，这也成为欧盟制订和实施区域政策的根本前提。

第二次世界大战结束后不久，以 1951 年 4 月《巴黎条约》的签订为标志，欧洲经济一体化正式启动。1955 年，区域不平衡作为一个议题首次在摩西拿会议上被予以讨论，表明创始成员国——煤钢共同体六国开始担心区域不平衡问题。

1957 年 3 月，煤钢共同体六国又进一步通过《罗马条约》，分别组建了欧洲经济共同体和欧洲原子能共同体（1967 年三个共同体实行合并后统称为"欧洲共同体"），欧洲经济一体化也随之全面展开。根据条约的规定，欧洲经济共同体的基本目标之一，是要促进成员国经济活动的和谐发展以及不断和均衡的扩张

（第 2 条）；在实施共同农业政策时，必须对农业部门的社会结构特征以及不同农村地区的结构和自然差异予以关注（第 39 条）；在涉及就业、劳动条件、职业培训、社会保障等社会事务方面，共同体积极推进成员国间的紧密合作（第 118 条），并且通过设立欧洲社会基金，对在企业转产过程中的失业工人给予援助和重新安置（第 125 条）；建立欧洲投资银行，向落后地区提供融资便利以促进成员国经济的平衡发展（第 130 条）。《罗马条约》中的上述条款和安排尽管从不同侧面试图解决地区发展的差距问题，但还远远称不上是一项完整的共同体区域政策。[①]
1965 年，在第一份有关区域政策的报告中，欧共体提出将区域政策纳入欧盟经济政策体系中。1969 年，欧共体提出建立区域援助措施建议。

　　1971 年，成员国就建立一项共同的区域政策达成了协议。在 1972 年 10 月召开的巴黎首脑会议上，进一步确认了实施各国、各地区经济平衡发展政策的必要性，并承诺创立一种地区发展基金，帮助落后国家和地区的发展。1973 年，共同体又迎来了自成立以来的第一次扩大，英国、爱尔兰、丹麦三国正式成为共同体的新成员，这使得地区问题变得更加突出和紧迫。英国当时的人均 GDP 只有共同体平均水平的 85%，加入共同体后又一直在预算摊款问题上与其他成员国争执不休。爱尔兰的人均 GDP 则更低，仅为共同体平均水平的 60%。丹麦的人均收入尽管较高，但也面临着进一步开发落后的格陵兰地区的问题。因此，推行一项真正的共同体区域政策，不仅符合经济上的要求，并且也是政治上的需要。

　　1973 年，共同体委员会向部长理事会提交了一份关于地区

---

① 申皓：《试析欧盟地区政策的演进》，《法国研究》2002 年第 2 期。

发展的报告，此报告于 1975 年 3 月获得批准。该报告确立了一项全面的共同体区域政策概念，成为真正意义上的共同体区域政策的开篇。其主要内容包括：第一，确定了"有问题地区"的定义，借以判断共同体需要提供援助的地区。共同体规定四种类型的地区为"有问题地区"：一是基础设施缺乏而需要长期援助的不发达地区，如意大利南部、法国的科西嘉等；二是为了调整产业结构，促进新兴工业的建立而需要短期或中期援助的地区；三是受世界经济形势变化影响或受共同体政策影响以及预计要受到影响的地区；四是边境地区。第二，制定了判断"地区失调"的标准。其标准是在过去 5 年中地区失业率的趋势；农业和衰退工业部门中就业的劳动力比重；过去 5 年中人口净迁出率；地区 GDP 的水平和变化趋势。第三，建立专门机构和基金。1975 年，共同体设立了地区发展委员会，由各成员国代表组成，主要任务是负责设计和实施共同体地区政策。同时设立了欧洲区域发展基金，专门用于支持地区发展。第四，协调成员国与共同体的区域政策措施。通过建立定期分析共同体地区经济状况的制度，每两年提出一份地区状况报告，作为比较成员国地区规划的基础。[①]

到 1979 年，欧洲区域发展基金增加至 9.45 亿欧洲货币单位，在共同体预算中的比例提高为 6.1%。同时，欧共体理事会为加强共同体在区域政策实施中的主导地位，对欧共体地区发展基金的结构进行了调整，基金进一步被分成定额（占 95%）和非定额（占 5%）两部分，其中，非定额部分由共同体提出项目计划，用于指定地区。

到了 20 世纪 80 年代，由于共同体又实现了两次南扩，希腊（1981 年）以及西班牙和葡萄牙（1986 年）三国先后加入共同

---

① 田金城、陈喜生：《欧盟区域政策及其协调机制》，《求是》2006 年第 15 期。

体,使得共同体的地区问题再次凸显出来,再加上地区发展基金采取的定额管理办法效果欠佳,共同体部长理事会在1984年6月决定,将地区发展基金由固定配额改为浮动配额管理。这既能确保成员国获得最低额度的资金分配,同时又给予共同体在基金运用方面更大的主动性,以使成员国的地区发展计划符合共同体地区政策的总体目标。

1985年1月1日,经过调整形成了新的欧共体地区发展基金管理条例。新条例对欧共体区域政策的首要目标作了修正,对接受欧共体援助地区的标准进行了简化和明确化,对地区发展基金的投向作了调整,增加其投向服务业项目的比例。1985年7月,共同体部长理事会决定启动地中海综合项目,首次将欧洲区域发展基金、欧洲社会基金、欧洲农业指导与保证基金中的指导部分以及欧洲投资银行的资金集中起来,用于支持地中海沿岸成员国的地区发展项目,如职业培训、道路建设、农业灌溉及中小企业等。

事实上,欧洲一体化本身就包含地区协调的命题。1997年的《阿姆斯特丹条约》明确规定了要促进地区均衡可持续发展。《2007—2013年欧盟结构政策》提出在继续援助落后地区的同时,将努力提高其他地区的区域竞争力,并加大区域合作的力度。

二 欧盟地区政策的改革

1986年2月,共同体成员国签署了《单一欧洲文件》,确定到1992年底实现商品、服务、人员和资本自由流动的内部大市场这一新的一体化目标,并且通过加强成员国的经济和社会聚合,以缩小共同体内部的地区差距。共同体及其成员国已经清楚地认识到,地区发展的不平衡不仅关系到内部大市场能否有效地运行,严重的甚至还会影响到一体化的稳定和深化。在1988年

2 月举行的共同体布鲁塞尔首脑会议上，成员国一致决定对区域
政策进行重大改革，将欧洲区域发展基金、欧洲社会基金、欧洲
农业指导与保证基金中的指导部分合并成结构基金，同时，结构
基金数额在 1989—1993 年间翻番，共计 600 亿欧洲货币单位。
这样，结构基金占共同体预算的比重由 1986 年的 17.6% 提高到
1992 年的 25.4%，仅次于共同农业政策开支。显而易见，经过
这次改革后，共同体实施区域政策的力度不仅大大加强，也改变
了以往地区行动中以成员国为主、共同体为辅的局面。

　　1992 年 2 月，共同体成员国签订了《马斯特里赫特条约》，
规定最迟于 1999 年启动单一货币——欧元（条约于 1993 年 11
月生效后共同体也随之改称为"欧洲联盟"）。此后不久，奥地
利、瑞典和芬兰三国正式加入欧盟（1995 年）。为加强成员国经
济的均衡发展，欧盟于 1993 年新增渔业指导财政手段作为结构
基金中的组成部分，同时设立聚合基金，专门用于促进希腊、葡
萄牙、西班牙和爱尔兰四个相对落后成员国（人均 GDP 低于欧
盟平均水平的 90%）的经济发展。此外，区域政策也对北欧成
员国人迹稀少地区的发展问题保证给予高度关注。改革后的区域
政策有自己的目标、原则及经济手段。[①]

　　1. 目标

　　欧盟根据人均 GDP、产业结构、失业状况、地理条件等因
素，将优先发展的目标地区划分为七大类：第一，促进落后地区
的发展和结构调整；第二，帮助工业衰退地区转型；第三，与长
期失业斗争并提供就业便利，特别是帮助青年人和受劳动力市场
排斥的人员解决就业问题，同时推动实现男女同工同酬；第四，
采取预防措施，使劳动力适应工业结构和新技术的变化；第五，

---

　　① 申皓：《试析欧盟地区政策的演进》，《法国研究》2002 年第 2 期。

调整农业及渔业结构，促进共同农业政策的改革；第六，开发脆弱的农村地区，推进经济活动的多样化；第七，加快人口密度极低的地区（每平方公里少于 8 人）的发展，这主要是指芬兰和瑞典的边缘地区。

2. 原则

为了便于区域政策的操作，并且充分发挥成员国政府及其各级地方机构在参与地区发展事务方面的积极性，欧盟特制定六项基本原则：第一，集中原则，即将结构基金集中用于支持最需要资助的地区，避免有限的共同财政资金的分散以及由此可能导致的资源浪费，确保资金的使用效率；第二，伙伴原则，即密切加强欧盟同成员国及其地方机构在地区行动中的协调与合作，使共同区域政策最大限度地适应不同地区的实际需要；第三，计划原则，即地区问题必须全盘考虑，通过制定地区发展战略和中期行动计划，以强化对结构基金使用的管理，并使得欧盟一级的资金支持具有稳定性和可预见性；第四，附加原则，即结构基金并不是对成员国的一种补贴，更不是替代成员国在地区发展中的公共职能，成员国必须为欧盟资助的地区项目提供相应的配套资金；第五，辅助原则，即欧盟只在最需要其发挥作用的层面上开展地区行动，结构基金支持的项目应由最切合实际的一级机构负责实施；第六，效率原则，即通过对地区发展项目进行评估、跟踪和控制，以保证结构基金的使用效率并达到预期目标。

3. 经济手段

欧盟推行区域政策最重要的经济手段就是结构基金，它目前包括欧洲区域发展基金、欧洲社会基金、欧洲农业指导与保证基金中的指导部分以及欧洲渔业指导财政手段四部分。在 1994—1999 年期间，地区发展基金占结构基金的比重最高，达到 49.5%；社会基金所占比例为 29.9%；农业基金中指导部分占结构基金的 17.7%；渔业指导财政手段比例最低。与结构基金相比，聚合基金则专门用来资助希腊、葡萄牙、西班牙和爱尔兰四国的环保及交通基础设施项目。1993—1999 年间，聚合基金总额达到 151.5 亿欧洲货币单位。除上述两项基金外，欧洲投资银行在推动地区发展中的作用也不容忽视。1989—1992 年期间，欧洲投资银行为地区项目总共提供了 340 亿欧洲货币单位的信贷资金支持。

三　欧盟地区政策的变化与调整

1. 在里斯本战略指导下，建立了开放协调式区域政策的新体制

随着欧洲经济与货币联盟建设的不断发展，要求加入欧盟的国家也越来越多。1999 年 3 月在柏林举行的成员国首脑会议，一致决定对结构基金作进一步调整。2000 年 3 月，欧盟理事会里斯本首脑会议提出了著名的里斯本战略：21 世纪头 10 年，欧盟将建立最具竞争力和活力的知识经济体系，到 2010 年左右使欧盟成为世界上赶超美国的最具竞争力的经济实体。这个战略的指标包括：把经济增长速度提高到每年 3%；以加速经济发展的方式推动就业增长，在中长期内创造 3000 万个就业机会，争取在 2010 年把欧洲平均就业率从 2000 年的 61% 提高到 70%；通过加快创新区域（或城市）、电子欧盟和产业集群的建设力度，使欧盟研究与开发的投入到 2010 年占整个 GDP 的 3%，为知识经济体系奠定良好的基础。

为实现里斯本战略目标，欧盟提出了开放协调式的战略实施手段与方法。其要点一是广泛简化与改进现有经济社会指导性政策，使其更加侧重于中长期的经济发展、就业和社会和谐目标。二是欧盟区域政策决策的分散化。三是突出知识经济体系的建设。加大对人力资本、中小企业和企业家、研究与开发、信息与

通信网络以及创新的投入，动员所有可以获得的资源投入欧盟知识经济体系的建设中去。[1]

2. 欧盟区域发展的新模式

在经济全球化和知识经济的时代，欧盟区域发展模式开始由传统的点轴式模式向网络模式演变。

（1）传统的点轴式区域发展模式。在漫长的工业化时期，欧洲区域经济发展的重心经历了地中海沿岸、英吉利海峡和北海沿岸等几个阶段，形成了比较完善的点轴式区域经济模式。其中主要点轴线有三条：一是所谓蓝色香蕉带，指从英吉利海峡两岸到比利时、荷兰、德国、丹麦、瑞典和挪威等北海沿岸国家组成的形似香蕉的地区（蓝色是指海洋），该带是目前欧盟最为发达的地区，集中了欧盟主要的经济中心。二是东西轴线带，指从英国南部向东经过法国北部、比利时、卢森堡、德国西部和南部、瑞士、意大利北部和奥地利等国家和地区组成的地带，该带是欧盟第二条经济实力十分雄厚的地区，也集中了一大批欧盟主要的经济中心。三是所谓欧洲南部阳光地带，包括葡萄牙、西班牙、意大利南部和希腊等国家和地区，这些地区呈相对孤立的带状分布，是欧盟相对落后的地区。

（2）新的网络式区域发展模式。从 20 世纪 80 年代后期以来，欧盟开始制定旨在缩小地区差距的区域协调发展政策，先后出台了三期指导和资助落后地区以及其他经济结构存在问题地区发展的"结构政策"，有力地促进了欧盟区域经济向网络模式的发展。经过多年的努力，目前，欧盟区域经济网络结构模式已初步形成如下框架：一是首都和大都市经济圈的形成。如大伦敦地

---

[1] 刘勇：《欧盟地区发展与区域政策的新变化——赴欧盟区域考察报告》（上），国研网。

区、大巴黎地区、德国法兰克福大都市圈、大布鲁塞尔地区、大阿姆斯特丹地区、大哥本哈根地区、德国斯图加特大都市圈、德国慕尼黑大都市圈等等，形成大都市辐射带动周边地区（近外围地区）共同发展的典型模式。二是老工业基地的衰退与振兴。如德国的鲁尔地区、英国的曼彻斯特地区、荷兰和比利时的马斯河谷地区等。这些老工业基地通过全面的经济结构调整，大力发展信息技术等高新技术产业，淘汰和改造传统工业产业，积极发展金融、技术咨询和房地产等现代服务业，努力改善生态环境创造宜居城市，焕发了青春和活力，再次成为区域性，甚至欧洲性经济中心。三是新兴的中距离外围地区的崛起。如爱尔兰地区、西班牙的巴塞罗那地区等等（还有美国的北卡罗来纳州、印度的班加罗尔等）。随着信息化时代的到来，远离大都市圈已不再成为这些地区经济发展的障碍，技术的大变革带来了赶超发达地区的机遇。这里也是欧盟创新区或创新城市集中分布的地区。四是远距离的外围地区，如边远的岛屿、海边的渔村等。在信息化时代，这些地区也有机会参与经济全球化进程，通过发展现代交通和旅游业，摆脱了被遗忘角落的地位。

3. 欧盟区域政策目标和手段的调整

根据开放协调性政策方法和区域发展新模式的要求，欧盟对欧盟区域政策目标和手段进行了较大调整。

（1）对区域政策目标的调整

经过调整，区域政策目标进一步明确，援助的目标区进一步简化。其目标明确为通过资助落后地区、扶持面临结构调整困难地区以及支持培训、鼓励就业等，促进区域发展差距的缩小。区域政策援助的内容主要集中在改善基础设施条件、增加人力资本和提高劳动力进入市场的能力以及鼓励创新和新企业形成三个领域。区域政策援助的目标区域由原来的六个简化合并为三个：目标一类地区，促进落后地区的发展和结构调整；目标二类地区，支持面临结构困难的地区实现经济和社会的转型；目标三类地区，支持教育、培训和就业体系与政策的实施及现代化。

2004 年十个新成员国入盟后，不可避免地会削弱原有 15 个成员国获得结构基金的可能性。针对这种情况，《2000—2006 年欧盟结构政策》设计了针对成员国（而非地区）的援助方案，主要内容是对欧盟 25 个成员国中人均 GDP 低于欧盟平均水平90% 的国家给予环境和交通基础设施建设方面的补贴援助。[①]

（2）对区域政策实施手段的调整

经过调整，确定区域政策援助的总金额为 2600 亿欧元，占欧盟同期财政预算的 1/3 左右，是欧盟最大的一笔公共开支。这笔巨大的开支被分成了如下两大基金加若干辅助性基金：

——两大主要的区域协调发展基金。一是针对欧盟区域层次的"欧洲区域发展基金"（European Regional Development Fund，ERDF）。欧盟东扩之前，在 15 个成员国的 208 个标准统计地区（NUTS2）[②] 中按规定标准确定了 45 个为受援地区；东扩后，在 25 个成员国的 254 个标准统计地区（NUTS2）中有 64 个地区被确定为受援地区，超过 25% 的人口受惠。二是针对成员国层次的"聚合基金"（Cohesion Fund，CF）。按规定的标准确定的受援成员国为捷克、爱沙尼亚、塞浦路斯、拉脱维亚、立陶宛、希腊、匈牙利、马耳他、波兰、葡萄牙、斯洛文尼亚、斯洛伐克和西班牙 13 个成员国。

---

① 刘勇：《欧盟地区发展与区域政策的新变化——赴欧盟区域考察报告》（上），国研网。

② 欧盟统计办公室对欧盟地区行政区分类进行了定义，称之为"NUTS"（Nomenclature of Territorial Units for Statistics），NUTS 共有三个级别，即 NUTS1，NUTS2，NUTS3。

——若干辅助性区域协调发展基金。一是"欧洲社会基金"（European Social Fund，ESF），主要用于培训、社会融合与就业。二是"欧洲农业指导和保证基金"（European Agricultural Guidance and Guarantee Fund，EAGGF），主要用于农村地区的发展，投资于农民和农村的旅游业等。三是"渔业指导的财政工具"（The Financial Instrument for Fisheries Guidance，FIFG），主要用于渔村的发展和渔业现代化等。四是"入盟前结构政策工具"（The Instrument for Structural Policies for Pre-Accession，IS-PA），用于入盟候选国改善环境，完善交通网络建设等。五是"欧盟团结基金"（The European Union Solidarity Fund，EUSF），用于成员国发生重大灾害后的援助。①

2006 年 12 月，欧盟在布鲁塞尔召开了冬季首脑会议，欧盟的首脑们就 2007—2013 年中期预算方案达成协议。在总预算中，大约 3360 亿欧元，即超过 1/3 的预算将用于欧盟结构政策的实施中去，这个数目比上一期结构政策的总金额又有了较大幅度的提高。按照欧盟委员会提出的建议，区域政策的重点将集中在以下三个领域：一是继续促进区域发展的"收敛"，即继续通过结构聚合基金，鼓励落后地区，特别是新成员国加快发展和增加就业机会；二是努力提高欧盟其他地区的区域竞争力；三是进一步加大区域合作的力度。

2.1.2 欧盟区域政策框架和政治决策程序

一 欧盟区域政策主要框架

欧盟的地区政策是欧盟为促进各地区经济和社会均衡发展而

---

① 方克定：《"欧盟区域合作及其协调机制对中国的借鉴"考察团报告》，http://cepa. nsa. gov. cn/Zxinwen/eWebEditor/uploadfile/200612482513394. doc。

采取的法律、经济和行政措施的总和。欧盟区域政策主要包括四
个方面。

1. 地区政策

地区政策（Regional Policy）又称"结构政策"（Structural
Policy）。《罗马条约》明确规定了共同地区政策的目标，即"促
进欧盟整体的协调发展"、"加强其经济和社会统合"以及"降
低不同地区之间的发展差异，消除最不发达地区或岛屿及农村地
区的落后状况"。为此，欧盟从其预算中拨款设立了"结构和聚
合基金"（Structural and Cohesion Fund），其中包括"欧洲区域
发展基金"（ERDF）、"欧洲社会基金"（ESF）、"欧洲农业指导
及保证基金"（EAGGF）及"渔业指导的财政工具"（FIFG）
等，专门用于支持欧盟欠发达地区及行业的发展，或用于工业企
业转产、农业现代化等项目，例如，2000—2006 年度结构基金
的 94% 集中于三个目标：一是帮助那些落后区域加快发展和追
赶步伐；二是支持那些面临结构困境的工业、农村、渔场和城市
区域的经济和社会的转变；三是实现培训的现代化和促进
就业。[①]

2. 社会政策

欧盟社会政策（Social Policy）和地区政策两者是相辅相成
的，二者的目的均是促进欧盟经济社会的协调发展。"欧洲社会
基金"也同时为地区政策和社会政策服务。20 世纪 60 年代，为
应付矿井关闭所带来的大量失业，欧洲煤钢共同体采取了一些共
同措施，以创造就业并促进劳动力在行业和地区间的流动。为促
进欧洲煤钢共同体管辖权限以外的其他行业的发展，1961 年欧

---

① 陈瑞莲：《欧盟国家的区域协调发展：经验与启示》，《政治学研究》2006
年第 3 期。

盟又专门制定了社会政策。1991 年 12 月在马斯特里赫特首脑会议上，各成员国一致通过了关于社会政策的议定书（只有英国放弃参加）。

3. 共同农业政策

共同农业政策（Common Agricultural Policy，CAP）是欧盟内实施的第一项共同政策。该政策最早由《罗马条约》提出，1960 年 6 月 30 日欧委会又正式提出了建立共同农业政策的方案，并于 1962 年起逐步予以实施。其基本目标是提高农业的劳动生产率，确保农业人员的"公平"收入，稳定农产品市场，保持农产品合理的销售价格以及确保农产品的供应。其主要内容是对内建立共同农业基金、统一农产品市场价格、对农产品出口予以补贴，对外则设置随市场供求变化而调整的差价税、配额等贸易壁垒，使欧盟农业免遭外部廉价农产品的竞争。①

4. 共同渔业政策

欧盟自 1977 年起将各成员国在北大西洋和北海沿岸的捕鱼区扩大为 200 海里，作为共同捕鱼区由欧盟统一管理，并授权欧委会代表欧盟与第三国就签署渔业协定进行谈判。1983 年 1 月 25 日，欧盟内部就捕鱼配额的分配、渔业资源的保护和鱼产品的销售等达成了协议。至此，欧盟的共同渔业政策（Common Fishery Policy）基本形成。2002 年 5 月，欧委会公布了欧盟共同渔业政策改革计划，对实施了 20 年的渔业政策进行改革。2002 年 12 月，欧盟部长理事会批准了欧委会的改革计划，自 2003 年起实施新的共同渔业政策。新的共同渔业政策提出要促进对鱼类的保护，帮助渔民寻找适合生存和发展的道路，大幅度减少捕捞

---

① 《欧盟农业政策基本情况》，中国欧盟协会网，http：//www. ceua. org/into/eu/investment/1192116608d21635. html。

船队的数目，欧盟将不再为建立新船队投入资金。①

二　区域政策的政治决策机构

在欧盟层次上涉及区域政策制定过程的组织和机构主要有以下三类：

1. 区域政策的决策机构，包括欧盟理事会和欧洲议会。欧盟理事会由首脑会议和部长会议组成，是这个超国家机构的最高决策机构，包括区域政策在内的所有欧盟重大立法与政策都需要该机构做出最终的决策，当然，对一些最为重大的立法和政策还需要各成员国政府和议会批准，甚至还需要由各成员国的全体公民通过公决来确认（如《欧盟宪法条约》）。欧洲议会为议事和表决机构，设区域发展专门委员会，负责有关区域政策法案的征求意见、内部协调以及审议表决等。

2. 区域政策的执行机构，为欧盟委员会，包括主管区域政策的欧盟委员和区域政策总司。主管区域政策的欧盟委员负责欧盟区域政策执行的全面工作以及区域政策在欧盟委员会内部的协调工作。区域政策总司有七个执行区域政策的业务处，其中B、C和D三处负责区域政策的执行、评价和基金安排，E、F、G和H四处负责各成员国有关援助项目的规划、管理和执行。

3. 决策咨询机构，包括欧盟地区委员会、各成员国政府及地方政府驻欧盟代表处、各类商会和工会、协会、政策性金融机构以及大企业集团等。其中欧盟区域委员会（The Committee of Regions，CoR）是最重要的欧盟区域政策的顾问和咨询机构。该委员会由欧盟国家的区域或地方代表组成，是代表欧盟地方政府利益的机构。其目的是使来自25个成员国的所有区域与地区的

---

① 中国商务部欧洲司中国驻欧盟使团经商参处编：《欧盟商务政策指南》，清华大学出版社2006年版。

权力机构，都能够加入到欧盟核心的立法程序中来。CoR 的日常工作由内部的八个委员会和五个子委员会完成，主要职能是向欧盟委员会或欧盟理事会提供咨询意见，并就一些事关特殊区域利益的问题发表意见。CoR 在使欧盟更接近民众方面起到了重要的作用，它不仅能够在公众中散布欧盟的信息，同时还能听取公众的意见，使欧盟的决策者能够了解和吸取地方代表在地方问题上的观点和主张。此外，还有欧洲投资银行（European Investment Bank，EIB），其主要职责是利用成员国的捐款和从国际资金市场获取的借款，为欧盟各国的投资项目提供贷款和贷款保证。由于其投资方向和欧盟地区政策导向在很大程度上保持一致，EIB 在解决地区发展差距方面发挥着重要作用。

三　区域政策的政治决策过程

欧盟的区域政策过程是一个利益博弈的过程。大量的社会性利益团体、商业性利益团体、工会联盟和环保团体，如法国、德国和爱尔兰的农场主利益集团，"欧洲"企业家联盟，欧洲商会，意大利商会等，都在其中扮演着重要的角色，表达自身的利益诉求，各种利益集团之间存在复杂的跨国网络关系，借助跨国网络，这些利益团体在政策制定的各种不同层面上都可施加影响。此外，政党和公共舆论也在欧盟区域政策体系中发挥着重要的作用。欧洲联盟提出了"善治"的理念，在 2001 年 7 月发表的白皮书中，对欧洲治理提出了如下要求：使欧盟更接近欧洲公民；使欧盟更有效；增强欧洲的民主；巩固机构的合法性。这些目标的实现，在很大程度上有赖于各国政党和公共舆论的积极参与。如德国绿党在推进欧洲的环保合作、公共舆论对区域政策影响方面产生了积极的作用。欧盟区域政策制定一般需要经过以下几个阶段：

1. 提出动议。欧盟委员会区域政策总司根据区域发展的需要和应有关方面的要求提出有关区域发展方面的议案，经过内部协商，社会咨询，形成议案初稿。目前，欧盟区域政策总司正在就旨在加强欧盟结构基金与欧洲投资银行（EIB）合作的两项议案，即通过技术援助便利措施协助成员国实施大型基础设施项目的《联合援助欧洲地区支持项目法案》，以及方便微型企业和第一创业的企业家获得资金的《联合提供微型企业发展所需资源法案》，征求有关方面的意见。

2. 提交讨论与修改。动议草案提交欧盟理事会和欧洲议会讨论和征求意见，并交回欧盟委员会修改。欧盟理事会和欧洲议会针对欧盟委员会提出的动议草案进行内部协商、公开讨论和咨询，提出修改意见。修改意见反馈给欧盟委员会修改后形成修正案。这个过程可能反复数次。

3. 批准与表决。经过多次修改形成的法案修改稿，提请欧盟理事会批准和欧洲议会表决。

4. 执行。获得批准和表决通过的法案，交回到欧盟委员会并由有关机构遵照执行。未通过的法案须重新走立法程序或被放弃。

四 欧盟区域政策的区域协调体系

欧盟为了保证其区域政策得以有效贯彻落实，构建了多层次、网络状的区域协调体系，并随着实践的发展，不断完善法制、经济和行政等多管齐下的区域协调机制。

1. 欧盟机构

在欧盟最重要的三个机构，即欧盟委员会、欧洲理事会和欧洲议会中，都为整个区域的协调发展设置了专门的职能机构和顾问机构。一是欧盟委员会内设区域政策事务部，专门负责区域政策与欧盟成员国间聚合方面的事务；二是欧盟理事会内设区域政策委员会；三是欧洲议会设有20个常务委员会，其中，区域政策委员会、交通与旅游委员会、环境和公共卫生与消费者保护委员会三个委员会与区域政策问题密切相关。

2. 成员国政府

成员国政府居于第二个层次，它们一般都拥有自身的区域政策，同时接受欧盟统一的区域政策协调和整合，其主要权力由中央当局特别是议会掌握，议会负责处理所有有关区域政策的法律，即批准或否决援助措施、奖励力度、区域设计和分散程度，也包括批准成立或取消特定管理机构等。

3. 地方政府

地方政府也参与欧盟区域问题的决策，其渠道主要有：一是在地方层次相应设立区域政策机构；二是多数成员国地方政府在欧盟总部布鲁塞尔都设有某种形式的办事处和代表；三是比利时和德国规定，如果部长理事会讨论的问题属于其地方政府管辖范围，由地方政府的相关负责人出席会议。

还需一提的是，欧盟国家的区域政策和区域协调行为，严格遵照政府间关系的法理尺度，很少出现中央（联邦）政府或上级政府越权干预区域发展的现象，他们习惯采用自下而上的结构改革，而非自上而下的行政区划调整来协调区域经济活动。

2.1.3 欧盟区域政策实施的主要手段

从本质上说，区域协调发展就是要借助政府干预的力量，逐步调控因市场失灵而带来的区域不平衡发展状态。但政府与市场的相互消长关系告诉我们，政府在区域协调发展过程中的干预方式和介入程度必须适度，过分干预和干预不当反而会适得其反。欧盟是成熟的市场经济共同体和法治社会，因而较好地处理了"看得见的手"与"看不见的手"在区域协调发展中的关系问题，形成了法制、经济和行政多管齐下的区域协调手段。

一　扶持基金

扶持基金主要有结构基金（Structural Funds，SF）、聚合基金（Cohesion Fund，CF）、团结基金（The European Union Solidarity Fund，EUSF）和预备接纳基金（Pre-accession Aid）（参见表 2—1）。表 2—1 只列举了扶持基金的前两个基金及其内容。

表 2—1　　　　　　欧盟结构基金和聚合基金及其内容

ERDF	ESF	EAGGF	FIFG	CF
欧盟区域发展基金	欧盟社会基金	欧盟农业指导和保证基金	渔业指导性融资基金	聚合基金
基础设施投资、研发	职业培训就业补助金	农村地区发展旅游投资	渔场发展渔业现代化	环境和交通基础设施

资料来源：John Walsh, The Experiences and Effects of EU Regional Policy (PPT), 2005.

1. 结构基金

结构基金是欧盟区域政策的主要支持工具，包括欧洲区域发展基金（ERDF）、欧洲社会基金（ESF）、欧洲农业指导和保证基金（EAGGF）、渔业指导性融资基金（FIFG）四个组成部分，由各成员国按照国民生产总值的一定比例缴纳，并纳入欧盟财政预算统一管理。在欧盟预算中，大约 1/3 用于结构基金和聚合基金，比如 2000—2006 年度为 235 亿欧元。其中，195 亿欧元结构基金用于 15 个老成员国，15 亿欧元用于新增 10 个成员国（2004—2006），25 亿欧元为聚合基金。2007—2013 年度达到 300 亿欧元以上。2000—2006 年度结构基金的 94% 集中于三个目标：一是帮助那些落后区域加快发展和追赶步伐；二是支持那些面临结构困境的工业、农村、渔场和城市区域的经济和社会的转变；三是实现培训的现代化和促进就业。欧洲社会基金主要提供职业培训和就业帮助，以解决青年和妇女的就业问题；欧洲地区发展基金是四个基金中最大的，基金额约占整个结构基金的一半。该基金的主要目的是支持落后地区中小企业的发展，促进投资和改善基础设施；欧洲农业指导和保障基金主要是为农村地区采用农业新技术，改进农业产业结构和发展非农产业提供资金支持；渔业指导性融资基金是为帮助沿海地区受渔业生产萎缩影响的渔民而设立的。结构基金的资金是欧盟各成员国按照其国民生产总值的一定比例缴纳的，并纳入欧盟的财政预算中。

近几年来，结构基金占欧盟预算的比例不断提高。1988 年的结构基金已占当年欧共体预算的 17.5%。1994—1999 年这轮六年规划中，结构基金达到 1550 亿欧洲货币单位，占同期欧盟预算的 1/3。1994—1999 年的六年规划中，结构基金的使用共有七大目标，1104 个项目。[①]

2. 聚合基金

聚合基金只适用于人均 GDP 低于欧盟均值 90% 的成员国，主要是新加盟的十个成员国，目的在于支持这些国家的环境保护和跨境基础设施建设项目，加快欧洲网络体系一体化步伐。但使用聚合基金是有条件的，除了最基本的人均 GDP 指标外，申请的成员国不能有过量的国债和预算赤字，申请的项目必须是交通运输基础设施或环境保护设施，所有项目还必须符合欧盟条约规定的一般原则。

3. 欧盟团结基金

该基金是 1994 年根据《马斯特里赫特条约》设立的。统一货币的实施要求参加欧元的成员国在经济和经济政策上高度趋

---

① 赵慧英：《欧盟的地区政策》，中国宏观经济信息网，http：//www. macrochina. com. cn/gov/dgsj/20010608007798. shtml。

同，但在实行严格的预算和财政纪律以满足《马斯特里赫特条约》规定的标准的过程中，经济落后的成员国面临着很大的财政困难，因此需要增加对这些国家的投入，以减少这些国家和经济发达国家在经济发展水平上的差距，增强这些国家的发展后劲。

团结基金享受国希腊、爱尔兰、葡萄牙和西班牙四个经济相对落后的国家，用来改善这些国家的生态环境和交通等基础设施。从1993—1999年的7年中，团结基金的预算达到150亿欧洲货币单位。团结基金在四个成员国中基本按以下比例分配。希腊占16%—20%，爱尔兰占7%—10%，葡萄牙占16%—20%，西班牙占52%—58%。一旦某国的人均国民生产总值达到欧盟平均水平的90%以上，则停止享受该基金。

4. 预备接纳基金

这种基金专门针对那些准备加入但又尚未被正式接纳的中、东欧国家，在2004年前，有十个国家享受这种资助。对于预备接纳土耳其等更多国家所需付出的代价，人们的争论在扩大，这加大了预算方面的分歧。①

总体上看，欧盟借助于上述扶持基金的组合使用，落实了区域政策，使落后区域追赶发达区域，重构那些衰败的老工业区域，振兴萧条的农村区域，扶持城市或国家跨界地区的滞胀区域。值得注意的是，虽然欧盟区域政策的目的在于加强整个欧盟经济、社会和区域方面的聚合，但其首要关心的问题是创造就业机会，并不是把经济增长当作区域扶持的第一目标。而且，受助区域的资格条件和扶持额度是全面把关的，涉及区域面积、人口

---

① 陈瑞莲：《欧盟国家的区域协调发展：经验与启示》，《政治学研究》2006年第3期。

规模、GDP 和失业状况等因素。

二　金融手段

欧盟区域政策的金融手段主要是利用欧洲投资银行提供政策性贷款支持落后地区的发展。欧洲投资银行（European Investment Bank，EIB）是根据 1957 年关于成立欧洲基金共同体的《罗马条约》，由当时欧共体成员国合资兴办的金融机构，现为欧盟属下唯一的一家融资机构，其宗旨是通过提供或担保中长期信贷来促进成员国的经济和社会协调发展，为欧洲经济一体化提供资金支持，是目前世界上最大的多边优惠信贷提供者。欧洲投资银行的贷款属于政策性贷款，资信很高，从而提供了良好的融资条件，为支持欧洲联盟的建设发挥了重要的作用。通过巩固在发展落后区域或面临转换问题区域的投资来加强欧盟的经济和社会聚合是欧洲投资银行一项固定的优先政策。Philippe Maystadt 指出："我们必须集中在最重要的核心领域，同时限制我们在其他领域的活动。关键部门将是跨欧洲的网络、环境、中小企业、创新 2000 措施领域如高技术和人力资本，以及其他对区域发展尤其是更萧条地区发展有显著贡献的项目。"近年来为了帮助欧盟向经济与货币联盟过渡和为其东扩开辟道路，欧洲投资银行贷款的重点一个是相对落后的成员国和地区，另一个是欧盟的候选国。

近几年来，欧洲投资银行对欧盟内部落后地区的贷款占其对欧盟总贷款额的 70% 左右，2/3 的资金投入到了符合结构基金和聚合基金申请条件的区域。欧洲投资银行在 1995—1999 年期间的融资总额为 1322 亿欧元，其中用于区域发展的达 741 亿欧元。欧洲投资银行贷款的较大部分用于交通、通信、供水或排污、能源等基础设施建设，为基础设施提供长期资本，对促进欧盟落后地区的经济增长起到了积极的作用。2004 年，欧洲投资银行有

280 亿欧元的资金被投入到受援助地区，其中 71% 是对欧盟 25 国的融资，主要投向是交通和通信基础设施、对工业和服务业的投资、城市基础设施以及健康和教育基础设施。为提高信贷安全，欧洲投资银行对一个项目一般只提供项目投资额 30%—40% 的贷款，缺口部分由结构基金和其他方面解决。近几年来，欧洲投资银行对欧盟内部落后地区的贷款占其对欧盟总贷款额的 70% 左右，极大地促进了欧盟落后地区的经济增长。

三 法制手段

欧盟国家的区域协调政策是有法可依的，它奠基于宪政和相关的法律条文。1958 年签订的《欧共体共同条约》是欧洲一体化的基本法律基础之一。该条约在前言就开宗明义地提出："切望通过缩小区域间的差距和降低较贫困地区的落后程度，加强各国经济的一致性和保证它们的协调发展。"此外，该条约的第 14 篇通篇明确了区域问题的重要性以及解决区域问题的法律规范。如第 130 条 A 款提出："为了促进全面协调的发展，共同体应发展与执行能加强其经济与社会聚合的行动。共同体尤其应以缩小区域间发展水平差距和降低最低贫困区域（包括农村地区）的落后程度为其目标。"上述法律规定在后来的《欧盟条约》基本法中得以完全保留并愈加重视，如欧盟基本法第 2 条规定："欧盟的目的在于促进经济和社会发展，实现高就业水平和维持可持续与平衡发展。"第 158 条规定："缩小欧盟不同区域间的发展差距，特别是那些欠缺扶持的弱势地区。"[1]

此外，欧盟的成员国也制定了促进区域协调发展的法律体系，如德国的宪法、改善地区经济结构的法律等，在促进德国区

---

[1] 陈瑞莲：《欧盟国家的区域协调发展：经验与启示》，《政治学研究》2006 年第 3 期。

得瞒报；（2）在政府资金资助方面，对落后地区的资金资助应设定上限，每个国家最多不能超过 GDP 的 4%；（3）所有援助计划应该是透明的，使欧盟了解其援助程度；（4）政府援助的地区要非常明确，不能因此而影响该国市场上的竞争；（5）实行伙伴制，即有合作伙伴；（6）欧盟的经费不能取代成员国或区域的公共支出。

3. 具有严格的项目报批流程

其报批的先后顺序是：（1）每个国家或地区首先酝酿一份申请计划，充分论证所需支助区域的困难和劣势所在。申请计划要尽量让更多的经济和社会合作伙伴以及其他权威部门参与进来。（2）完成申请计划书后，以官方文件的形式提交欧盟委员会。（3）由申请国与欧盟委员会就申请计划书内容和落实基金进行协商。（4）当双方在所有问题上达成一致意见后，欧盟委员会将批准这些业已建立的计划和项目，并且给申请方提供一份项目实施指导意见。（5）成员国政府和区域当局决定项目的实施细节，这些具体问题可以不必与欧盟委员会进一步协商，但必须把详细实施方案报欧盟区域委员会备案。（6）项目负责的主管当局筛选出最适合结构基金目标要求的工程，遴选出工程责任人。（7）工程正式实施，但必须在项目规定的最后限期内完成，以免影响下一个周期项目的开始实施。（8）项目负责的行政当局在一个由经济、社会和环境人员组成的监控委员会的协助下，对项目的进展情况进行日常的管理。他们必须向欧盟委员会报告项目进展情况，并提出证据表明项目经费正处在一个良性运作的状态。欧盟委员会负责全面评估监控体制的工作。

4. 规定了项目文件的必要内容

这些必要内容包括：（1）区域的优劣势分析，独立的评估和伙伴咨询；（2）项目活动的详细描述要分割为具体的举措，每个举措必须广泛论证；（3）每个项目还必须包含量化目标，这些目标要转化为有实际意义的产出、结果、影响数值；（4）必须制定每年的融资方案；（5）每个层级的融资水平等具体措施必须细化到国家或区域管理主体的层次。

5. 决策程序科学合理

欧盟的决策程序为：（1）欧盟委员会下设的区域总司（DG—16）提出议案，内部协商论证后形成动议稿；（2）欧盟专门委员会讨论形成修正案；（3）欧盟理事会批准；（4）欧洲议会批准；（5）欧盟委员会执行。

还需一提的是，欧盟国家的区域政策和区域协调行为，严格遵照政府间关系的法理尺度，很少出现中央（联邦）政府或上级政府越权干预区域发展的现象，他们习惯采用自下而上的结构改革，而非自上而下的行政区划调整来协调区域经济活动。

2.2 欧盟的区域发展模式与区域合作模式

2.2.1 欧盟区域发展模式

在漫长的工业化时期，欧洲区域经济发展的重心经历了地中海沿岸、英吉利海峡和北海沿岸等几个阶段，形成了比较完善的点轴式区域经济模式。该模式的基本内容是，沿工业化时代重要的交通干线形成了若干主要的发展轴线，欧洲所有主要的经济中心均分布在这些轴线上；经济相对落后的地区则形成相对孤立的带状分布。它包括三条主要点轴线：一是所谓蓝色香蕉带，指从英吉利海峡两岸到比利时、荷兰、德国、丹麦、瑞典和挪威等北海沿岸国家组成的形似香蕉的地区（蓝色是指海洋），该带是目前欧盟最为发达的地区，集中了欧盟主要的经济中心。二是东西轴线带，指从英国南部向东经过法国北部、比利时、卢森堡、德国西部和南部、瑞士、意大利北部和奥地利等国家和地区组成的地带，该带是欧盟第二条经济实力十分雄厚的地区，也集中了一大批欧盟主要的经济中心。三是所谓欧洲南部阳光地带，包括从葡萄牙、西班牙、意大利南部和希腊等国家和地区，这些地区呈相对孤立的带状分布，是欧盟相对落后的地区。[①]

区域发展的最高阶段是形成各地区可以自由连通的空间网络结构（中心地区与外围地区结构、中心地区与中心地区结构以及外围地区与外围地区结构等），基本实现无障碍、低运输费用和交易成本的空间市场一体化，基本达到区域经济均衡发展和各地区居民生活水平大体一致化的目标。全球化、知识经济和信息时代的到来，带来了技术进步、大规模创新能力、劳动力培训的进步和资本的更高流动性，这使得社会经济得以重塑，由此导致了经济、社会、政治发展的空间变化，其结果是一些区域得以复兴，一些区域衰败下去，新的城市与区域经济网络出现以及跨边境的区域经济联系的凸显，欧盟区域发展模式开始发生根本性的改变，由工业化时期传统的点轴型区域发展模式，向后工业化时期新的网络型区域发展模式演变，为欧盟区域经济的均衡发展奠定了空间结构的基础。影响传统点轴型区域发展模式的因素主要有资本、技术（研发）和贸易；而决定新的网络型区域发展模式的因素除了这三个以外，还包括劳动力中受过高等教育人数的比例以及妇女的就业比重等。

从 20 世纪 80 年代后期以来，欧盟出台了三期指导和资助落后地区和其他经济结构存在问题地区发展的"结构政策"。经过多年的努力，目前，欧盟区域经济网络结构模式已初步形成。

---

① 方克定：《"欧盟区域合作及其协调机制对中国的借鉴"考察团报告》，ht-tp：//cepa. nsa. gov. cn/Zxinwen/eWebEditor/uploadfile/200612482513394. doc。

一　首都和大都市经济圈的形成

欧盟一些超大规模的城市地区往往成为世界级或欧洲级的都市聚集区，成为欧洲和世界范围内影响力巨大的经济发展的火车头，如大伦敦地区、大巴黎地区、德国法兰克福大都市圈、大布鲁塞尔地区、大阿姆斯特丹地区、大哥本哈根地区、德国斯图加特大都市圈、德国慕尼黑大都市圈等，形成大都市辐射带动周边地区（近外围地区）共同发展的典型模式。

以伦敦都市圈为例。伦敦都市圈又称伦敦—伯明翰—利物浦—曼彻斯特城市群，形成于 20 世纪 70 年代；该都市圈以伦敦—利物浦为轴线，包括大伦敦地区、伯明翰、谢菲尔德、利物浦、曼彻斯特等大城市和众多的小城镇；这一地区是产业革命后英国主要的生产基地和经济核心区，总面积约 4.5 万平方公里，人口 3650 万；伦敦都市圈由封闭到放射，最后形成圈域型都市圈；创新的金融工具不仅满足了投资者进行产业创新与技术创新的资本需求，也使城市发展得以顺利进行；由内伦敦、大伦敦、标准大城市劳务区和伦敦大都市圈四个圈层构成的圈域形都市圈，说明伦敦都市圈在建设过程中坚持了始终如一的基本指导思想；在伦敦城市规划过程中，政府运用法律手段予以支持起到了重要作用。在伦敦都市圈内，主要城市各具特色，发挥着不可替代的功能。

伦敦都市圈的规划经历了两个阶段：

1. 早期规划阶段

1937 年，英国政府成立"巴罗委员会"，1942 年，委员会遵循"调查—分析—规划方案"的方法开始编制伦敦规划，1944 年完成轮廓性规划报告，其后又陆续制定了伦敦市和伦敦郡规划。当时的规划方案是在距伦敦中心半径约为 48 公里的范围内建设四个同心圈：第一圈是城市内环，第二圈是郊区圈，第三圈是绿带环,第四圈是乡村外环。大伦敦的规划结构为单中心同心圆封闭式系统,采取放射路与同心环路直交的交通网络连接。20世纪60年代中期,大伦敦发展规划编制,该规划试图改变同心圆封闭布局模式,使城市沿着三条主要快速交通干线向外扩展,形成三条长廊地带,在长廊终端分别建设三座具有"反磁力吸引中心"作用的城市,以期在更大的地域范围内解决伦敦及其周围地区经济、人口和城市的合理均衡发展问题。

2. 现代规划

1992年,伦敦战略规划委员会提出了伦敦战略规划白皮书,突出体现了四点指导思想:第一,重视经济的重新振兴;第二,强化交通与开发方向的关联性;第三,重视构筑更有活力的都市结构;第四,重视环境、经济和社会可持续发展能力的建设。1994年该委员会又发表了新的伦敦战略规划建议书,其基本前提是强化伦敦作为世界城市的作用和地位,另外也明确指出伦敦大都市圈和东南部地方规划圈之间的关系和发展战略。1997年,民间规划组织"伦敦规划咨询委员会"发表了为大伦敦所做的战略规划,该战略规划涵盖伦敦经济、社会、空间和环境的发展,目标旨在确定伦敦如何面对挑战、抓住机遇,规划提出了由四重目标所组成的指导思想,包括强大的经济、高水准的生活质量、可持续发展的未来、为所有人提供机遇。①

二 老工业基地的衰退与振兴

在欧盟,老工业基地的发展比较典型的有德国的鲁尔地区、英国的曼彻斯特地区、荷兰和比利时的马斯河谷地区等。这些老工业基地通过全面的经济结构调整,大力发展信息技术等高新技术产业,淘汰和改造传统工业产业,积极发展金融、技术咨询和

---

① 章昌裕:《伦敦都市圈建成的经验》,《中国经济时报》2007年1月4日。

房地产等现代服务业,努力改善生态环境创造宜居城市,使老工业基地恢复了活力,再次成为区域性,甚至欧洲的经济中心。

以德国鲁尔区为例。鲁尔区位于德国西部的北莱茵—威斯特法伦州(简称"北威州"),由 11 座城市和 4 个区构成,总面积 4400 平方公里,人口 530 万,是欧洲最大的经济区。鲁尔区原本以生产煤和钢铁为主,20 世纪六七十年代,由于廉价石油的竞争,这里先后遭遇"煤炭危机"和"钢铁危机",使鲁尔区经济受到严重影响,矿区以采煤、钢铁、煤化工、重型机械为主的重型工业经济结构日益显露弊端。主导产业衰落,失业率上升,大量人口外流,环境污染严重,社会负债增加等,使鲁尔区的可持续发展受到严峻挑战。对此,政府积极采取措施,通过经济结构变化和产业转型,使鲁尔区的经济再造辉煌。①

1. 制定总体规划

鲁尔区发展初期,缺乏对土地利用、城镇布局、环境保护等方面的整体规划,造成地区环境质量不断恶化,区域形象受到严重损害。为了促进区域的协调发展,德国政府颁布法律,成立了鲁尔煤管区开发协会,作为鲁尔区最高规划机构。之后,又分别通过法律一再扩大其权力,现已成为区域规划的联合机构,对矿区的发展做出全面规划和统筹安排,对于调整鲁尔区的经济及社会结构起了重要作用,使这一百年老工业区再次充满了活力。

2. 对传统工业进行全面改造

长期以来,煤产业和钢产业一直是鲁尔区发展的两大支柱,经济结构老化使鲁尔区的经济发展速度明显低于全国的平均水平。从 20 世纪 60 年代开始,在政府的资助下,对企业实行集中

---

① 刘学敏:《德国鲁尔工业区产业转型的经验》,《中国经济时报》2005 年 11 月 24 日。

域协调方面起着关键性作用。德国的联邦宪法规定，联邦政府与州政府之间是一种相互协调的关系，在地区经济发展中联邦政府必须担当占 50% 比重的任务。根据改善地区经济结构的法律，德国制定了"地区经济的框架计划"，被誉为德国地区经济发展的"圣经"（每年度有一个框架计划），它规定什么地区该受援助，援助多少，是宪法精神的具体化。可以看出，德国政府很少通过"人治"的政策优惠和扶持区域发展，而是一切以法律行事。

四　行政手段

欧盟区域政策专家布鲁克（Matthew Brooke）认为，欧盟的区域差距调控不仅仅是钱的问题，而是利用这笔钱去做什么的问题；区域政策的成功取决于项目及其有效执行。如何筹集区域发展基金，进行项目报批以及监控和评估项目的执行，这里涉及一整套工序流程。正是通过规范的行政调控方式，欧盟的区域协调发展政策才能最终付诸实施。

1. 区域发展基金的筹集具有制度保障

欧盟预算收入来源有三，即关税及农业税、增值税和成员国 GDP 上缴。其中，欧盟规定每个成员国每年要上缴本国 GDP 的 1% 作为欧盟预算经费。这笔经费占欧盟年度总预算的 50%，其中四成用作各种基金扶持区域发展。因此，区域发展基金的筹集体现了"取之于国、用之于国"的原则［当然其成员国内部也存在"劫富（国）济贫（国）"的争论］。

2. 确立了区域援助的通用规则

为避免各成员国的内部区域发展政策影响地区的公平竞争，欧盟对成员国的国内区域政策进行了协调。经过长期讨论和谈判，欧盟与成员国就地区发展政策达成协议，并制定了一些通用的规则。主要有：（1）财政援助必须根据当地的实际情况，不化、合理化管理。对煤炭和钢铁传统工业进行企业合并和技术改造，加强企业内部和企业之间的专业化与协作化。同时，加强基础设施建设。鲁尔区建成了由公路、铁路和水运构成的交通网，是欧洲最稠密的交通网络。

3. 积极培育新兴产业

在进一步发掘原有产业潜力的同时，鲁尔区将极具发展潜力的高新技术产业和文化产业作为发展的重点，以此来提高区域产业的竞争力。主要有：健康工程和生物制药产业、物流产业、化学工业和旅游与文化产业。

4. 科研机构和高等教育为产业转型提供支持

鲁尔区已发展成为欧洲大学密度最大的工业区。除了专门的科学研究机构外，每个大学都设有"技术转化中心"，从而形成了一个从技术到市场应用的体系。同时，政府鼓励企业之间以及企业与研究机构之间进行合作，以发挥"群体效应"，并对这种合作下进行开发的项目予以资金补助。目前，全区有 30 个技术中心，600 个致力于发展新技术的公司。

三 新兴的中距离外围地区的崛起

技术的大变革给欧盟一些落后地区赶超发达地区提供了难得的机遇，如爱尔兰地区、西班牙的巴塞罗那地区等等，这里也是欧盟创新区或创新城市集中分布的地区。

以爱尔兰为例。爱尔兰是欧洲的岛国，自然资源缺乏，总体经济规模不大。20 世纪 60 年代前，爱尔兰实行封闭式的保护主义经济政策，较长时间依赖农牧业，经济增长十分缓慢。自 20 世纪 60 年代起，爱尔兰开始实行对外开放，鼓励发展对外贸易，积极引进外资，借助外国的资金和技术发展本国经济。

爱尔兰在早期发展中并未把科学技术放在重要位置，相当一部分政府要员认为，只需购买他人的创新成果即可。这一政策虽然促进了跨国企业在爱尔兰的发展，但却使本国企业丧失了各种人才，造成整个国家人才资源枯竭的局面。20 世纪 80 年代末，爱尔兰利用欧盟结构基金（Structural Funds）和研究计划的大量经费资助开展科研工作，获得了很好的收益。这使爱尔兰从根本上转变了以往不重视科技发展的倾向。

1. 科技创新白皮书

1996 年，爱尔兰发表了本国发展史上第一个《科技创新白皮书》。白皮书指出，爱尔兰必须进行政策干预，使其企业通过科研和技术创新活动获得竞争、成长和创造就业机会的能力，目的是要在当代科技发展基础上建立起一个具有创新活力的经济和社会。另外还指出，为了使爱尔兰能够针对国际科技发展的趋势，根据本国特点，并结合本国发展的需要，组织资源开展爱尔兰科技发展技术前瞻研究。

2. 2000—2006 年国家发展计划

爱尔兰于 1999 年 11 月出台了 2000—2006 年国家发展计划。其中十分重要的一点是增加科研投入，以确保爱尔兰成为以知识为基础的经济。在这 7 年中，爱尔兰计划投入 24.1 亿欧元用于科研和技术创新活动。

3. 研究、技术与创新基金计划

为支持企业的研究与开发，按照 2000—2006 年国家发展计划，爱尔兰政府实施了"研究、技术发展与创新计划"，支持不同规模的企业向研究与开发型企业转变。该计划中的部分资金来自于欧盟结构基金。此项计划内容包括三个方案：研发能力认证方案；研究、技术开发与创新竞争方案和创新管理能力方案。

4. 第三阶段教育机构研究计划

从 2000 年开始，爱尔兰政府开始通过"第三阶段教育机构研究计划"，会同爱尔兰科学基金会一起，向爱尔兰大学基础研究提供资金支持，以促进大学的研究开发。爱尔兰教育科学部主要通过高等教育局向各高等教育机构确定和划拨资金。通过为大学科研机构的自然科学和人文科学研究提供大量资助，大大改善了大学科研的基础设施建设。

5. 科学顾问理事会

2005 年 5 月，爱尔兰成立了科学顾问理事会以取代 1997 年成立的科技创新理事会。科学顾问理事会将在执行机构与决策机构之间发挥重要中介作用，推动国家科技创新战略的持续高效发展，并就科技创新的中长期发展政策向政府提供建议，其地位和对企业的影响都将强于科技创新理事会。[①]

四 远距离的外围地区

这些地区主要包括边远的岛屿、海边的渔村等。在信息化时代，这些地区通过发展现代交通和旅游业，摆脱了被遗忘角落的地位。

以边远的岛屿为例。根据欧共体统计局的定义，欧盟区域政策所涉及的岛屿是指成员国领土中那些永久被海洋包围的区域，它们与大陆之间没有桥梁、隧道等联系渠道，与大陆相距 1 公里以上，常住人口 50 人以上，它们中也没有一个是成员国首都的所在地，其中大约有 1000 万居民居住在靠近大陆的 286 个岛屿地区，另有 380 万人生活在欧盟"远离中心的区域"。根据《阿姆斯特丹条约》第 299 条第 2 款中的定义，这些区域包括葡萄牙的亚速尔和马德拉、西班牙的加那利群岛和法国的海外省圭亚那、瓜德罗普、留尼汪岛、马提尼克，拥有 500 万人口的西西里岛也归入这类地区。

① 张亮：《从农牧经济转向知识产业——爱尔兰的创新政策》，《科技日报》2006 年 1 月 20 日。

这些地区的面积和人口数量不一样,但都面临着一些特有的持久性的障碍,如与大陆相分离,由于自然和与气候有关的障碍而造成的较高的海运、空运、通信及基础设施成本;范围有限的可用地和淡水供应;合格劳动力的短缺;有利于企业发展的经济环境的缺乏;难以获得教育和健康服务等。这些问题制约着岛屿地区社会经济的发展。在区域类型的划分上,尽管它们不属于欧盟最贫穷的地区,但长期存在的自然障碍和不利因素使其相当脆弱。《阿姆斯特丹条约》中的第 158 条所界定的最缺乏优势的区域中就包括了岛屿地区。

欧盟通过区域政策对岛屿地区的发展进行了干预。欧盟先后设立了四个结构基金,即欧洲区域发展基金、欧洲社会基金、欧洲农业指导和保障基金(其中的指导部分)、欧洲渔业指导性基金,1993 年又设立了聚合基金,专门援助收入最低的成员国。结构基金目标一是针对人均 GDP 不到共同体人均水平的 75% 或者是人口密度很低的落后地区;目标二是针对社会经济结构调整处于困难中的区域。而岛屿地区 95% 的人口符合结构基金目标一或目标二的援助标准,并从结构基金中获得了大量援助。[①]

总的来说,欧盟对岛屿地区的交通、通信,能源等基础设施建设,人力资源开发,生态环境和文化遗产的保护以及渔业结构的调整等,提供了广泛的援助。如留尼旺作为法国的边缘省份,就享有欧盟“区域发展基金”的补贴,2000—2006 年间的补贴额达 15.2 亿欧元。以前,瑞典 Sainte-Anne 岛、Gryt 岛和 Tjust 岛与大陆的唯一联系就是由一艘渡船来提供的。这些岛上的居民依靠这艘渡船与大陆有限的往来是邮政服务、医疗卫生、上学和

_____

① 《区位条件对欧盟岛屿地区经济发展的影响探析》,http://www.tianyablog.com/blogger/post_ show. asp? blogid =5968&postid =1145575。

就业。当有事故发生时，救助来得很慢。为了消除这种隔离状态，当地在欧盟的帮助下，建立了一个拥有六艘气垫船的船队，从而能以一种快捷的、对环境有利的方式为海岛的 600 个居民提供时间固定而灵活的运输服务。

总之，在区域经济发展的网络时代，任何区域都有自己发展的机遇与途径，从而使区域经济出现全面增长的局面。

2.2.2 欧盟区域合作模式

一　问题区域治理模式

问题区域是指出现各种区域公共问题的区域，如落后区域、萧条区域、滞胀区域。在欧盟的区域协调发展过程中，问题区域的治理任务繁重，而其中对那些广大的落后区域（less developed regions）的治理又是重中之重，欧盟结构基金的很大比重就用于扶持这些地区的发展。在欧盟，一般按人均 GDP 水平来确定某一地区是否属于落后区域，如果该国或地区人均 GDP 低于欧盟人均 GDP 的 75%，就被确定为落后区域，可以享受欧盟基金的资助。

目前，欧盟有超过 25% 的人口、64 个区域的人均 GDP 低于 75% 的欧盟均值，属于典型的落后区域。新加盟的十个成员国，65% 的地区的 GDP 低于欧盟均值 50% 的水平。在欧盟 25 个成员国中，英国和比利时的内部区域差距最大，英国的内伦敦地区（Inner London）和锡利—艾思来斯地区（Isles of Scilly）的人均 GDP 水平，分别是欧盟均值的 315%、73%；比利时的布鲁塞尔地区和海纳特省分别相当于欧盟均值的 235%、75%。瑞典属于适度差距国家，斯德哥尔摩与诺拉·麦兰斯威利吉地区的人均 GDP 水平，分别相当于欧盟均值的 158%、98%。总体而言，欧盟的几个传统大国，内部区域发展差距不是太大；但欧盟东扩和南拓后，25 个成员国之间的发展差距陡然大增。在 10 个最富裕地区中，其 GDP 相当于欧盟均值的 189%，而在 10 个最不繁荣的地区中，其 GDP 只相当于欧盟均值的 36%。

二　创新区域模式

创新区域是新经济时代欧盟区域发展的一种重要模式。早在 1995 年欧盟就发布了《创新绿皮书》，次年又发布了具有开创性意义的政策档《欧洲创新的第一个行动计划》，提出了欧盟创新政策发展的建议和方案。其中重要的一个内容是开展趋势图表（Trend Chart）项目。该项目的宗旨是为欧盟创新政策的决策者提供各成员国在创新方面的综合信息，包括统计数据、政策汇总、各成员国的竞争态势和未来的趋势等等。可以说，Trend Chart 项目是欧盟成员国之间进行创新标杆比较（Benchmarking）、政策相互学习和交流的一个平台，也是欧盟层次上创新政策协调的一个体现。2000 年，在葡萄牙里斯本召开的欧盟理事会，明确提出了建立欧盟区域创新评价指针体系的要求，以此提高欧盟的经济竞争力，将欧盟建设成为世界上最具竞争力的知识经济社会的战略构想。2001 年，欧盟根据区域创新评价指针体系的要求，制定了区域创新综合评价表，包括 17 个创新活动指标。从 2000 年开始，欧盟每年均颁布创新政策的年度报告，汇报、定性分析和展望各成员国的创新政策，并从 2001 年开始正式发布欧盟成员国创新成绩表，利用创新指标体系对成员国的创新成绩进行定量比较，分析其优势和劣势。

在欧盟这种整体的创新政策和竞争激励机制指引下，近十年来欧盟国家共涌现了 235 个颇具国际竞争力的创新区域，如德国的巴登—符腾堡地区（Baden-Wurttemberg）、号称"第三意大利"的艾米利亚—罗马涅区—罗马格纳地区、荷兰林伯格省（Limburg Province）的化工产业集群区域等。这里以巴登—符腾堡创新区域为例作一简要介绍。该地区位于德国西南部，拥有德国最强大和密度最大的教育科研网，诸如德国曼海姆大学、海德堡大学、斯图加特大学和大批应用性的研究和培训机构等，这对于该区域获得创新的竞争优势具有决定意义。其主导产业集中在建筑机械、汽车及其零部件供应、电子机械和电子等生产制造方面。区域内企业大多数是中小企业，这些企业雇佣的劳动力占区域内就业劳动力总量的58%。1996年德国全国的专利产品为8532件，而巴登—符腾堡地区就占了总数的23%。该地区的创新网络除了企业之间的关系网络外，还有大量的非企业组织机构如教育和科研机构、商会和本地银行、区域政府等共同组成的区域创新网络系统。

三　跨境合作模式

跨境合作模式是欧盟国家区域整合的一种新模式。它一方面有力地促进了行政区边缘区域的经济发展，另一方面又提升了核心区域和边缘区域的整体竞争力和"发展红利"。跨境合作模式主要有"两国一制"的跨国合作模式和跨省（州）、市的跨区协作模式等。其中丹麦、瑞典两国跨境的"奥胡斯区域合作"（Aarhus Regional Cooperation）是欧盟国家跨国合作的成功范例，它被经合组织（Organization for Economic Cooperation and Development, OECD）称为"跨境区域合作的佼佼者"，由此推动了该区域的"第二波"发展。而柏林—勃兰登堡首都区域则是欧盟跨省（州）、市合作的另一典范。

目前，柏林—勃兰登堡首都区域，已作为地方政府跨境合作的一个成功范例，影响着欧洲的空间整合和一体化进程。而且，它的目标还在于把一个跨边界的大都市区域，整合扩展为德国—波兰跨境发展的样板。需要指出的是，在行政建制上柏林和勃兰登堡仍然是联邦下属的两个州，二者的权利和地位是均等的。

柏林是德国的首都，传统重工业发达，经历结构转型后服务业也十分发达，但其缺陷是发展腹地有限（面积仅 892 平方公里）；而与柏林相邻的勃兰登堡则地域广阔（面积 29474 平方公里），是德国传统的农业重镇，农业和森林覆盖区域占 84.9%。因此，两个州各自存在明显的优劣势和结构矛盾，如能互补合作便可取得双赢收益。一直以来，两个州之间的居民相互往来和经济联系紧密，已结成一个互利互惠的区域整体。特别是 1989 年柏林墙倒塌和德国统一后，东柏林和西柏林作为意识形态上的两个分割概念已不再存在，柏林得以在空间上重新整合。与此同时，两个州之间的经济和社会交往以及移民和民间流动变得非常频繁，交通和通信基础设施要求连接成网以实现规模效益，许多有价值的地块和自然资源也正面临持续发展的压力。为此，两个州从提升区域整体竞争力和保持可持续发展能力的共同利益出发，决定摒弃原来那种近乎各自为政的发展思路，打造一个在欧洲乃至全世界都享有盛名的首都区域经济圈。1995 年，两州达成永久性合作规划协议，在这个合作规划协议指导下，即使一些令双方最棘手的问题也能在"基本共识"（common consent）下得以合理解决。1996 年，成立柏林—勃兰登堡两州联合规划部（Joint State Planning Department），提出两州共同发展方案和共同发展计划，把两个州涵盖的区域全部纳入统一规划的空间。联合规划部是柏林参议院发展规划部和勃兰登堡基础设施与区域规划部的重要组成部门，作为一种制度化合作框架，这在德国联邦共和国内是非常独特的。1998 年，第一个跨州的规划开始实施，2003 年关于新机场选址和 2004 年整体区域规划相继落实。这样，持续多年的谈判和相互协调终于成功。两州跨境合作的最大贡献就在于达成了双方的利益均衡，同时确保了双方作为一个联邦成员的平等的利益诉求。从实践来看，90% 以上的跨州问题都可以通过这个机构得以解决，只有小部分问题需要双方的政治领导人来拍板决定，即使一些最具争议性的问题也可通过双方的政治谈判得以妥善解决。

四　流域治理模式

随着工业化和城市化进程的急速推进，流域内上、中、下游地区如何协调发展，已成为摆在民族国家政府和地方政府面前的一道难题。欧盟境内有莱茵河、多瑙河等众多国际河流，流域的协调发展和合作治理问题尤为突出。下面以莱茵河为例作一简单分析。

莱茵河干流全长 1320 公里，是欧洲第三大河，流经瑞士、法国、德国和荷兰等国家，流域范围内还包括奥地利、卢森堡、意大利、列支敦士登和比利时等九个国家，流域面积为 185 万平方公里。欧洲工业革命以来，沿莱茵河干流形成了六个世界闻名的工业基地，即巴塞尔—米卢斯、弗莱堡、斯特拉斯堡、莱茵—内卡、莱茵—美茵、科隆—鲁尔和鹿特丹—欧洲港区，它们分别是欧洲和世界重要的化工、食品加工、汽车制造、冶炼、金属加工、造船和商业银行中心。从实际情形来看，欧洲莱茵河流域内的九个国家，经济发展水平很不平衡，同时，莱茵河对各国经济发展所起的作用各不相同。因此可以说，世界上没有其他任何地方比欧洲低地平原国家，更能理解以流域整体目标为主的管理必须承担国际性义务的含义。

在长期的实践探索中，欧盟九国形成了一套丰富而又实用的流域治理模式。一是成立了"莱茵河保护国际委员会"（International Commission for Protecting the Rhine，ICPR）。1950 年 7 月，该委员会由荷兰提议，瑞士、法国、卢森堡和德国等参与，在瑞士巴塞尔成立。其初衷旨在全面处理莱茵河流域保护问题并寻求解决方案，初期仅为流域内各国政府和组织提供咨询和建议，后来逐渐发展成为流域有关国家部长参加的国际协调组织。二是签署了具有法律效力和制度约束力的《伯尔尼公约》。1963 年，流域成员国在瑞士首都伯尔尼签署了莱茵河国际委员会的框架性协议，即《伯尔尼公约》，该公约奠定了莱茵河流域管理国际协调和发展的基础。三是 ICPR 还设有由政府间组织（如河流委员会、航运委员会等）和非政府组织（如自然保护和环境保护组织、饮用水公司、化工企业、食品企业等）组成的观察员小组，监督各国工作计划的实施。委员会下设立许多技术和专业协调工作组，如水质工作组、生态工作组、排放标准工作组、抗洪工作组、可持续发展规划工作组等。四是签署了一系列流域水环境管理协议。20 世纪 80 年代，ICPR 在国际合作共同治理莱茵河流域环境污染和洪水问题方面，签署了一系列协议如控制化学污染公约、控制氯化物污染公约、防治热污染公约、莱茵河 2000 年行动计划、洪水管理行动计划等。五是规划、实施了莱茵河流域可持续发展 20 年计划。2001 年 1 月，在法国斯特拉斯堡举行的莱茵河流域国家部长会议上，总结了莱茵河流域近 50 年水环境综合整治的经验，批准实施以莱茵河未来环境保护政策为核心的"Rhine 2020——莱茵河流域可持续发展计划"①。

2.3 欧盟区域政策对中国西北地区发展的启示

本书所指的中国西北地区特指中国西部地区 10 省市区中的陕西、甘肃、青海、宁夏和新疆五个省区。五省区面积合计308.41 万平方公里，占全国总面积的 32.13%，其中新疆维吾尔

---

① 方克定：《"欧盟区域合作及其协调机制对中国的借鉴"考察团报告》，http://cepa. nsa. gov. cn/Zxinwen/eWebEditor/uploadfile/200612482513394. doc。

自治区是全国最大的省市区，面积占全国的 1/7；截至 2005 年底西北地区人口合计 9463 万人，占全国人口总数的 7.24%，是全国六大区域中人口总量最少的区域，也是少数民族分布较为集中的区域。中国西北地区自然资源丰富，可开发的水能储量、矿产资源人均数量大，发展潜力巨大。但是中国西北地区由于基础设施落后、自我发展能力弱等原因，不仅总体上经济发展落后于中国东中部，而且其内部的发展也很不平衡。因此，西北地区的区域问题，一是作为一个整体与全国的差距日益拉大的问题；二是西北地区五个省区市发展的不平衡问题。如何把握西北地区的"区域病"，制定切实可行的区域政策，是西北地区发展的关键。通过对欧盟区域政策的分析可以得到许多对促进中国西北地区发展的重要启示。

2.3.1 建立可供区域政策利用的区域划分框架

一 确定区域差距和差异的衡量指标

可用人均 GDP、人均收入水平、失业率和就业率、参与率和劳动力流动等指标衡量区域差异，并分别按上述指标对现有经济单元作出排序。根据这些指标日后的变化，可运用统计分析方法观察差距缩小或扩大的总体变化情况。

二 确定问题区域

西北地区虽然总体上属于落后区域，但落后区域的问题各不相同，主要有：经济结构以农业为主的区域、地理位置边远的区域、潜在优势区、缺乏优势区和自然条件较差的区域等。可用影响区域经济发展的三个关键因素即城乡结构、产业结构和自然条件来划分问题区域。对于城乡区域和边远地区可根据人口密度识别，人口密集区域定义为城市，人口稀疏区域定义为乡村。边缘地区则是城市地区比较小，且布局分散，以乡村地区为主的区域。用自然资源富集度和自然条件来划分潜在优势区、缺乏优势区和自然条件极端区域。自然条件极端区域应被视为具备某些发展条件的危机地域，虽然人口稀少，但它们拥有重要的资源、重要的区位条件且在国内具有战略意义。这些区域如果没有政府的援助，其发展是不可能的。

三　对病症实施特殊政策

任何一类问题区域都有一些共性，如高度依赖传统工业或农业、处于边缘位置、高素质专家拥有比重低等。这些特征的存在使政府能为各类问题区域制定一定的区域政策标准。例如，目前中国针对西北地区在基础设施、环境保护等方面存在的共性问题，制定了共同政策。对于每一类问题区域的特殊性，政府可以实施真正的区域倾斜政策，而这一方面对于西北地区是尤为重要的。目前的西北地区政策，只能解决西北地区共性的问题，而没有注重西北地区特殊区域的特殊问题，关键是西北地区没有特殊问题区域的划分框架，如果长期不注重解决特殊区域发展的特殊问题，那么西北地区的成效将要大打折扣，尽管投入大量资金，但收效却不成比例。

2.3.2　高度重视地区竞争力和发展能力的提高

一　通过政府服务促进地区产业竞争力

欧洲各国和各个地区在促进落后地区发展的过程中，对地区产业竞争力高度重视。地方政府对企业的服务往往是全程式的、无微不至的，既包括企业创立前的政策咨询、市场分析、办公选址，也包括生产过程中的配套设施建设、财税减免、战略咨询、员工培训、信息服务等各个方面，即在强调企业主体地位的前提下，将政府完全置于提供服务的位置。相对而言，目前中国各级政府在发展地区经济时对企业经营行为干预过多、服务欠缺的问题依然十分突出。为此，在设计中国西北地区的区域政策时，要高度重视地区产业竞争力，尽快提高政府的服务能力和服务意识，对技术密集型、生态环保型企业要在财税政策、土地政策、信息服务等方面予以积极扶助，要大力倡导企业与科研单位和高等院校的合作。

以欧盟成员国西班牙为例。在 20 世纪六七十年代，西班牙主要以计划经济的调控方式缩小地区差距，例如，通过财政补贴、优惠贷款和税收政策，对国有企业、私有企业和特定产业进行直接干预，曾经起到过重要作用。加入欧盟后，由于欧盟禁止成员国用国有资金帮助某一地区或产业发展，以防破坏自由竞争原则，西班牙不得不对原有的干预方式进行调整。新型的地区发展政策的核心主要是分散管理，通过中间机构，支持有利于地区经济结构调整的投资计划，为企业提供融资等服务，增强其竞争力。

二　以改善地区发展的基础条件为着力点

在经济自由化和全球化日益加深的条件下，中央政府的区域政策应当以改善地区发展的基础条件为着力点，把有限的资金集中用于启动西北地区经济发展，改善其经济环境，增强其对国外投资者和东部地区投资者的吸引力，引导西北地区逐步走上独立发展的道路。

现在，欧盟以直接财政补贴为主的区域政策组合正在转向以维护公平竞争为主的政策组合。欧盟新的发展规划更多地强调改善基础设施条件、促进人力资源开发和保护生态环境等，显著减少对产业或企业的直接支持，并对财政补贴加强监督。WTO 规则要求一国政府着重创造良好的竞争环境，尽量采取普适性的一般性政策，而不采取部门倾斜性的产业政策（对发展中国家虽有一定例外，但限制也越来越多）。中国已加入 WTO，在促进落后地区发展和维护公平竞争方面，将面临新的情况和问题。看来，政府宜将政策重点放在改善落后地区的基础设施、人力资源、生态环境和社会保障上，而不宜直接帮助落后地区的企业和产业。同时，也要尽量利用好 WTO 过渡期和有关例外条款，为落后地区和落后产业的发展提供引导和服务。

三 重视西北地区交通建设及以点带面发展

第一，加大对西北地区交通建设的投资。西北地区交通运输业相对落后，地理环境条件相对闭塞，这已成为制约西北地区经济发展的重要因素。因此，中央有必要加大对西北地区交通建设的投资，同时，可通过发行债券、进行股份经营、引进 BOT（Build-Operate-Transfer）投资方式等多种形式引导民间资本及国外资本投向西北地区的交通等基础设施建设，增加西北地区的路网密度，改善交通状况，打通与沿海地区对外联系的通道，活跃西北地区商品流通市场，改善其投资环境，从而促进西北地区的产业发展。

第二，区域平衡发展要重视以点带面。这对西北地区的发展很有意义。西北地区要选择一些临近交通线且有一定基础的城镇或资源点作为"增长中心"，进行重点投资，重点建设，通过它们的辐射功能带动周边地区的发展，用有限的资金促进西北地区增强"造血"功能。

2.3.3 处理好中央政府与西北地方政府的关系

一 中央政府和西北地区地方政府要合理分工

在西北地区发展的过程中，中央和西北地区地方政府要形成合理分工、协调运转的机制。中央政府负有促进地区协调发展的主要责任，一般是通过制定总体开发原则和开发计划、提供资金支持以及进行适当干预，来行使好这种职责。同时，充分发挥西北地区地方政府的主动性和积极性。欧盟把对落后地区的开发和援助纳入其总体规划，并制定阶段性目标；每一个具体开发计划的制定和组织实施，都经过先自下而上、再自上而下两道程序，以使开发计划既符合地方实际、具有针对性，又做到点面兼顾，综合发展。例如，欧盟成员国西班牙的中央政府不仅设立高层次的促进地区经济领导委员会以及专门的地方补偿基金和鼓励基金，而且在1978年实行民主制度以后，将原属中央政府的部分权限分散到地方，由各个地区自主决定经济政策和发展模式，因而形成了有特色、有活力的多样化经济。中国西北落后地区急需中央政府给予支持，同时西北各地区也要进一步发挥积极性，自主发展特色经济，将潜在的比较优势转化为现实的经济优势。在西北地区战略实施过程中，要注意形成上下协调、重点突出的开发规划和政策，避免盲目开发、重复建设和资金浪费。

二 中央区域政策的权力应有所下放

总体上看，发达国家区域政策的主要权力都由中央掌握，即提供援助及援助的规模是由中央政府决定的，援助提供给谁，以及援助的性质，均由中央政府决定。但在一些情况下，中央区域政策的权力应有所下放。在欧洲联邦国家比利时、德国等，地方政府在区域政策领域也享有许多权力，尽管关键决策仍由中央政府决定，例如，比利时是一个民族矛盾较突出的国家，其区域政策受地方影响的程度很大，这在欧盟国家是十分典型的。德国的州在区域政策领域也有一定的权力。在20世纪80年代，法国、意大利、西班牙、荷兰、英国都曾出现了地方政府参与区域政策的情况。为了实现相关的区域政策目的，中央政府有时有选择地将追加的权力转移给地方政府，例如，将追加资源分配给问题区域的地方政府，追加资源可用来建设与维护基础设施等。

三　区域政策"下放"应有限度

区域政策"下放"或向较低行政层次转移有一定的合理成分：基层政府对区域问题的具体性质了解得更清楚，而且资金往往能得到更有效的利用。但地方政府得到的区域政策权力应该是有条件和有限度的，这个条件就是它不能导致全国区域政策的消失并强化区域间的竞争。例如，地方政府颁布的规划许可制度能起到调整新投资的产业结构、地区布局等方面的作用，这一过程的主要目的是维护地方利益，它可能与全国区域政策目标不一致。在全国区域政策框架内，政府的主要目的是开发情况最差的危机区域。因此地方政府的权力主要是对援助分配和对采纳的决策进行控制和监督。此外，地方政府可以就小规模项目进行独立的决策。

2.3.4　建立区域政策制度体系和监督评估机制

中国的"区域病"和区域差距是中国经济发展过程中一个十分重要的问题，并且将随着中国经济快速发展而变得日益突出。与东北老工业基地的"萧条病"和开始有所表现的东部沿海大城市的"膨胀病"不同，西北地区主要表现为"落后病"，因此应把治疗这种"落后病"放到一个重要的位置上。

严格的制度规范是欧盟区域政策获得成功的一条重要经验。欧盟的制度体系对区域政策的制定、实施、评估和监督提供了保证。欧盟区域政策的制度建设主要体现在机构的设置和法律制度程序上。机构设立、政策工具的制定与实施都有规范可依，避免了区域政策领域的冲突。而中国在区域协调问题上仍是"人治"色彩较浓而"法治"不足。由于缺乏像欧盟国家那样完备的法律规范和制度基础，往往使区域政策出现变形和扭曲，导致政策执行中的"上有政策、下有对策"现象。因此，中国西北地区要从机构设置和法律制度两个方面着手解决这一问题。

一　构建区域协调发展的法制基础

在法律方面，可以从以下几个方面入手：第一，修改宪法，加入促进区域经济社会协调发展、调控区域差距的条款；第二，制定中央与地方关系法，明确中央政府与地方政府各自的事权和财权关系的划分，避免政府间关系紊乱和随意的权力侵蚀现象；第三，完善相应的竞争法以阻止地方保护主义的行为，尽快出台一部行之有效的《反限制竞争法》，其中应包括反行政性垄断和地方保护主义的法律规定；第四，制定国家区域开发方面的法律等。

二　加强制度建设

在制度建设方面，国家应设专门的区域部。区域部的职责应有三个方面：第一，它是执行机构，执行政策、执行预算、管理有关基金。第二，有立法动议权，在立法授权范围内，可以起草各类立法提案，制定决定、规划、指令、建议等。提出的立法提案未获通过时，仍由该机构撤回修改。第三，具有维护立法、决定、政策的职责。有权调查地方政府、企业和个人的任何违反法律、法规、政策的行为。在违反行为未得到及时和有效制止的情况下，它可以诉诸法院。

三　完善组织体系

从组织体系看，区域部下应设立一个西北地区区域司，以及统计局、法务局等。并设技术性专业委员会、法规委员会、咨询委员会等。各机构必须充分吸收地方代表，反映地方的利益诉求。在起草立法提案、制定政策措施或作出重要决定前，要征询有关委员会的意见或直接由其参与研究和决策。咨询委员会应受区域部之邀提供咨询，区域部应尽可能考虑咨询委员会的意见但不受其约束。立法提案则必须获得法规委员会的特定多数同意。这样做，一方面具有监督作用，监督区域部在落实政策法规时不致有背离。另一方面也在立法与执法过程中，提供了一条了解和协调各地区立场的渠道。

四 建立有效的资金投入监督评估机制

大量的资金投入必须同严格有效的监督评估机制紧密结合。这是促进西北地区发展缺一不可的重要条件。欧盟成员国西班牙和葡萄牙落后地区的开发，从国家设立的基金和欧盟财政补贴中获益匪浅。但是这些资金并非无偿赠予，而是要落实到具体项目，由项目法人承担责任和风险，中央政府和欧盟要进行调研和审批，欧盟派专家组对项目进行独立的监督，以防资金被挪用或浪费。一旦发现违规行为，立即停止拨款，并追究责任。这种做法保证了欧盟和地区发展政策取得实效。中国对在西北地区的开发过程中，不仅存在资金紧缺、难以落实的情况，而且资金被挤占、挪用、截留或浪费的现象也相当严重。因此，一方面需要拓宽西北地区开发资金的筹集渠道（特别是中央政府应设立专门基金，增加公共投资的比重），保证资金落实到位；另一方面要建立健全严格的检查监督、评估和责任追究机制，坚决杜绝资金被挤占、挪用、截留和浪费的现象。

2.3.5 对西北落后地区转移支付要实现机制化

欧盟对落后地区的援助是通过结构基金进行的。欧盟先后设立了四个结构基金，从不同的方向实施援助计划。这几个结构基金分别是：欧洲区域开发基金、欧洲社会基金、欧洲农业指导和保障基金（其中的指导部分）、渔业指导性融资基金。因为多数地区经济的落后和困难都是由于原有的经济结构与经济发展的需要发生偏差而造成的，因此要改变这种偏差就必须对经济结构加以调整。1993 年后欧盟又设立了团结基金，专门援助欧盟收入最低的成员国。结构基金对四种地区给予援助：一是落后贫困地区；二是严重受工业衰退影响的地区；三是面临困难的农村地区；四是人烟稀少地区，指每平方公里人口不足 8 人的地区。结构基金采取对开发项目给予财政补贴的方式进行援助。四个领域的项目可优先获得援助：一是生产性项目；二是基础设施项目；三是地区内在潜力的开发；四是人力资源。在这方面至少有三点经验可供借鉴：

一　对落后地区的系统援助必须机制化

欧盟区域政策实施的每一方面和每一步都遵循严格的定义、规范和量化标准。借鉴欧盟区域政策的经验，中国在西北地区的政策实施都必须按照一定的定义、规范和标准进行，以保证政策实施的科学性、高效性、公平性和公正性。由定义、规范和标准构成的机制指导援助决策可以避免长官意志，避免地方与决策当局间的纠纷，以及避免由此所造成的决策拖延，同时也可以铲除腐败的根源。

二　实行中央财政转移与地方配套资金比例机制，加强责任制

欧洲地区开发基金的资金发放有两个原则。首先，受援的项目必须是列入成员国发展计划的项目。援助资金授予的对象是成员国、地区，或地方的政府。由这些政府管理和使用这些投资资金。其次，财政援助遵循"附加性"原则，即项目投资以成员国政府或地方政府为主，结构基金的援助为辅。欧盟结构基金对项目投资承担的比例在目标地区为 25%—75%。在其他地区为 25%—50%。有关的成员国政府、地区政府或地方政府必须负担项目总投资中的其余部分。由于项目必须由地方主持实施，因此，在促进中国西北地区发展中，西北地区的地方政府承担部分开发投资资金，有助于建立有效的责任机制，从而提高投资效益。

三　援助开发更长远的目标：培育统一市场

促进西北地区发展应该树立培育市场的观念，其目的不仅是对贫困落后地区的扶助，更重要的是培育市场力量，使西北地区能够平等地参与全国大市场的竞争。因此，在西北地区发展到一定程度时，应更多地考虑公平问题，即对待西北的不同地区的援助应该根据当地的发展水平，援助的力度应当有所区别，以便不致破坏市场竞争的条件。

2.3.6　实行优化升级产业结构的区域产业政策

一　促进西北地区产业向高级化发展

西北地区自然资源丰富，理所当然地应首先在开发资源基础上发展能源、加工等基础性产业。但是，从发展的眼光来看，要实现优化全国经济结构的目标，西北地区产业也要向高级化方向发展，可将资源开发及深加工结合在一起，发展纵向一体化工业，增强市场竞争能力；还可以挖掘本地市场的潜力，在保留地方特色消费品工业的同时，适当发展一些高水平的消费品工业，满足本地需求，协调西北地区轻重工业的比例。

除此之外，应当促进西北地区发展第三产业。西北地区有很好的旅游资源优势，可以利用这种优势，发展旅游业。另一方面，重视发展新兴的服务行业，其发展依赖知识与能力。在西北地区发展过程中可以把现有的能力转移到新领域（例如从采煤发电转移到其他服务领域）。在能力转移过程中，政府不能搞新行业的一刀切，而是要小心翼翼地促进现有企业和市场的发展，且不能使竞争扭曲。

区域政策的首要任务是把本身的产业结构转变为非政治化。这一方面是说，它不能被动地成为利益集团的工具，另一方面它要平衡各利益集团之间的利益，目的是为了让西北地区所有的地方政府官员支持产业结构转变，参与结构转变，积极推动结构转变。

　　二　创建工业与科技园区

　　发展产业集群、建立区域创新网络系统，有助于原有产业的结构升级，促进地区经济发展。西欧国家广泛分布着工业与科技园区，它们一般直接根据政府的指令而建立，目的在于吸引私人公司。中国西北地区也建立了许多工业园区、高新技术园区，但是这些园区大都存在产业门类混乱、专业化分工协作程度不高，外来企业不易生根等一系列问题，导致园区发展后劲不足、整体竞争力不强。

　　集群化是园区发展的趋势，因此，应当继续规范和完善这些园区的发展。这就需要建立起外部化、市场化基础上的社会化市场网络体系，积极推进产业集聚化；建立多层次的信息服务平台，支持企业与研究院所等各类组织的合作；培育服务于企业的各类风险投资机构、律师事务所、会计师事务所等中介服务机构。发展产业链经济，按照产业链的不同环节进行专业化分工协作，可以加强整体抵抗风险能力和综合竞争力，以此巩固开发区原有优势，并吸引外来企业的入驻。外来企业带来的不仅是新技术、新观念，而且尤为重要的是会带动这些园区形成创新的热潮，而这种创新热潮又将会持续贯穿产业发展的始终。

　　私人和外资企业在园区租赁或购买已配备各种必备基础设施的建筑物，既节约资源又节约时间，既能支持企业的初始发展，又可以改变区域形象。科技园区可以以大学为基地，私人企业和地方政府参与其中，它们可作为创新小企业的"孵化器"，进行研究与开发以及高档商品的制造活动。

2.3.7　加强人力资源开发和促进劳动力自由流动

欧盟各国在建立开发区、设置诸多优惠政策的一个重要目标是解决区域内的就业问题，解决就业已成为其地方政府的首要任务。欧盟区域政策重要的政策工具之一：结构基金对四个领域的项目优先进行援助，其中就包括了对人力资源的开发领域进行援助。欧洲社会基金的宗旨是开展职业培训和再培训，培训的对象包括刚刚走出校门的年轻人，由于经济结构的变化而失去工作职位的人，长期失业者，就业条件有欠缺者以及女性求职者等。中国西北地区中的就业问题远比欧盟复杂，任务更为艰巨，不仅有工业变革（工业结构调整升级）中的劳动就业问题，而且有农业结构调整中数量巨大的农业富余劳动力转移的问题；不仅有经济结构调整升级中劳动力转移问题，而且有经济体制转变所带来的劳动力转移问题。但欧盟的一些经验和做法对中国西北地区的确有启示，值得借鉴。

一　重视劳动力就业培训

在开发落后地区的人力资源方面，欧盟主要是投资培训各种层次的专业人才，包括产前、产中和产后的培训。1989—1993年，欧盟援款占葡萄牙职业培训公共开支的56%，从中受益的有25万人；1994—1999年上升为35万人。欧盟人力资源开发政策的成效是明显的：在西班牙和葡萄牙，未受过初中教育的25—59岁的人口比例分别下降到65%和75%，未受过初中教育的25—34岁的人口比例分别下降到50%和65%。1989—1996年，欧盟申请的专利整体上升了12%，其中，葡萄牙上升了46%，西班牙上升了100%。欧盟的实践证明，人力资源是一个地区总体资源中最关键的因素，只有人口素质提高了，才能增强吸引和消化外来投资的能力，也才能适应发达地区就业岗位的需要，为落后地区带来汇款收入。

目前，中国各级政府对职业培训工作往往重视不够，发展经济急功近利的倾向比较突出，对人的素质提高重视不够，实际上最终影响到区域的可持续发展。因此在区域政策的设计中，要突出提高就业和劳动力素质的相关内容。此外，有必要适当增加西北地区的教育投入，择优重点扶持基础较好的高等院校，并积极引进外资，通过外资企业与东西部企业联合的方式直接引进技术人才和管理人才，同时建立企业内部职工培训制度，提高现有职工的素质。

二　促进劳动力自由流动

劳动力从落后地区大量流向发达地区，也是改变落后地区面貌的重要因素。20 世纪六七十年代，是西班牙的地区差距明显缩小的时期，其间有 400 万人左右（约占总人口的 10%）流向发达地区和国外，可以说这对地区差距的缩小起到了不可低估的作用。另外，欧盟劳动者所享有的流动自由并不因个人的受教育程度、年龄、国籍等因素而有差异，而是一律平等。而且，欧盟为促进劳动者的自由流动还采取了一系列措施。

中国西北地区向东部地区以及西北地区内部将面临着大量的劳动力流动，尤其是农村剩余劳动力向城镇流动，从事非农产业的规模十分大。目前，在劳动力流动特别是农村剩余劳动力向非农产业转移方面，中国发达地区与落后地区之间以及西北地区内部存在着诸如学历、职称、户籍等多方面的限制，能真正达到自由流动的只是那些符合各城市人才引进相关规定的劳动者，而他们只是中国劳动者中的极少数。

从欧盟的区域政策中得到的启示是，中国西北地区要解决劳动力自由流动的问题，除了要在开发人力资源方面加强教育与培训投入外，还要从几个方面努力：第一，改革当前城乡分割的户籍制度及相关的制度；第二，完善社会保障法律体系，抓紧制定社会保障的基本法律，其核心是社会保险制度；第三，完善劳动就业法律体系，应在已有《劳动法》的基础上，加快制定《劳动者权益保障条例》，规范市场主体行为，保护企业、劳动者和劳务中介组织的合法权益，维护市场公平竞争。

第 三 章

欧洲一体化进程中的区域经济差距

3.1 欧盟区域经济差距的现状

3.1.1 欧盟地区经济发展概况

　　欧盟前身是由西欧 12 国组成的欧洲共同体，1993 年所有成员国批准了《欧盟条约》（也称《马斯特里赫特条约》），欧盟正式成立。欧盟前后经历了六次扩大，2007 年 1 月 1 日后，扩大为 27 个成员国，是继中国与印度之后，全球第三大人口居住区。目前，土耳其和克罗地亚等国也积极要求加入欧盟，已成为欧盟候选国。欧盟区域发展空间结构是不平衡的，特别是 2004 年 5 月 1 日欧盟扩大后，发展不平衡问题更为严重。按人均 GDP 和就业率划分，欧盟可以分为中心区域和边缘区域。中心区域从英国北约克郡和伦敦，经法国北部、比利时、荷兰、德国汉堡等地，形成一个发展速度最快、经济水平最高的地带，其形状像个香蕉，俗称"蓝香蕉带"。这一地带只占欧盟土地面积的 1/7，欧盟人口的 1/3，而近一半（47%）的欧盟总收入产生在那里。围绕这一中心地带的边缘区域就较为贫困，多数地区农业人口比例较大，第二产业劳动力低于平均水平，处于不利的竞争地位。据统计，欧盟生活在最繁荣区域 10% 的人口，与生活在最贫困区域 10% 的人口比较，前者的人均 GDP 是后者的 2.6 倍。

　　就各成员国而言，欧盟 25 个成员国之间发展水平差距很大
（见表 3—1）。以人均国民生产总值为例，卢森堡是欧盟中最富
的国家，其人均国内生产总值是欧盟平均水平的 20 多倍。几个
主要成员国的人均国民生产总值也普遍高于欧盟的平均水平，其
中法国、德国、英国和丹麦分别比欧盟平均水平高出 18%、
22%、36% 和 63%。相比较而言，新入盟的十个成员国则要穷
得多。捷克、斯洛伐克、拉脱维亚、爱沙尼亚、立陶宛和波兰的
人均国民生产总值还不到欧盟平均水平的 50%。几个候选国的
经济发展水平也非常低，土耳其、保加利亚、罗马尼亚的人均国
民生产总值还不足欧盟平均水平的 40%。同时，多数欧盟成员
国国家内部地区之间发展也不平衡。如德国的人均国民生产总值
为欧盟的 1.22 倍，而德国东部大部分地区不足欧盟的 60%；意
大利南部地区发展水平明显落后于北部地区，英国的北部和西部
地区落后于国内其他地区。[①]

表 3—1　　　　欧盟 25 国 2002 年有关经济社会指标比较

国　别	人口（百万）	面　积（千平方公里）	国民生产总值（10 亿美元）	人均国民生产总值（＄）	人均国民生产总值比率（%）
合　计	451.18	3994.2	8394.9	18606.5	100
奥地利	8	84	190.4	23390	126
比利时	10	33	239.9	23250	125
芬　兰	5	338	122.2	23510	126
法　国	59	552	1342.7	22010	118
丹　麦	5	43	162.7	30290	163

---

　　① 杨荫凯：《欧盟促进地区发展的经验及对我国的启示》，《宏观经济管理》
2006 年第 12 期。

续表

国　别	人口（百万）	面　积 （千平方公里）	国民生产总值 （10 亿美元）	人均国民生产 总值（$）	人均国民 生产总值 比率(%)
德　国	82	357	1870.4	22670	122
希　腊	11	132	123.9	11660	63
爱尔兰	4	70	92.8	23870	128
意大利	58	301	1097.9	18960	102
卢森堡	0.444	2.6	0.17221①	38830②	209
荷　兰	16	42	386.8	23960	129
葡萄牙	10	92	108.7	10840	58
西班牙	41	506	594.1	14430	78
瑞　典	9	450	221.5	24820	133
英　国	59	243	1486.2	25250	136
捷　克	10	79	56.7	5560	30
爱沙尼亚	1	45	5.6	4130	22
塞浦路斯	0.765	9.3	0.09372①	12320②	662
拉脱维亚	2	65	8.1	3480	19
立陶宛	3	65	12.7	3660	20
匈牙利	10	93	53.7	5290	28
马耳他	0.97	0.3	0.03632①	9200②	494
波　兰	39	323	176.6	4570	25
斯洛文尼亚	2	20	19.6	9810	53

说明：①是国民收入数据，②是人均国民收入数据，人均国民生产总值比率以 25 国人均国民生产总值为 100 计算，各个国家与其比较。

资料来源：World Bank，World Development Report 2004.

3.1.2　欧盟地区经济差距状况

地区经济发展的差距主要表现在两个方面：一是经济增长速

度；二是人均收入的分配。欧盟统计局 2006 年 6 月 15 日公布的统计数据表明，欧盟 25 国的贫富水平目前仍存在较大悬殊，富国和穷国的人均国内生产总值（GDP）最高可相差 5 倍以上。这项根据 2005 年购买力平价指数计算得出的统计结果显示，在欧盟 25 国中，卢森堡 2004 年的人均 GDP 最高，超过欧盟平均水平的两倍；其次是爱尔兰，高出平均水平近 40%；丹麦、荷兰、奥地利和比利时分别高出 20%；英国、瑞典高出 15%；芬兰、德国和法国高出 10%；意大利和西班牙基本与欧盟平均水平相当。而人均 GDP 低于欧盟平均水平的国家仍集中于中东欧地区。其中，塞浦路斯、希腊和斯洛文尼亚低于平均水平 20%；捷克、葡萄牙和马耳他低 30%；匈牙利、爱沙尼亚低 40%；斯洛伐克、立陶宛、波兰和拉脱维亚仅为欧盟平均水平的一半左右。如果将欧盟购买力基准值定为 100，卢森堡 2004 年的人均 GDP 指数为 248，指数最低的拉脱维亚仅为 47，两者相差 5 倍以上。

　　欧盟委员会于 2005 年 2 月份公布的 2005—2009 年计划表示：欧洲必须大胆地发起新一轮现代化进程以扭转欧洲地区的经济下滑趋势，并捍卫欧洲大陆的社会福利文化。在公布该计划的前一天，欧盟统计办公室发布了最新的统计数据，数据显示欧盟贫富两极之间的差异巨大，相差接近 10 倍。英国的内伦敦地区是欧盟最为富庶的区域，其购买力指数（PPS）为 66744，而最贫困的波兰卢布林地区的购买力指数为 6762，是英国内伦敦的 1/10。伦敦人的购买力是欧盟平均水平的 3 倍，而卢布林是欧洲平均水平的 1/3。位居内伦敦地区之后的分别是比利时布鲁塞尔首都区、卢森堡、德国的汉堡和巴黎大区。位居末位的 5 处最穷的地区全都位于波兰，而希腊的 Dytiki Ellada 是原欧盟 15 国区域内最穷的地区。欧盟称这一统计数据非常重要，欧盟将依据这一数据，判断需向哪一地区划拨团结基金。只有低于欧盟平均购买力水准75%的地区才有资格获得此基金援助。①

在人们的印象中，"欧盟"经常和"美国"并列一起，是世界"先进"和"富裕"的代名词。"欧元"自2002年问世以来，隐隐已经有和"美元"在世界结算和储备领域分庭抗礼之势。而且从社会保障体制、两极分化程度等方面来讲，欧盟比美国更为优越。但在这些"盛名"之下，却并非意味着欧盟内部所有成员国、所有地区已经实现了人类梦寐以求的"共同富裕"的目标。相反，根据最近欧盟统计局的一份统计数据显示，欧盟内部各地区间贫富差距悬殊，最富裕与最贫穷地区的人均国内生产总值，相差竟达到9倍之多。欧盟统计局在一份统计报告中，把欧盟25国分为254个地区，并以"人均国内生产总值"（以实际购买力计算）来衡量相互间富裕程度的差异，结果发现，最高的英国伦敦中心区，以人均6万欧元高居榜首；而最低的波兰Lubelskie地区，仅为7200欧元。欧盟最富和最穷的地区，相差达到了九倍。根据统计数据，西欧地区才是真正欧盟的财富所在，名列前茅的四个富裕地区即英国伦敦中心、比利时布鲁塞尔首都大区、卢森堡和德国汉堡，都属于西欧。而2004年新入盟的东欧国家，则成了西欧的"穷亲戚"，其中以波兰最"穷"，有16个地区的人均GDP低于欧盟平均水平的75%。2004年欧盟东扩，由15国扩大为25国，人口增加了20%，而国内生产总值只增加5%。东扩后欧盟的人均GDP则减少了12.5%。②

欧盟统计局的统计数字显示，2003年欧盟254个地区间人均国内生产总值差距悬殊，最低的只有欧盟平均水平21741欧元

---

① 《东扩之后抓经济 欧盟公布五年新计划》，www.palmbiz.net，2005-2-27。
② 《欧盟的穷国与富国：254个地区贫富差距高达9倍》，http://www.zjsr.com，2006年5月23日。

的 1/3，最高的则达欧盟平均水平的近 3 倍。统计显示，欧盟人均 GDP 最高的四个地区分别为英国伦敦中心区、比利时布鲁塞尔首都区、卢森堡和德国汉堡。排在最后的六个地区均在波兰。排在首位的英国伦敦中心区人均 GDP 高达欧盟平均水平的278%，排在末位的波兰卢布林省只有欧盟平均水平的33%。统计显示，共有 37 个地区高于欧盟平均水平的125%，60 个地区低于欧盟平均水平的75%。在欧盟十个新成员国中，只有捷克的布拉格高于欧盟平均水平的125%。在老成员国中，葡萄牙的诺尔特排名最靠后，人均 GDP 水平只及欧盟平均水平的57%。欧盟地区人均 GDP 是以实际购买力计算的，是衡量各地区经济活动总量的标尺。波兰等十个中东欧国家 2004 年加入欧盟，但欧盟统计局 2003 年的统计数字将这十个国家也统计在内。

　　发达国家的情况也不乐观，据德国《明镜周刊》报道，根据德国联邦政府未公开的一份《贫困报告》显示，德国社会的贫富差距正在加剧。根据欧盟规定，收入低于欧盟人均收入60% 的人口为"贫困人口"。报告显示，德国社会的贫困率已从1998 年的 12.1% 上升到 13.5%，家庭及外国人在贫困人口中占最大份额，根据欧盟规定的标准，有 13.9% 的德国家庭和 24%在德国生活的外国人处于贫困线以下。报告指出，10% 的德国富人控制着 47% 的不动产，比两年前的 45% 有所增加。生活在底层的 50% 的德国人仅占有德国全部财富的 4%。

　　最新欧盟地区贫富差距指数（以欧盟平均数为 100%）显示：最富的地区是英国伦敦地区 222%、德国汉堡地区 195%、德国达姆斯塔特地区 173%、比利时布鲁塞尔地区 172%、卢森堡 170%、法国法兰西岛 165%、奥地利维也纳地区 165%；最穷的地区是希腊的伊贝罗斯地区 43%、希腊北爱琴海地区 50%、葡萄牙亚速尔群岛 50%、葡萄牙马德拉 54%、西班牙埃克斯波

雷马杜拉地区 54%、德国德绍地区 55%。不过，许多经济学家
对此却没有过分担心。他们认为经济上的"追赶效应"，将使得
欧盟成员国间的居民生活水平差距逐渐缩小。以西班牙为例，
1986 年西班牙加入欧共体之后，经济增长猛然获得加速度，20
年间 GDP 增长了两倍，人均 GDP 翻了一番，基本达到了欧盟平
均水平。经济学家们认为，欧盟新老成员之间市场的相互开放和
贸易额的增加，以及投资增长所带来的经济发展动力，将会使欧
盟的"穷亲戚"们迅速赶上，没有理由不相信"西班牙奇迹"
的再次出现。欧盟负责经济和货币事务的委员阿尔穆尼亚坚信，
新老成员国之间的差距将"迅速缩短"，新成员国的民众生活水
平将会得到"迅速提高"。

3.1.3 一体化中的中东欧七国

中东欧七国中，比较富裕的国家是捷克和匈牙利。2007 年 2
月，世界银行已经正式宣布捷克为发达国家。"发达国家"的标
准是人均 GDP 至少要超过 1 万美元以及相当程度的社会发展水
平。按照这个标准，匈牙利也被大多数国际经济组织认定为事实
上的发达国家。斯洛伐克、波兰和克罗地亚也有望在 10 年内迈
进经济发达国家的门槛。

根据国际货币基金组织公布的资料，中东欧七国 2005 年人
均 GDP 分别为：匈牙利 10896 美元、捷克 10708 美元、斯洛伐
克 7963 美元、克罗地亚 7764 美元、波兰 6373 美元、保加利亚
3325 美元、罗马尼亚 3277 美元。上述 7 国 2005 年人均收入为：
捷克 6740 美元、克罗地亚 5350 美元、匈牙利 6330 美元、波兰
5270 美元、斯洛伐克 4920 美元、罗马尼亚 2310 美元、保加利
亚 2130 美元（中国 2005 年人均收入为 1100 美元）。捷克、波
兰、匈牙利、斯洛伐克已经于 2004 年 5 月加入欧盟，保加利亚、

罗马尼亚、克罗地亚现为欧盟候选国,有望最迟在 2009 年内正式成为欧盟成员国。根据欧盟公布的资料,与欧盟 25 国人均 GDP 平均值比较,捷克人均 GDP 相当于欧盟的 69%,其次为匈牙利 61%、斯洛伐克 51%、波兰 46%、克罗地亚 36%、罗马尼亚 32%、保加利亚 30%。英国、法国、德国和意大利这几个老牌经济发达国家则分别为 119%、113%、108% 和 107%。这就是说,中东欧国家与西方经济发达国家的差距确实还不小。①

一 购买力平价的 GDP

诚然,中东欧各国消费者生活价格指数比较低也是一个不争的事实。比如,保加利亚的物价只及原欧盟 15 国平均物价的 1/3,在德国标价 100 欧元的商品,在保加利亚只需花 32 欧元;反之,保加利亚卖 100 欧元,瑞士就得卖 391 欧元。这里涉及一个货币兑换所带来的本币实际购买力问题。同样,汽车业工人每小时工资在罗马尼亚是 1 欧元,在斯洛伐克是 5 欧元,到了法国就是 20 欧元。这就是说,在中东欧生产汽车的成本比在法国少 40% 甚至更多。按照购买力平价计算的人均 GDP,中东欧七国的情况大致为:捷克 17148 美元、匈牙利 16338 美元、斯洛伐克 14877 美元、波兰 12264 美元、克罗地亚 11792 美元、保加利亚 8909 美元、罗马尼亚 7957 美元(中国大陆为 5791 美元)。据 The Economist Intelligence Unit 最新公布的报告,在全球 124 个城市中,城市消费水平排名居首位的是东京,捷克的布拉格排名第 73 位,波兰首都华沙排名第 78 位,匈牙利布达佩斯排名第 81 位,罗马尼亚的布加勒斯特排名第 114 位。尽管中国北京市人均收入处于中东欧七国平均值稍低这样一个水平,但北京实际消费价格指数比中东欧国家的大都市要高得多,排在第 60 位。简言

----

① 盛文中:《中东欧:日子过得还好吗》,《看世界》2006 年第 6 期。

之，同样的 100 美元，在中东欧七国首都消费要比北京划算得多。

二 福利与社会保障

中东欧国家目前已经开始出现向高福利社会转型的倾向。当然，这些国家的总体福利水平与西欧国家相比还有不小的差距。ECN 调研中心的一份报告称，尽管匈牙利、波兰、捷克、斯洛伐克等国的工资水平是中国和印度的 5—6 倍，但与西欧相比至少还有 30 年以上的差距。在中东欧国家，穷人的住房问题解决得都比较好。像保加利亚和罗马尼亚，穷人可以不花一个子儿就能住进政府提供的公共住房。在匈牙利，个人购置房屋一般都可以享受政府补贴。比如，独生子女家庭可得到政府最低 3000 欧元的购置房补贴，两个子女的可得到 7600 欧元，三个子女的可得到 1.2 万欧元。在斯洛伐克，职工每年的休假时间最少为四周，工作年限在 15 年以上的职工可以休五周。许多单位，包括国家机关现在都把休假期又延长了一周。产假一般为 28 周，如果产妇是独身或生第二胎以上的，可以休 37 周。如果产妇要求休息到孩子 3 岁为止，雇用单位应予以同意。在产假期间，产妇没有工资，但享受疾病救济金。目前的中东欧国家，雇主为雇员支付的各项保险费用已经接近工人实际能够领到手的工资的1/2，这无疑大大增加了企业的负担。中东欧国家实行免费的中小学义务教育，而且大多都提供免费或优惠性的儿童营养餐。匈牙利、捷克和波兰三国高等教育也免收学费。由于捷克、波兰、匈牙利、斯洛伐克已经成为欧盟正式成员国，在原欧盟国家也可以享受学费优惠。比如，在英国，按照 2004 年通过的大学和中学筹资改革法案，外国学生在英留学的费用年均高达 1.5 万欧元，而来自欧盟成员国的留学生由于可以申请救济，每年只需 2000 欧元。

3.1.4　欧盟东扩带来的新挑战

欧盟扩大后将面临严重的地区发展不平衡现象，因此，欧盟应加大实施地区政策的力度，缩小成员国间的地区贫富差距。根据欧盟委员会的建议，从 2007—2013 年，欧盟应将其共同财政的 1/3 约 3360 亿欧元投入到旨在缩小地区差距的政策方面。欧盟委员会负责地区政策事务的委员米歇尔·巴尼耶表示，过去 10 年的经验表明，欧盟地区政策在缩小地区收入差距、促进落后地区就业和经济增长方面取得了很大成绩。在 1994—2001 年间，接受地区发展援助的希腊、葡萄牙和西班牙的人均国民收入增长率要比欧盟平均水平高出至少一个百分点。但来自中东欧的十个国家于 2004 年 5 月正式加入欧盟，严重加剧了欧盟地区发展的不平衡。欧盟扩大后，人口增加了 20%，而国内生产总值只增加 5%，这意味着欧盟的人均国内生产总值在欧盟扩大后将减少 12.5%。欧盟目前正处于一个历史性关头，欧洲大陆将重新统一，但贫富差距也将扩大。因此，帮助新成员国落后地区的发展将是欧盟下一步援助项目的优先考虑。据统计，即将入盟的新成员国约 92% 的居民生活在人均国内生产总值低于欧盟平均水平的地区。保加利亚和罗马尼亚在 2007 年 1 月 1 日加入欧盟，这使得生活在相对贫困地区的人口超过 1.53 亿。

2006 年前三个季度，保加利亚人均月薪 175 欧元，公务员平均月薪 216 欧元（最低级别的公务员 135 欧元），初级军官能够领到 150 欧元，医生和教师的工资在 190 欧元左右。从事焦炭、石油和核电行业的工资最高 490 欧元，金融机构 420 欧元。保加利亚政府统计部门最近刚刚完成的一项调查显示，如果按照月收入 350 欧元、有车并有 1000 欧元存款划分富人与穷人的话，大约 1/2 的保加利亚人认为自己是穷人。在保加利亚，每月收入

180 欧元就可以过得稍稍体面一些。这些开支包括暖气费约 24 欧元，交通电信费 21 欧元，医疗费及服装 10.8 欧元，10 公斤面包 10 欧元，奶酪、水果、鸡蛋、蔬菜约 15 欧元，3 公斤肉 12.4 欧元，烟酒 15 欧元。这个收入水准的注意事项是，不能租房住，每天 1 包次等香烟（比如 Analgin 牌），远离餐馆和夜总会，衣着还不能过于讲究，身体不出大毛病，尤其要防止牙患毛病，因为看牙医要自个儿掏腰包。保加利亚的交通比较便利，打的费 0.6 欧元/公里，公交车票一次 0.5 欧元，公交月票 17 欧元。

在 20 世纪 90 年代以前，保加利亚几乎没有自己独立的经济，这个前苏联集团卫星国看上去更像一个分工严密的车间。购物，人们使用政府发放的票据，货币似乎只对收藏家才显得有那么一点意义；产品，当然要按政治家的愿望分配，市场上不会有多余的商品。即使在今天，要想真正弄明白保加利亚曾经（历史）的 GDP 这样简单的数字都是一个不可能的事情。不过，尽管穷人在这些国家至今也还是个问题，但这个与我们当年在贫穷上几乎有相同看点的国家，在经历了民主和经济转型的"阵痛"后，已经今非昔比。根据国际货币基金组织公布的资料，保加利亚 2005 年人均 GDP 3325 美元，人均收入 2130 美元。

来自欧盟的资料显示，与现有欧盟 25 国人均 GDP 平均值比较（以欧盟 25 国人均 GDP 平均值为 100），保加利亚只有 30%。而英国、法国、德国和意大利这几个老牌经济发达国家则分别达到 119%、113%、108% 和 107%。这就是说，保加利亚与西方经济发达国家的差距确实不小。保加利亚目前的最低月工资标准只有 82 欧元，而英国、法国和荷兰则分别高达 1226 欧元、1218 欧元、1207 欧元。简言之，保加利亚与老牌的西欧工业国家在经济上至少有 20 年的差距。欧洲媒体曾不无讥讽地说，保加利亚入盟犹如一个农夫登上豪华大巴，觉得新鲜，坐着也舒适，但当乘务员让他买票时，他只得"倾其所有"。

保加利亚 2005 年平均住宅价格为 378 欧元/平方米，首都索菲亚房屋价格稍高，平均为 627 欧元/平方米。不过，保加利亚的住房问题一直解决得比较好，在保加利亚，穷人可以不花一个子儿就住进政府提供的公共房。尽管，这些住房的质量都比较差。诚然，保加利亚消费者生活价格指数比较低也是一个不争的事实。2005 年按照购买力平价计算的人均 GDP 保加利亚为 8909 美元，比中国大陆地区的 5791 美元高。在现实中，保加利亚的物价只及原欧盟 15 国平均物价的 1/3，在德国标价 100 欧元的商品，在保加利亚只需花 32 欧元；反之，保加利亚卖 100 欧元的商品，瑞士要卖 391 欧元。

3.2 区域经济差距的度量方法

3.2.1 地区居民收入差距测量的方法

在现代发展经济学中，经济学家提出了许多分析规模收入分配差别的方法和指标。在这些方法和指标中，有的是由收入分配理论推导出来的比如说洛伦茨曲线、基尼系数、库兹涅茨比率、沃尔夫森"极化指数"等；有的则是从统计学中发展出来的，比如人口（或家户）众数组的分布频率、测度大多数人（或家户）所覆盖的绝对收入范围以及测度最低或最高收入对平均收入偏离度的离散系数等；有的是从其他相关或相近学科中引入的，比如来自物理学的泰尔指数等。这里介绍几种最常用的方法。

一　洛伦茨（Lorenz）曲线方法[①]

洛伦茨曲线最早是美国经济统计学家 M. Lorenz 为研究财富、土地和工资收入的分配是否公平而提出的。在一个平面直角坐标系中，纵轴为收入百分比，横轴为人口（或家户）百分比，45度线为平均分配线，右下角的 90 度线为绝对非平均分配线。洛伦茨曲线处于 45—90 度之间。根据某国某年的收入分配分组资料，将一定人口（或家户）比重所对应的收入比重在图上描出，就可得到该国这一年的收入分配洛伦茨曲线。从洛伦茨曲线上可以直观地看出每个阶层的收入比重，从曲线的弯曲度可以观察到各个阶层的收入差别情况，通过对比不同的曲线了解不同国度总收入分配差别程度或同一国家不同时期的收入差别变动情况。离45 度线越远、离 90 度线越近的曲线表示收入差别程度越大。但是洛伦茨曲线无法以一个确切的数值来表示收入差别，特别是当几条曲线相交的时候。其积分的数学表达式为：

设收入变量 U 的分布函数为 ρ（U），即收入为 U 的人数占总人数的百分比为 ρ（U），总人口数为 N，则收入小于 t 的人口数为 Nρ（U）dU，占总人数百分比为：

$$P（t）= \int_0^t N \rho（U）dU/N = \int_0^t N\rho（U）dU$$

收入小于 t 的所有人数的收入之和为 Nρ（U）dU，它在总收入中的比重为 I（t）= UNρ。

（U）dU/ $\int_0^\infty$ UNρ（U）dU = $\frac{1}{\mu}\int_0^t$ Uρ（U）dU，其中 μ = $\int_0^\infty$ Uρ（U）dU 是收入 U 的期望值或社会总的平均收入。由以下两个参数方程决定的曲线即为洛伦茨曲线：

---

① 李海涛、商如斌、翟琪：《洛伦茨曲线与基尼系数的应用》，《甘肃科学学报》2003 年第 3 期。

$$P = P(t) = \int_0^t N\rho(U)dU \text{ 和 } I = I(t) = \frac{1}{\mu}\int_0^t U\rho(U)dU \qquad (t \geqslant 0)$$

二 人口收入份额度量方法 (the income share of certain number population)[1]

用一定人口收入份额反映收入差距,在国际上是常用工具之一。这里着重介绍以下几类方法:

1. 库兹涅茨比率[2]

除了基尼系数之外,还有许多衡量收入不均等的方法。西蒙·库兹涅茨就提出过一种被称为"库兹涅茨比率"的方法,把各收入层的收入份额与人口份额之间差额的绝对值相加起来,然后再除以人口数。其计算公式为:

$$R = \sum_1^n |yi - Pi| \quad i = 1, 2, 3, \cdots n, \text{ 其中}$$

$$y1 + y2 + \cdots + yn = \sum_1^n yi = 100$$

$$\text{且 } P1 + P2 + \cdots + Pn = \sum_1^n Pi = 100$$

其中,R 为库兹涅茨比率,yi、Pi 分别表示各阶层的收入份额和人口比重。库兹涅茨比率越大,则表示收入差距越大;反之则越小。库兹涅茨比率计算简单方便,比较适合用来反映群体内部的收入差距情况,尤其适合比较两个群体内部的收入差距情况。这种方法运用于规模收入分配时,所反映的不均等性要比基尼系数来得大些,因为它给最富阶层和最贫阶层的权数较大,中

---

① 武利华:《中国城镇居民收入分配差距实证研究》,厦门大学 2001 年硕士论文。

② 吴殿廷:《库兹涅茨比率的分解及其在我国地区差异分析中的应用》,《地理科学》2003 年第 4 期。

间阶层的权数较小。

为了消除权数的不良影响，人们考虑用某些收入阶层的收入分配状况来反映社会收入分配的差距水平。其中主要是采用一定百分比的家户或者人口所占的收入份额作为指数来表示收入分配差距。其中以库兹涅茨指数、阿鲁瓦利亚指数、收入不良指数和五分法（十分法）为典型。

2. 以最富有的20%人口所占有的收入份额表示一个社会的收入分配状况，这一比率也就是人们通常所说的库兹涅茨指数。这一指数的最低值为0.2，指数越高，则收入差别越大。一个极端的情况是，收入绝对平均的分配，那么，收入最低的20%的社会成员将可以获得全部收入的20%，当然相应地，收入最高的20%的社会成员也仅仅得到了全部收入的20%，这是不可能发生的。

3. 以40%最低层人口所占有的收入份额来表示一个社会的收入分配状况，这一比率也就是人们通常所说的阿鲁瓦利亚指数。这一指数的最高值为0.4，指数越低，收入差别越大。

4. 以最高收入20%的人口所占有的收入份额与最低收入的20%的人口所占有的收入份额之比表示一个社会的收入分配状况，这一比率也就是人们通常所说的收入不良指数（或者叫"欧希玛指数"），这一指数的最低值为1，指数越高，收入差别越大。这一指数的性质和特点与前二者是一致的，但是更周全和清晰一些。这一方法便于分收入层次考察收入差距，很具体，但是在反映收入差距变动总体趋势方面略有不足。而以库兹涅茨指数和阿鲁瓦利亚指数之比计算的指数，则与收入不良指数具有同样的性质和意义。

5. 以收入分配水平（份额）最高和最低的各20%家户或者人口来测度一个社会的收入分配情况，同时也就意味着把全部家户或者人口分成了最低收入、次低收入、中等收入、较高收入和最高收入五个层次，经济学中将此称为"五分法"。而在人口众多的国家和地区，五分法分层后，每一个层次的人数依旧偏大，人们就又考虑十分法等更多的等分方法，以便使得贫富两极的规模相对小些，比较的力度加大一些。

不过，以上指数都是以某一或某些阶层的收入份额的变动来反映收入差别变化的，其优点是便于分层考察、具体分析，缺点是不能全面反映各个阶层的收入变动的总体情况，也就是可以知道想了解的局部情况，却无法了解一般情况。

三 偏离值方法[①]

偏离值法可精确测量收入分配状况，利于进行纵向或横向比较，并且操作简便。其计算公式为：

$$R = \sum | y_i - 1/n | , \quad i = 1, 2, \cdots n; \quad y_1 + y_2 + \cdots + y_n = 1$$

其中，R 为偏离值，n 为分组数，即将社会上的人口平均分为 n 个等级；y_i 表示第 i 组的收入比重。n 可取不同的值，n 取值越大将社会等级分得越细，R 的取值范围越大（如当 n = 5 时，$0 \leqslant R \leqslant 1.6$，当 n = 10 时，$0 \leqslant R \leqslant 1.8$；当 n = 20 时，$0 \leqslant R \leqslant 1.9$）。

国际上通行的做法是将人均收入较高的发达国家社会人口平均分为五个等级（n = 5）；人均收入中下等国家社会人口平均分为 10 个等级（n = 10），即 n = 5，每个等级各占总人口的 20% 或者 10%。每个等级在国民收入中所占比重分别用 y_1，y_2，y_3，y_4，y_5 表示。如果，收入分配绝对平均，则每个等级分得 0.2（20%）或者 0.1（10%）。这里，将 0.2 或者 0.1 称作收入分配绝对平均的中心值。在现实生活中，人均收入较高的发达国家的 y_1，y_2，y_3，y_4，y_5 总是以 0.2 为中心，人均收入中下等的国家的 y_1，y_2，

① 杨大伟、杨翠迎：《偏离值法——度量收入分配均等程度的新方法》，《西北农林科技大学学报》2002 年第 11 期。

y3，y4，y5 总是以 0.1 为中心，上下变动。在此基础上，把
R = | y1 - 0.1 | + | y2 - 0.1 | + | y3 - 0.1 | + | y4 - 0.1 | +
| y5 - 0.1 | 所得的结果称作某一时期（通常为 1 年）现实收入分
配均等程度与收入分配绝对平均的偏离值，简称为收入分配均等
程度偏离值（偏离值）。偏离值 R 介于 [0，1.8] 之间，偏离值
越趋向 1.8，收入分配越不均。

（四）倒 U 形拐点[①]

按照著名的库兹涅茨"倒 U"形假说，一国收入分配的不
平等会随着早期经济发展而恶化，达到最高点后，又随着后期经
济发展而改善。库兹涅茨还同时得出结论：人均国民收入在
300—500 美元之间时，其收入分配不均等程度达到最高顶点。
其顶点在这一收入分配的"倒 U"形曲线上，成为"拐点"。由
此，"拐点"出现时的人均收入水平（300—500 美元）就成为
人们判断收入差距的又一种尺度。

3.2.2　地区居民收入差距测量的主要指标

一　基尼（Gini）系数，或称"基尼集中率"

基尼系数及计算基尼系数的方法是意大利经济学家基尼在洛
伦茨曲线的基础上提出的，随后，瑞赛、道尔顿、尹特马、阿特
金森、纽伯瑞、赛新斯基等人又做了进一步研究。它用于进一步
计算收入分配的差异程度。根据国际通常标准，基尼系数在 0.3
以下为最佳的平均状态，在 0.3—0.4 之间为正常状态，超过 0.4
为警戒状态，而超过 0.6 以上就属社会动乱随时发生的危险状态。
基尼系数 G 的计算公式为：

$$G = Sa / (Sa + Sb)$$

---

① 郑长德：《倒 U 形拐点不会自发出现》，《经济学家》2002 年第 4 期。

式中 Sa、Sb 分别表示洛伦茨曲线与绝对平均线、洛伦茨曲线与绝对不平均线所围成的面积。当 G = 0，Sa = 0，表明洛伦茨曲线与绝对平均线的重合，因而此时的收入分配是绝对平均的；当 G = 1，Sb = 0 时，表明洛伦茨曲线与绝对不平均线重合，而此时的收入分配是绝对不平均的，所有的收入都集中在一个人手中。显然 0 ≤ G ≤ 1。

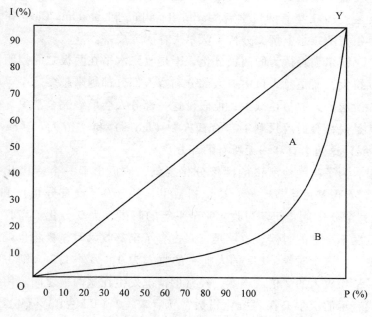

图 3—1　洛伦茨曲线

在研究收入差距的文献中，基尼系数使用最为广泛。究其原因是基尼系数有以下优点：（1）基尼系数能以一个数值反映总体收入差距状况。（2）基尼系数是国际经济学界所采用的最流行的指标，因而具有比较上的方便。（3）基尼系数的计算方法较多，便于利用各种资料。（4）利用基尼系数也便于进行分解分析，可以将总收入的基尼系数（G）与其各个分项收入的关系写成：$G = \sum (U_i \cdot C_i)$。其中的 U_i 和 C_i 分别是第 I 项收入在总收入中所占的份额和集中率。

二　沃尔夫森"极化指数"

沃尔夫森（Michael C. Wolfson）1994 年在《美国经济评论》上发表了一篇文章，专门阐述了他对于收入分配和不平等问题的看法。1997 年有两位学者 Martin Ravallion 和 Shaohua Chen 在世界银行的杂志上撰文分析了沃尔夫森研究成果。

沃尔夫森认为的两极分化，不是收入水平在两极之间差距极度拉大，而是总人口中穷人部分和富人部分都越来越多。中等收入阶层的人数却在减少，他假设这一部分人会最终完全消失。也就是说社会最后只剩下"有钱人"（haves）和"穷人"（have-nots）这两个有和一无所有的部分。

为了测度他所说的两极分化现象，他提出了一个"极化指数"。像基尼系数一样，这个指数也是处于 0（没有分化）和 1（完全分化）之间。当收入完全平等的时候，为 0 分化；当收入极度不平等的时候，也就是富人占有了全部收入时，极化也就发生了，这个时候，1/2 的人拥有的收入为 0，另外 1/2 人则占有了平均收入的 2 倍。当然，经常的情况发生在这两极之间。用公式表示的沃尔夫森"极化指数"为：$W = 2 (U^* - U_1) / M$。其中，U^* 指修正了的平均收入（平均收入×1 - 基尼系数）；U_1 指最贫困的 1/2 人口的平均收入；M 为中位收入。

三　泰尔熵标准（Theil's entropy measure）或者泰尔指数（Theil index）

作为衡量个人之间或者地区间收入差距（或者称"不平等度"）的指标，这一指数经常被使用。泰尔熵标准是由泰尔

（Theil，1967）利用信息理论中的熵概念来计算收入不平等而得名的。假设 U 是某一特定事件 A 将要发生的概率，P（A）＝U。这个事件发生的信息量为 E（U）肯定是 U 的减函数。用公式表达为：E（U）＝log（1/U）。当有 n 个可能的事件 1，2，…，n 时，相应概率假设分别为 U_1，U_2，…，U_n，$U_i \geq 0$，并且 $\sum U_i = 1$。

熵或期望信息量可被看做每一件信息量与其相应概率乘积的总和：

$$E（U）= \sum U_i h（U_i）= \sum U_i \log（1/U_i）$$

显然，n 种事件的概率 U_i 越趋近于（1/n），熵也就越大。在物理学中，熵是衡量无序的标准。如果 U_i 被解释为属于第 i 单位的收入份额，E（U）就是一种反映收入分配差距不平等的尺度。收入越平均，E（U）就越大。如果绝对平均，也就是当每个 U_i 都等于（1/n）时，E（U）就达到其最大值 logn。泰尔将 logn－E（U）定义为不平等指数（泰尔熵标准）：

$$T = \log n - E（U）= \sum U_i \log n U_i$$

用泰尔熵指数来衡量不平等的一个最大优点是，它可以衡量组内差距和组间差距对总差距的贡献。泰尔熵标准只是普通熵标准（generalized entropy measures）的一种特殊情况。当普通熵标准的指数 C＝0 时，测量结果即为泰尔熵指数。取 C＝0 的优势在于分析组内、组间差距对总差距的解释力时更加清楚。

泰尔熵指数和基尼系数之间具有一定的互补性。基尼系数对中等收入水平的变化特别敏感。泰尔熵 T 指数对上层收入水平的变化很明显，而泰尔熵 L 和 V 指数对底层收入水平的变化敏感。

四　变异指标

变异指标又叫变动度，是统计学中描述具有相同性质的标志值数列离散程度的重要指标。如果变量数列中各单位标志值之间的差异越大，即标志值的离散程度越大，各标志值与其平均值距离的总和就越大；反之，如果变量数列中各单位标志值之间的差异越小，即标志值的离散程度越小，各标志值与其平均值距离的总和就越小。根据不同的度量方法，变异指标可以分为全距、平均差、方差和标准差，变异系数以及加权的变异系数、离均差变异系数、加权离均差系数等。并且运用到收入分配的研究中，测算各区域（或组）间人均收入相对差异的大小。它们的数值越小，则表示各区域（或组）间人均收入相对差异越小。

1. 全距（R），是标志值数列中最大值和最小值之差。它表明了数列中各单位标志值变动的范围。R 越大（小）则标志值数列中变动大（小）。其计算方法为 R = 最大标志值 – 最小标志值。全距（R）计算简便，但是受标志值数列两端数值的影响，不考虑其他标志值的差异程度，因此不能够反映标志值真实的差异程度。此外，在分组的情况下，全距更难反映出标志值的变异程度。

2. 平均差（MD），是分布数列中各单位标志值与其平均数之间绝对离差的平均数，它反映了数列中相互差异的标志值的差距水平。MD 越大（小），则说明数列中标志值变动程度大（小）。其计算方法为：

$$MD = \sum_{1}^{n} \mid Y_1 - \bar{Y} \mid /n$$

平均差比较全面、客观地反映数列的标志值平均变动程度。尽管以离差形式出现，但是计算也比较简单，直观地表示出了各单位标志值与其平均数存在的平均差异，含义明确。但是，它以

平均绝对离差形式出现，妨碍了下一步的代数运算，因此在应用
中受到一定的限制。

3. 方差和标准差。方差（S^2）是分布数列中各单位标志值
与其平均数之间离差的平方和的平均数，标准差（S）又叫均方
差，是方差的平方根，其计量单位与平均数的计量单位相同。二
者都可以反映标志值相对平均数的差异程度。

$$S^2 = \left(\sum (Y_i - \overline{Y})^2 fi \right) / \sum fi \qquad S = \sqrt{S^2}$$

上面的方差和标准差计算方法都是对数值离差求算术平均
值，因此可能导致其中存在的规模差异不能够充分体现，因此也
有人用加权的标准差表达公式，即：

$$S^2 = \frac{1}{n} \sum_1^n (Y_i - \overline{Y})^2 \qquad S = \sqrt{S^2}$$

其中，观测指标 $y_i = Y_i / fi$，而指标平均值为 $\overline{Y} = \sum Y_i / \sum fi \neq$
$\sum Y_i / n$，这体现了加权标准差与平均标准差在处理标准平均值上
面的不同。显然，加权标准差不受划分方法的影响，因此更具稳
定性。

4. 平均差和标准差都是测定数列中标志值差异程度的平均
指标，它们的大小，不但取决于数列各标志值的差异程度，而且
还受到了其平均值大小的影响。如果两个现象的数列平均水平存
在着较大差异，平均差和标准差就难于准确反映其变动程度。另
外，平均差和标准差都有计量单位，是有名数，不可以比较计量
单位不同的数列的变动程度。所以，人们又引入了变异系数作为
测量相对收入差距的工具。其中，平均变异系数的计算公式为：

$V = S / \overline{Y}$ 或者 $V = MD / \overline{Y}$ 或者 $V = R / \overline{Y}$，这里 $Y = \sum Y_i / n$

加权后的平均变异系数的计算公式为：

$V^* = S/\bar{Y}^*$ 或者 $V^* = MD/\bar{Y}^*$ 或者 $V^* = R/\bar{Y}^*$，这里 $\bar{Y}^* = \sum Y_i / \sum f_i$

五　贫困指数

贫困指数是指收入在某个临界水平（即贫困水平）以下的人口占总人口的比重。应该指出，贫困指数同大多数其他指数一样，隐藏着一个重要特征，即指数包含着绝对的价值判断。贫困指数由 1998 年诺贝尔经济学奖得主阿马蒂亚·森（Amartya Sen）提出。其计算公式为 $P = H \cdot [I + (1 - I) \cdot G]$，H 代表一个社会一定的、预先确定好的贫困线下的人口数，G 为基尼系数，I 为衡量收入分配的指标，处于 0 和 1 之间，G 和 I 均针对处于贫困线以下的贫穷群体计算得出。在发展中国家，人们通常用贫困指数来度量收入的不公平程度。

六　辅助性指标

中外一些学者认为，由于各国的国情不同，以及一国国内不同时期的不同情况，试图以一个精确数值来衡量收入差距具有较大的局限性。因此，可采用以上众多指标中的一个比如基尼系数，并且辅以若干具有通用性、可比性和可操作性的辅助指标，更加全面、深入地衡量收入差距。辅助指标可考虑：

（1）各收入分组收入占全部收入的比重。
（2）各收入分组收入水平增长率。
（3）贫困发生率和贫困距比率。
（4）恩格尔系数。

3.3　欧盟缩小地区差距的实践

地区经济发展不平衡是世界各国带有共性的一个发展问题，各国政府都对地区差距进行了不同程度的干预。受经济发展水平和市场化程度的影响，各国干预地区差距的方法各具特色。我们分别选取了几个较大的发达和发展中国家进行分析。

3.3.1 欧盟各国干预地区差距的经验

发达国家具有经济发展水平高、市场体系健全的基本特点。与发展中国家相对应，具有较低的人口增长率，世界总人口只有1/4 居住在发达国家，发达国家的赡养负担约为人口的 1/3。而其农村人口占总人口的比重仅为 7%。这从一个侧面反映出其较多采用转移支付制度来进行公共服务均等化能力的有利条件。

一 欧盟

欧洲经济共同体的建立不可避免地面临区域经济差异问题，而这种区域差异同时存在于各国内部不同地区间和欧盟范围内的国与国之间，所以欧共体的区域经济政策也表现在两个层次上，具有比较典型的意义。

1. 欧盟各国内部缩小地区差距的简要历程。西欧各国政府对地区差距采取的政策与其经济发展阶段相适应，大体分为四个阶段：（1）经济重建期（20 世纪 40 年代晚期），对地区差距实施的干预具有试验性质，除英国和意大利外，西欧各国的政策仅限于帮助劳动力由高失业地区向短缺地区转移。（2）经济稳定发展时期，此阶段西欧绝大多数国家都制定了较完整的区域经济政策，最明显的标志是各国政府都确定了一些欠发达地区或发展中地区，通过各种优惠措施促进这些地区的经济发展和结构调整。较为突出的是意大利南部的"有计划的工业扩张"、德国鲁尔区的改造及挪威北部地区的区域开发。（3）经济动荡和衰退时期（20 世纪 70 年代），由于大多数国家的经济都陷入长期衰退和通货膨胀的泥潭之中，各国对地区差距的政策目标摇摆不定，政策手段变化无常，区域政策的效果引起经济决策者的怀疑。(4) 20 世纪 80 年代以后，经济政策进入调整时期，追求国民经济总体增长作为主要目标，区域政策所追求的区域间均衡增长不再为多数国家所刻意追求，与此同时，很多国家用于实施区域政策的财政支出大为减少，对落后地区的补贴也随之下降。

欧盟各国缩小本国内部的地区差距实践除利用财税、补贴等优惠政策促进落后地区的开发外，较有特点的是英国借助直接的行政干预手段，实行产业区位控制，通过"许可证"等管理制度促进过度开发区域的资本流向发展中地区。

2. 缩小欧盟各国之间的差距。为了统一市场的建立，欧共体实施了主要对落后地区提供资金支持的经济政策。1975 年成立了"欧洲区域发展基金"，是用于资助成员国中落后地区经济发展及结构调整的第一项专门基金，1973 年以后逐步改革"欧洲社会基金"并将其纳入区域政策的轨道，规定成员国政府在解决不发达地区和衰退地区的长期结构性问题时，经基金委员会批准，可从该基金中获得所需费用的 50% 的资助。从 20 世纪 70 年代中期起，将欧洲发展银行的贷款业务扩大至区域重建项目，并且针对意大利南部、英国北部和西部等落后地区发展的需要，设立了"软贷款"项目。70 年代末又大幅度增加了各种以资助区域经济调整为目的的援助和贷款，1979—1983 年，仅各种名目的区域援助款项由 28.8 亿埃居增加到 59.34 亿埃居。同一时期，欧洲投资银行的区域项目优惠贷款也由 21.44 亿埃居增加到 42.56 亿埃居。20 世纪 80 年代中期欧共体对以前的区域政策作了较大改革，这一时期的突出表现是 1988 年结构基金改革。"结构基金"（Structure Funds）既包括资助部门结构改革的各种基金，也包括干预区域经济差异的基金，其目标主要是推动落后于欧共体平均发展水平的地区的发展，重振衰落的工业地带和促进农村地区的发展；在基金的具体分配方案中，用于推动落后地区发展的基金为 603 亿埃居，占结构基金总额的 60% 以上，这一改革强化了共同体的区域政策。

由于欧共体的地区差距区别于一个国家的地区差距，它没有统一的征税权，所以其优惠政策主要体现在资金的支持上。尽管欧共体采取了一系列缩小地区差距的区域政策，但随着欧共体向统一大市场的迈进，区域间的经济失衡问题反而突出了。其原因在于：单一资本市场的建立，欧盟内部资本市场有集中化的趋势。由于在欧盟发达地区，投资的回报率、安全性均普遍高于不发达地区，资本市场由各成员国向某几个国家的核心经济区集中，其结果是核心地区企业筹资相对容易，而边缘地区的企业筹资更加困难，区域经济差距进一步扩大。与此同时，欧盟内部的技术市场、劳动力市场都呈现出利于核心地区的趋势，统一大市场所带来的总体经济福利将可能主要为发达地区所占有。

欧盟所执行的区域政策的效果与经济增长密切相关。欧共体有关机构对 1990 年以前各区域间经济差异变化的考察结果表明：20 世纪 70 年代初共同体内部区域差距曾有所弥合，但到 80 年代初，这种差距一直在扩大，而到 1990 年一直未有变化。由此得出了这样的结论：区域差距的缩小恰好发生在经济较快成长的阶段，而较贫困地区的专项发展规划和开发战略，制定保护和治理环境的对策措施，加强植树造林和水土保持等政策取得了明显的效果。

3. 成立专门的开发机构。成立地区再开发署和经济开发署等专门的开发机构，负责制定开发落后地区所应遵循的基本战略。包括综合战略（通过广泛的财政、货币政策等综合措施，使贫困地区的经济发展保持较高的增长速度）、减缓痛苦战略（通过失业津贴、医疗保健方案、公共援助等逐步消除落后贫困地区的贫困程度）、根治战略（即通过地区开发计划、职业训练和教育，增强落后地区的自我发展能力，促进落后地区的发展）。

3.3.2　德国政府缩小地区差距的措施

德国是欧洲地区差距较为突出的国家之一，前联邦德国主要的城市聚集区在西部，1970 年西部仅占德国总面积7% 的 24 个主要城市聚集区集中了全国 46% 的人口和 50% 的就业人数。1975 年全国人均总产值为 16855 马克，汉堡市和不来梅市分别达到 29918 马克和 22297 马克，而石勒苏益格—荷尔斯泰因州和下萨克森州只有 14176 马克和 14297 马克。两德统一后，东西德的经济差距更为突出。

一　独具特色的转移支付制度

德国是一个联邦制国家，政府分为联邦、州与地方三级，政治上分权自立，经济上实行社会市场经济。财政纵向不平衡的情况几乎不存在，但 16 个州政府之间存在着比较严重的财政横向不平衡。为弥补横向缺口，实现在整个联邦范围内保证为公民提供基本相同的公共服务能力，德国从 20 世纪 50 年代开始建立转移支付制度，并不断修订完善，逐渐形成了较为完善的转移支付模式，通过这种规范的转移支付制度，有效地处理了两德统一所带来的东西部地区间经济差异以及相关的政治问题。

德国政府间的财政转移支付坚持横向平衡与纵向平衡相结合的原则，通过一般均衡拨款与补充拨款、专项拨款、共同任务拨款等多种形式构成了一个完善彻底的转移支付体系。在各州经济发展水平有较大差异的条件下，为了确保实现整个联邦范围内公共服务均等化的目标，德国的转移支付分为以下几个阶段进行。

第一次转移支付是联邦政府与州分享的增值税（如财政均衡法规定 1995—1997 年联邦与州的增值税共享比例为 50.5%、49.5%），它是税收体系中唯一能够调整联邦与州之间及州与地方之间收入关系的税种，在具体分配形式上带有明显的"均富济贫"性质。第一次转移支付的目标是使那些贫困州的财政能力达到全国平均水平的 92%。

第二次转移支付是州与州之间进行的横向平衡。即有平衡义务的州（富裕州）将一部分税收收入"捐给"有平衡资格的州（贫困州），使后者的财政能力至少要达到平均财政能力的 95%。这种横向平衡是德国特有的一种转移支付方式。某州是有平衡义务还是有平衡资格是通过税收能力和标准税收需求的对比来确定的：

1. 税收能力＝州本级税收收入＋州内地方的税收×50%

在计算税收能力时考虑到某些州的特殊负担，如边境州（下萨克森州等）边境建设费用、港口城市（汉堡和不来梅两个州级市）的港口维护费等，可在税收能力统计时分别作部分扣除。

2. 标准税收需求＝州本级的标准税收需求＋州内地方的标准税收需求

地方标准税收需求＝各地的居民人数×全国人均税收收入

州本级的标准税收需求＝全国人均税收收入×各州标准居民人数

财政均衡法规定财政能力不超过均衡标准的 1% 的范围内，（边际）转移率为 15%；在财政能力超过均衡标准 1%—10% 这一区域里，（边际）转移率为 66%；在财政能力超过均衡标准 10% 以上时，（边际）转移率为 80%。

第三次转移支付即联邦补充拨款，基本上属于一种无条件拨款，它不规定资金的具体用途，是对增值税共享和州际横向平衡的补充。联邦补充拨款不采用公式化的办法，而是根据一些特殊的需求来确定补助额，如对于政治性负担高于平均水平的州、财政困难的州（指财政能力不足全国平均水平的 90%）和一些存在特殊困难的州等。另外，联邦政府还设置了"统一基金"，专门援助东德各州的过渡性特殊政策。

针对一些联邦和州的共同任务，联邦基本法规定了三大任务为联邦与州的共同任务拨款。联邦基本法规定的联邦与州的共同任务是指：高等学校包括医学院附属医院的扩建和改建、地区经济结构的改善、农业结构和海岸保护的改善。这是两种有条件的联邦对州的财政转移支付，拨款时规定专门的用途，这类合作取决于一系列的政府间协议和条约，需要每年进行讨论，并在预算中进行安排。大规模、多层次的规范转移支付制度，取得了较好的平衡效果，各州的税收能力与排名发生了很大的变化。

德国规范彻底的转移支付制度有效运转的基础是其宪法和"社会市场经济"体制。1949 年制定的德意志联邦共和国宪法《基本法》强调整个国家生存条件的一致。这是其区域均衡发展的法律基础，其关于"实行均衡发展作为德国区域发展战略"的重要原则也被写进了宪法。1991 年对《改善地区经济结构共同任务法》进行了修改，将东德地区包括进来，并在两德统一后的几年内，将整个东部地区作为受援地区。

社会市场经济是以私有制为基础的模式，它既不同于古典的自由资本主义，也不同于以中央指令性计划经济为特征的社会主义，是介于两者间的"第三条道路"。它综合了建立在市场竞争效率基础上的自由发展和在社会主义国家前提下的社会平等两组基本目标。社会市场经济一方面通过法制保障自由经济，另一方面通过社会福利保障社会公平和安全，其实质是一种以自由竞争为基础，国家进行适当调节，并以社会安全为保障的资本主义市场经济。社会市场经济的目标是要打破阻碍社会向前发展的阶级界限，消除富人和穷人之间的敌对情绪，为了实现这个目标，必须在生产领域内依靠竞争，在分配领域内依靠社会保障。

二 针对欠发达地区的一些优惠政策

政府除对欠发达地区进行规范科学的转移支付外，还积极鼓励落后地区自身的发展。其主要措施包括：（1）对受援地区基础设施建设进行投资补贴；（2）支持受援地区中小企业人力资本项目，支持地区间的经济合作；（3）对在受援地区企业投资进行补贴。其政策目标是增强落后地区的发展潜力，为全国经济增长作出贡献，并避免经济波动。德国扶持"问题地区"的发展较为著名的是"鲁尔工业区的改造"。

两德统一后，政府把东德的所有地区纳入了公共服务能力均等化的范畴。1990 年对东德的扶持除了横向财政转移支付外，还采取了一系列包括优惠的资本折旧率、优惠贷款、贷款担保和税收优惠等优惠政策，其主要目的是对东部地区的发展提供资金支持。此外，"欧洲复兴基金特别资产"1990—1991 年向东部地区提供了 135 亿马克低息贷款，为了扶植其私人经济的发展，还提供了一种特别贷款，即贷款前 3 年为无息，第 4 年 2%，每年递增 1 个百分点，贷款期限 20 年，前 10 年可不偿还。贷款担保也是由联邦政府直接出面向商业银行提供贷款担保，共分为三个档次：中小企业可提供 100 万马克以内的贷款担保；大型企业可提供 100 万—200 万马克的贷款担保；重要的项目可提供 2000 万马克以上的贷款担保。通过转移支付和一系列的资金支持，两德在统一后短短 5 年内，东西部地区经济发展差距缩小了 1/3 左右。

3.3.3 欧盟如何运用基金援助贫困地区

欧盟虽然由发达国家所组成，但同样存在富裕下的贫困问题。人均国内生产总值最高的卢森堡比位居末席的希腊和葡萄牙高出 3 倍多，比西班牙和爱尔兰高出 2 倍多；最富的德国汉堡地区人均国内生产总值是最贫困的葡萄牙阿连特茹地区的 4 倍多。经济发展水平的落差严重制约了欧洲建设的进程。为了缩小差距，欧盟采取了不少行之有效的措施。[1]

一　设立基金助脱贫

早在欧共体（欧盟前身，1994 年 1 月更名）时期，欧洲便出台了称之为"新战略"的扶贫政策，其中之一便是建立扶贫基金。有人称这一政策是让"胖的减减肥、瘦的长长肉"。欧盟的扶贫基金名目繁多，有结构基金、协调基金、共同发展基金、社会福利基金、地区发展基金等大大小小十多种，操作程序大同小异。在这些基金中，最重要的当属结构基金。它以增强贫困国家和地区的自我发展能力为宗旨，资金列入欧盟共同预算。此外，欧盟所属的欧洲投资银行也积极配合，每年向经济趋同项目发放 200 亿至 250 亿美元的长期贷款。1988 年欧共体决定，在 1989 年 1 月 1 日正式启动结构基金，通过基金向成员国经济发展迟缓的地区"输血"，帮助它们调整、改造经济和社会结构，加强交通、能源、通信、供水、环保等基础设施建设，培训专业人才，发展科研，建立和完善销售网络，缩小与发达地区的经济和社会差距。据统计，结构基金建立后的 5 年间，对贫困地区的援助达 640 亿埃居（当时约合 832 亿美元）；从 1994—1999 年，又向贫困地区提供了 1597 亿埃居（约合 2076 亿美元）的援助。

二　羊毛出在羊身上

欧共体 1958 年成立之初，一直没有固定的收入来源，预算

---

① 陈志萱：《欧盟如何运用基金援助贫困地区》，《经济日报》2001 年 7 月 17 日。

由各成员国按国民生产总值比例分摊，年收入不过区区几十亿美元。为保证机构正常运转，促进欧共体发展壮大，1970 年欧共体决定建立"自有财源"，其收入主要来自农产品差价税、工业进口税和商品零售增值税三大部分。共同农业政策实施后，欧共体的农产品价格明显高于国际市场价格，因此非欧共体国家向欧共体出口农产品时，要征收差价税，差价税 90% 列入欧共体共同预算，10% 作为各国征税的手续费；工业品进口税是指各成员国从非成员国进口工业产品时征收的关税，其中 90% 归共同预算，10% 为征税手续费；商品零售增值税由成员国征收，然后上缴一部分代替成员国过去按国民生产总值比例分摊的预算份额，但原则上不超过 1%。预算制度的改革使欧共体共同预算逐年增多，近年来已达 700 多亿欧元。财大了，自然气也粗了，欧盟就有可能建立各种扶贫基金，增加对落后地区的财政援助。目前，欧盟共同预算中用于"援助"的开支已占预算总额的 40% 左右，其中仅结构基金一项就约占欧盟预算的 29%。

三 制定受援标准

结构基金的援助对象为：人均国内生产总值低于各成员国平均水平的 75% 以下的地区；受工业衰退影响严重的地区；低收入的乡村地区；人口密度低于每平方公里 8 人的人烟稀少地区。按此标准，希腊、爱尔兰、葡萄牙的几乎全部地区和西班牙的大部地区则是主要受援对象，意大利、法国、英国、比利时等国的少数地区和德国统一后的东部地区也被列入贫困地区。结构基金用于援助项目时，当然要考虑风险。为此，欧盟规定，受援项目必须列入成员国的开发计划正式项目，受援国政府必须向欧盟委员会提出申请，并向项目按比例注入部分或大部分资金，以共同承担风险。经过十几年的扶持，欧盟落后国家经济获得了较快的发展。1975 年申请加入欧共体时，葡萄牙的人均国内生产总值

仅为当时各成员国平均水平的 33%，西班牙为 59%；到 1995
年，葡萄牙升至 58.7%，而西班牙则猛增至 77.5%。

3.3.4 德国欠发达地区大量"输血"的教训

德国是欧洲经济实力强大的国家，但德国的经济发展也同样
存在发展不平衡问题，主要是东西部地区的问题，西部较富，东
部相对比较落后。为了刺激东部经济的发展，德国联邦政府采取
了一系列政策，首先对东部进行了大量的财政援助。在 1992 年
联邦财政预算里，每 4 个马克中就有 1 个马克用于发展东部经
济；1995 年，联邦政府开始实施为期 10 年的"团结计划"，政
府每年向东部地区增加投资 568 亿马克。据统计，从 1990—
2000 年，西部对东部的资金援助高达 1.6 万亿马克，扣除回流
到西部的 4000 亿马克税款，东部实际吸纳的援助资金为 1.2 万
亿马克。

为促进东部地区的投资增长和企业的发展，德国联邦政府
还采取了提供投资拨款、投资补贴等手段，如 1990—1991 年
底前，联邦政府对企业初始投资提供 12% 的投资拨款，从
1992 年起改为 8% 的投资拨款，这种拨款是免税的。另外，企
业扩大再生产、改进技术、改造产品等投资均可获得联邦政府
的财政补贴。此外，政府还向私人企业提供财政优惠贷款和银
行贷款担保，其中有一种特别贷款，期限为 20 年，前 3 年无
息，第 4 年年息为 2%，第 5 年和第 6 年分别为 3% 和 5%，头
10 年可以不偿还。

为鼓励向东部地区的企业项目投资，联邦政府还直接向商业
银行提供贷款担保，对中小企业、大型企业、重要投资项目提供
的贷款担保分别为 100 万马克以内、100 万马克至 200 万马克和
2000 万马克以上。与此同时，政府对东部企业实行税收优惠政

策，1991 年以前建立的工业、贸易和私人企业，政府免征每年不超过 1 万马克的所得税和公司税，期限为两年；暂不在东部征收资本税和财产税，以减轻居民的负担。

经过 10 年的经营，德国东部的经济有了发展，特别是交通、通信等基础设施得到了改善，工业体系也渐趋合理，初步形成了以汽车、化学和电子工业为核心的产业布局，东部经济与西部经济的差距在缩短。但德国经济界人士指出，政府大包大揽，以财政"输血"为主的东部开发政策确实使东部经济有所发展，但同时也极大地加重了联邦政府自身的财政负担，更为严重的是使东部养成了对联邦政府的财政依赖，东部经济自身缺少有力的"造血功能"，从而一直无法脱离西部的援助。有专家预测，如果"团结计划"2004 年到期后联邦政府停止向东部提供财政支持，东西部之间的差距就会重新拉大。

另外，政府的东部开发政策急于求成，东部的经济发展没有达到预期的目的。据报道，东部建筑业在税收优惠政策的刺激下，盲目投资，不切实际的建设，导致房地产收益下降，而税收优惠政策结束后，东部地区曾红火的建筑业立即陷入了萧条。还有，东部地区近年来失业率高达 17%，失业人数达 130 万，成为社会的一大难题。德国东部不仅没有成为新的经济增长点，反而对全国经济的增长造成了负面影响。面对东部诸多棘手难题，1998 年，德国政府曾宣布将东部建设作为政府工作的首要任务，并在内阁中设立了对东西部经济发展进行协调的一个部长级职位。然而从目前情况看，或许是因为德国对东部经济政策调整时间短，也或许是受全球经济的影响，德国全国经济的发展目前并不理想，东部经济形势仍不乐观。不过德国人对东部经济的发展却充满了信心。

3.4 欧盟缩小地区差距的经验对中国西北地区发展的借鉴作用

从几个有代表性的大国缩小地区差距的政策实践看，发达国家的地区间经济相对均衡发展并不是市场力量自然形成的，而是政府有效干预地区差距的结果。一些经验数据表明，地区差异由扩大转为缩小的年份大都在 20 世纪 30 年代以后，这正好是西方市场由自由放任转到政府干预的时期。虽然发展中国家都把经济增长视为首要目标，但是各国政府也都同时致力于地区经济的均衡发展。从政府干预地区差距的对象看，大致分为两类：一是通过财政资金在政府间的流动即转移支付等方式实现公共服务能力的均等化；二是政府通过多种优惠措施，加快落后地区的开发。从各国政府干预的特点看，主要是以中央政府为主导，综合运用多种政策手段缩小地区差距。从各国的政策实践看，开发落后地区、缩小地区差距是一项长期性的艰巨任务，不可能在短期内取得逆转性的进展。

3.4.1 中央政府：干预地区差距的主体

从各国缩小地区差距的实践看，缩小地区差距的主体是各级政府和一些社会力量，但这其中中央政府处于绝对的主导地位。

一 政府提供缩小地区差距的法律保障

德国等国家的政府致力于落后地区的开发，地区经济均衡发展都是以宪法和法律为基础进行的。德国政府进行的区域经济平衡发展也是在宪法《联邦基本法》框架下展开的，此后又颁布了《改善区域经济结构共同任务法》、《联邦空间布局法》、《联邦财政平衡法案》等。两德统一后，对《共同任务法》作了少许修改，及时将东德地区包括进来。英国颁布了《特别区域法》、《工业布局法》、《地方就业法》等一系列法律来促进落后地区的开发。此外，印度、巴西等发展中国家的政府也都十分重视对落后地区提供法律保障。

二　政府设立专门区域开发机构

从我们选取的几个典型国家的情况看，中央政府一般都设立专门的机构负责领导、组织、协调落后地区的区域开发活动。意大利在 20 世纪 50 年代为加速南部发展，设立了"地方公共事业特别工程基金局"，经过三十多年的建设，南方面貌发生了明显的变化；英国是世界上最早实行区域政策的国家，1928 年就成立"工业迁移委员会"，帮助失业者迁移到就业机会多的地区，后又设立苏格兰和威尔士开发署等，对英国经济活动的均衡布局和区域失业差异的缩小，产生了积极影响。

三　中央政府资金居于主导地位

由于落后地区开发投资回报率低，且投资领域基本上是投资大、见效慢的基础设施建设等，这些项目难以筹集到商业资金，财政资金是落后地区的主要资金来源。为了达到缩小地区差距的目的，各国的中央政府都集中了国家财政收入的绝大部分用于转移支付，如德国集中了 50%，意大利中央政府平均每年拿出国民收入的 10% 共计 1 万亿里拉（相当于 8.29 亿美元）作为南方基金局的创办基金，且逐年增加。

3.4.2　欧盟各国政府的主要干预手段

落后地区的开发是缩小地区差距的根本，资金、技术等生产要素对落后地区的发展至关重要。为了吸引资金和技术流入落后地区，政府除了自身的直接投入外，还综合采取了公共投资、转移支付、经济激励等多种手段（表 3—2）来促进落后地区的发展，这主要是因为不同的政策手段具有各自不同的特点。

表 3—2　　　　欧盟各国政府干预地区差距的主要手段

援助工具	主要工具	典型案例
公共投资	公共基础设施（包括新城和工业园区）、农业基础设施项目、环境改善项目、区域发展基金、国有公司	新加坡裕廊工业区；英国政府为开发区提供基础设施、工厂和开垦废弃土地；巴西"亚马孙投资基金"；意大利"南方发展基金"
转移支付	一般转移支付、专项转移支付（有条件的补助）；纵向和横向转移支付	各国普遍采用，侧重点各有不同
经济激励	工业投资补贴；就业或工业补贴；租金补贴；居住区调整补助；所得税、进口设备关税、出口利润税收减免；区位调整的税收返还和特许权；运费调整和补贴；特别折旧率；优惠贷款；信贷担保；社会保险政府特许权；土地征收和抵偿；低价出租和出售厂房；技术援助、培训和信息咨询服务	英国政府对投资于特别发展区、发展区和中间区的企业分别给予相当于设备投资 44%、40% 和 20% 的补贴
直接控制	新建、扩建企业许可证制度；城市功能区划分；建设材料的配额	英国 1945 年的《工业布局法》规定：在发展区以外建厂，面积超过 1 万英尺的要取得建筑许可证
政府采购	对不发达地区公司给予强制性采购比例	意大利规定政府采购总额的 30% 要从南方购买

资料来源：郑长德 2004 年工作论文《国外对不发达地区开发的比较研究》。

转移支付就是为追求一国范围内不同地区的居民公共服务能力均等化的目标而进行的财政资金再分配。实践证明，只有在市场经济非常发达的国家才有条件实行全面的均等化，不少国家只能实行局部的均等化。而且均等化有最低、平均和完全化程度等不同的标准，在经济高度发达的国家，均等化程度比经济欠发达国家的均等化标准要高得多，所以均等化的范围和程度都受到经济发展水平的制约。税收优惠是国外为推动向欠发达地区进行投资而实施的措施，国际上通行的做法是实行差别税率和对投资实行减免税等。设立专门基金用以保障落后地区开发中所需的资金，各国还设立专门援助欠发达地区的区域发展基金。如欧盟的"欧洲区域发展基金"和法国的"农村改革基金"，扶持欠发达地区的发展。

第 四 章

欧盟产业集聚与集群发展

4.1 产业集聚的相关理论

4.1.1 产业集聚理论的回顾

产业集聚（Industrial Agglomeration），又可称为"产业集群"（Industrial Cluster），"簇群经济"（Cluster Economy），专业化产业区（Specialized Industrial Districts），是指相同的产业高度集中于某个特定地区的一种产业成长现象。产业集聚更趋向于指企业在地理位置上的集中；产业集群相对侧重于企业集中竞争、合作、相对依赖的关系；簇群经济和专业化产业区是指以中小企业为主体、特色产业为支撑、区域集聚为特征的产业组织形式和分工形态。为了便于研究与阐述，本书中的产业集聚即指产业集群。① 产业集聚的研究最早可以追溯到马歇尔。马歇尔解释了基于经济外部性的企业在同一区位集中的现象，他发现了经济外部性与产业集群的密切关系，认为产业集群是外部性导致的。他认为经济外部性包括三种类型：市场规模扩大带来的中间投入品的规模效应；劳

---

① 有不少学者认为产业集群仅仅发生在小企业当中，似乎只有小型企业才有集群现象。事实上，无论是已经完成工业化的国家还是正在工业化的国家，大企业的产业集群现象也十分普遍，而且，大企业因产业集群引起的规模经济效应要优于小企业。

动力市场规模效应；信息交换和技术扩散。前两者称为"金钱的外部性"（Pecuniary Externalities），即规模效应形成的外部经济，后者是技术的外部经济。因此，以后的经济学家克鲁格曼和宾治就把劳动市场共享、专业性附属行业的创造和技术外溢（Technology Spillover）解释为马歇尔关于产业集群理论的三个关键因素。

关于产业集群的主题，胡佛（E. M. Hoover）、利奇腾伯格（R. M. Lichterberg）、亨德森（J. V. Henderson）等人均作过专门的研究和论述。阿尔弗雷德·韦伯（Alfred Weber）最早提出聚集经济的概念，从工业区位理论的角度阐释了产业集群现象。他在分析单个产业的区位分布时，首次使用聚集因素（Agglomerative Factors）。随后，罗煦（August Iasch）、佛罗伦斯（Sargant Florence）对聚集经济作了进一步的阐述。

保罗·克鲁格曼是第一位把产业集聚与国际贸易因素紧密联系起来研究的知名经济学家。克鲁格曼借用萨缪尔森曾经提出的一则天使的寓言来阐释产业集群现象：① 产品的贸易活动实际上间接地起到了生产要素贸易的作用，无论生产要素最初的分配状态如何，通过贸易活动，总会使某些产品的生产集中于某些工业区。克鲁格曼不承认马歇尔提出的技术外溢因素的普遍意义，认为这个因素只会在高技术产业领域的产业集聚中产生效应。产业集群中的外部规模经济因素在克鲁格曼的眼里是一种开放经济的状态，是各个国家产业选择和取得优势的决定性因素。这一点和他的"新贸易理论"是吻合的，即各国的贸易优势并不来自于国与国的产业区别以及由此引起的比较优势，而是来自于各国内

---

① 萨缪尔森提出的这则寓言内容大致是：资本与劳动原先是自由组合在一起工作的，同时生产资本密集型和劳动密集型的产品，但由于这些生产要素逐渐傲慢，得罪了上帝，上帝便派天使下凡，把这些生产要素分配在不同的国家，一个国家的资本只能与该国的劳动在一起工作。

部的地区产业分工和在此基础上所能达到的规模经济的程度。

　　克鲁格曼通过其新贸易理论，发展了其集聚经济观点，理论基础仍然是收益递增。他的工业集聚模型假设一个国家有两种区位，有两种生产活动（农业和制造业），在规模经济、低运输费用和高制造业投入的综合作用下，通过数学模型分析，证明了产业集聚将导致制造业中心区的形成。另外他的垄断竞争模型在融合传统经济地理学理论的基础上，综合考虑多种影响因素如收益递增、自组织理论、向心力和离心力的作用，证明了低运输成本、高制造业比例和规模经济有利于区域集聚的形成。

　　安德森（Andersen）分析了传统的熊彼特主义对创新关联研究的不足，主张用演化经济学来分析创新关联，并在演化经济学的框架上，构筑了交互创新的两产业模型和三产业模型，最后探讨了创新关联和国际专业化问题。UNCTAD 把企业间合作模式分为群、网络和战略伙伴，探讨了不同合作模式对企业能力和竞争的作用，从政府、企业、中介机构的层次提出了政策建议。

　　亚历克斯·霍恩（Alex Hoen）从理论角度对群进行分类：群的概念分为微观层（企业群）、中观和宏观群（产业集群）；群内企业通常通过创新链和产品链进行连接。迈克·E. 波特从竞争战略的研究角度，研究了产业集群发展的问题，1990 年的《国家竞争优势》明确提出了产业集群的概念，并从竞争优势取得的角度，提出了"钻石体系"，这一体系成为分析产业集群成长的有力工具。他在 1998 年所发表的论文《产业集群与新竞争经济学》中进一步对产业集群进行了阐述。①

------

　　① 比"钻石体系"更早提出的价值链理论，也在 20 世纪 90 年代以后被发展为全球价值链模型，并大量运用于工业发展的研究中，同样也成为产业集群研究的有力工具。

4.1.2 产业集群的相关定义

迈克·E. 波特把产业集群（Industrial Cluster）定义为：在某一特定领域内互相联系的、在地理位置上集中的公司和机构的集合。产业集群包括一批对竞争起重要作用的、相互联系的产业和其他实体。产业集群经常向下延伸至销售渠道和客户，并从侧面扩展到辅助性产品的制造商以及与技能技术或投入相关的产业公司。产业集群包括提供专业化培训、教育、信息研究和技术支持的政府和其他机构。

通过对产业集群大量相关文献的研究，我们得到了关于产业集群一些主要的界定（如表4—1）。

表4—1 产业集群定义

学者	定义内容
马歇尔（1890）	发现了经济外部性与产业集群的密切关系。认为产业集群是外部性导致的 *
波特（1990）	集群为特定产业中相互关联的公司或是机构集聚在特定的地理位置的一种现象
安德森（1994）	一群公司或企业以地理接近性为必要条件依赖彼此互动的关系来增进各自的生产效率或竞争力
莱德曼（1994）	一种或一系列相似产品生产链上企业的地理集中
罗森费尔德（1995）	相似、相近的企业集中在一个地理区域的彼此之间可以共同达到协调的效果，而企业基于相互合作而自动选择加入集群是为了增加经济活力及彼此之间的交易
斯万和普利维第（1996）	产业集群是同产业中大量企业位于同一地理区域

续表

学者	定义内容
恩赖特（1996）	产业集群是一群营利或非营利的组织。对于集群内的每个成员的个体来说，产业集群是竞争力的重要因素。而将产业集群联系起来的是顾客和供应商的关系，或共同的技术，共同的顾客或通路，或共同的劳动力市场
马库森（1996）	在一个开放的产业环境内部存在某些特点而吸引产业活动在此地集聚，并形成产业集群
曾忠禄（1997）	产业集群指同一产业的企业及与该产业相关的产业和支持产业的企业在地理位置上的集中
纳斯本尼（1998）	在技术上、生产层次上彼此联系的众多企业位于某一地理区域内而形成一个网络关系，在该网络内部企业、政府机构和当地行业之间存在广泛的互动和协调
帕特卯和吉布森（1998）	一些企业互动而形成的一种繁荣现象，这种互动可以透过竞争也可以透过合作，或者是透过价值链中的供应商或顾客来达成
希尔和布伦南（2000）	竞争性企业地理集中现象，或者在同一产业内可以与区域中的其他产业建立频繁交易关系的企业的地理集中现象。厂商可以运用相同的技术或者分享专业化的劳动，进而超越其他地方同一产业的竞争优势
圣地亚哥政府	集群在一个区域的相关厂商，主要是透过生产和服务的出口创造价值
王缉慈（2001）	集群是一组在地理上靠近的相互联系的公司和关联的机构，它们同处在一个特定的产业领域，由于具有共性和互补性而联系在一起
徐康宁（2001）	产业集群是指相同的产业高度集中于某个特定地区的一和产业成长现象
刘有金、黄含成（2001）	产业集群集中的产业概念不是指广义上的企业，而是指狭义上的企业，如个人计算机产业、大型计算机产业、传真机产业、医疗器械产业等

续表

学者	定义内容
史密斯等 （2002）	产业集群是相关的厂商位于邻近地区，这些在附近的相类似的厂商可以提供很多竞争的优势，包括共用劳动资源、提供厂商之间工作关系、减少交易成本及厂商与顾客的交易时间，透过地区的厂商提高技术的研发，在地区的集群可以增加厂商及制度的发展效用刺激成长及创新
英国经贸集群网	集群是集中竞争、合作且相互依赖的公司透过市场及非市场的体系连接的机构而结合在一起
魏　红	集群为某一特定领域内相互联系的企业及机构在地理上的集聚体，该集聚体内部存在产业链上的企业的纵向联系和竞争企业与互补企业之间的横向联系
郑亚莉	产业集群是以中小企业为主体、特色产业为支撑、区域集聚为特征的产业组织形式和分工形态

　　* 他在《经济学原理》中从定义外部经济概念入手界定了地方性工业集聚的内涵，后人称之为"马歇尔集聚"。这个概念不仅反映了企业和产业集聚的地理特征，也反映了"一业为主"的产业结构特点。Marshall, A. (1890), *Principles of Economics*, Macmillan, London, 18th Edition, Published in 1920.

4.1.3　产业集群的类型划分

　　对于产业集群的分类并不十分统一，基于不同的研究目的，对产业集群的分类也不相同。根据波特在《国家竞争优势》一文中的叙述，不同国家的产业集群各自有不同的成长模式或称为"发展轨迹"，意大利等国家的产业集群是有不同特点的，同时产业集群也可以根据产业所处的领域进行分类研究，但产业集群研究中的产业概念与一般意义上的产业显然是不完全相同的。集群的类型有许多，每一类型都有其自身独特的发展轨迹、组织原理以及特殊问题。

　　1. Peter Knorringa 和 Jorg Meyer Stamer (1998) 在对发展中国

家的产业集群研究中，借鉴 Markusen（1996）对产业区的分类方法，把产业集群分为以下三类（见表 4—2）。

表 4—2   产业集群分类

	意大利式产业集群	卫星式产业集群	轮轴式产业集群
主要特征	以中小企业居多；专业性强；地方竞争激烈；合作网络；基于信任的关系	以中小企业居多；依赖外部企业；基于低廉的劳动力成本	大规模地方企业和中小企业；明星的等级制度
主要优点	柔性专业化；产品质量高；创新潜力大	成本优势；技能/隐性知识	成本优势；柔性；大企业的作用重要
主要弱点	路径依赖；面临经济环境和技术突变适应缓慢	销售和投入依赖外部参与者；有限的诀窍影响了竞争优势	整个集群依赖少数大企业的绩效
典型发展轨迹	停滞/衰退；内部劳动分工的变迁；部分活动外包给其他区域；轮轴式结构的出现	升级；前向和后向工序的整合；提供客户全套产品或服务	停滞/衰退（如果大企业停滞/衰退）；升级；内部分工变化
政策干预	集体行动形成区域优势；公共部门和私营部门合营	中小企业升级的典型工具（培训和技术扩散）	大企业/协会和中小企业支持机构的合作，从而增强了中小企业的实力

资料来源：Peter Knorringa, Jorg Meyer Stamer, *New Dimensions in Enterprise Cooperation and Development: From Clusters to Industrial Districts*, 1998. 转引自陈剑峰、唐振鹏《国外产业集群研究综述》，《国外经济与管理》2002 年第 8 期。

2. Lynn Mytelka 和 Fulvia Farinelli（2000）采用了不同于 Markusen（1996）的产业集群分类方法，他们把产业集群分为非正式群、有组织群和创新群。1998 年联合国贸易与发展会议根据集群内企业技术的总体水平、集群变化的广泛性以及集群内企业间相互协作与网络化程度三个标准，将集群分为非正式集群、有组织集群、创新集群、科技园区和孵化器以及出口加工区五个类型。

3. Alex Hoen（1997）从理论角度对集群进行分类：集群的概念分为微观层（企业集群）、中观和宏观群（产业集群）；集群内企业通常通过创新链和产品链进行连接。探讨如何在传统产业中培育创新集群，建立创新系统，从而使传统产业保持可持续的竞争优势。

4. 从产业集聚的研究角度看，依据在产业集群形成中国家干预的方式进行分类，在国别产业集聚的研究与产业集群研究的关系极为密切，在某种意义上，这一研究与产业集群具有同一意义。从这个角度看，可以分为几种类型：

（1）市场主导型的产业集群模式。典型的是美国硅谷的高技术产业微电子产业集群；

（2）政府扶持型的产业集群模式。日本的筑波、印度的班加罗尔和中国台湾新竹等高新技术园区的产业集群的形成有鲜明的高新技术和 IT 技术产业集群的特点。

（3）计划型的产业集群模式。典型的情况是中国在改革开放前以计划为特色的重工业的地区分布和建设，形成了一些资源型，如钢铁、石油等类型的城市。

5. 产业集群按不同标准可归纳为不同的模式体系。以内部市场结构为标准，可划分为轴轮式、多核式、网状式、混合式和无形大工厂式五种模式。

（1）轴轮式产业集群。轴轮式集群是指众多相关中小企业围绕一个特大型成品商形成的产业集群。在一个处于中心地位的大企业的带动下，各中小企业一方面按照它的要求，为它加工、制造某种产品的零部件或配件，或者提供某种服务，另一方面又完成相对独立的生产运作，取得自身的发展。日本的丰田汽车城与意大利的百能顿是轴轮式集群的典型代表。丰田公司的 250 多个供货商中，有 50 个把总部设在了丰田城，其余 200 多个也聚集在半径为 5 小时车程的范围之内。所有的供应商都紧紧地围绕着丰田，形成一个整体。丰田要求供货必须准时，货到后不进库房，直接按计划时间上线，即时作业。这套标准化流程是花 3 年时间，集合 250 多个供应商不断开会、讨论、训练而形成的。标准化生产链保证了产品的质量，同时把成本降到了最低。1965年诞生的百能顿是从事时装纺织的巨型企业，在它周围有很多中小企业为它工作，公司 80% 的产品都是由中小企业完成的。20世纪 90 年代初，围绕它进行运作的中小企业就有 500 多家，人数超过 3 万人。百能顿公司掌握和从事关键性的工序，如色彩研究、款式设计以及计算机裁剪、洗染、质量检验。流程上，还要负责产品订货、组织加工制作和运输销售，周围的小企业一般就按照它的要求进行某一种产品或某一道工序的加工。轴轮式集群的主要特点在于：第一，有一个大型企业构成集群的核心，带动周围的中小企业发展；第二，核心企业凭借自身雄厚的技术支持和强大的品牌优势，掌握着整个系统的运转，并给周边企业以指导；第三，整个集群的运作以核心企业的生产流程为主线；第四，众多小企业能够提供比集群外企业更低运费、更符合要求的配套加工产品。

（2）多核式产业集群。多核式集群是指众多小企业围绕三五个大型成品商形成的产业集群。这种模式在形成初期，往往只有一个核心企业和一些相关配套企业。随着产业的发展，出现多个核心企业，形成同一集群内多个主体并存的局面。如美国的底特律汽车城，有通用、福特和克莱斯勒三大汽车公司，这三大全球知名企业带动了众多规模不同的汽车企业。全美有 1/4 的汽车产于底特律城，全城 400 多万人口中有 90% 的人靠汽车工业谋生。这种集群模式的主要特点在于：第一，以几个企业为核心进行运营；第二，围绕不同的核心企业形成了多个体系，同一体系内部密切合作，体系间又存在着明显的竞争；第三，集群中的竞争一方面表现为核心企业之间的竞争，即选择外围合作企业（如供货商、服务机构等）和争取顾客；另一方面表现为生产同类产品的配套企业间的竞争，即外围企业竞争对自己企业发展更有利的核心企业。

（3）网状式产业集群。网状式集群是指众多相对独立的中小企业交叉联系，聚集在一起形成的产业集群。这种模式在意大利比较广泛，如马尔凯大区佩扎罗省的木器家具产业。第二次世界大战后，佩扎罗地区出现了一些家庭作坊式的家具企业，各自独立完成生产，基本上不存在专业化分工与合作。20 世纪 50 年代后期，意大利和周边国家经济形势的迅速好转，家具需求的日益增长为佩扎罗地区的家具企业迅速增多和分化提供了条件。20 世纪 70 年代的世界经济危机也促进了家具企业的进一步专业化和分工协作的发展。各企业间相互合作的主要方式是统一销售，它们根据联合销售机构统一的技术质量要求独立制造某一种产品，然后使用同一种商标，由联合销售机构统一进行销售。网状式集群的主要特点是：集群中企业的规模小，雇员的人数很少，企业的类型大都属于雇主型企业；由于生产工艺较为简单，流程较少，企业能够独立完成生产，所以相互之间较少有专业化分工和合作；生产经营对地理因素的依赖性较强；生产的产品具有明显的地方特色，大多是沿袭传统生产方式形成的；供应商和顾客群比较一致，竞争较为激烈；在对外销售方面具有较强的合作性。

（4）混合式产业集群。混合式集群是由多核式与网状式混合而成的产业集群。集群内部既存在几个核心企业及相关的小企业，又存在着大量没有合作关系的中小企业。例如，美国的硅谷和印度的班加罗尔软件工业园。硅谷地区集中了众多在业务上相互联系的半导体或计算机企业及其支持企业，形成了硅谷高新中小企业集群。在这里既有惠普、网景、英特尔、苹果、太阳微系统等世界领先的大公司，也有大量相关的配套和服务企业，同时还存在着许许多多微小的软件研发公司。混合式集群的主要特点是：第一，多核式与网状式集群并存；第二，核心企业不仅带动了配套企业的发展，也为散存的中小企业提供了机会；第三，核心企业与配套企业依靠品牌为核心竞争力，散存的中小企业主要以低成本为竞争优势；第四，技术创新是集群中企业生存和发展的关键。

（5）无形大工厂模式。无形大工厂模式的集群是由诸多在生产流程上相连接的小企业所构成的产业集群，如意大利的普拉特毛纺织集群。19 世纪的普拉特是以产供销一条龙的大中型企业为特色的毛纺织生产基地。第二次世界大战以后，生产的急速扩大和国内外需求的锐减，迫使普拉特地区全工序的大中型毛纺企业开始了分散经营战略，将部分工序交给家庭承包生产，衍生出了许许多多的小规模企业。在这个初步形成的集群内存在产品设计、营销策划、销售渠道构建、产品销售的最终企业，也存在着大量向最终企业提供中间制品和服务的专业化的中间企业，以及提供原材料和生产设备的供货商企业。这些中小企业专业化程度高、应变迅速，以经纪企业或工序不全的毛纺企业为核心，向其供货，由其统一生产成品，形成了实际上的"无形大工厂"。这种集群模式的特点主要有：第一，规模较小，但有弹性，由于小企业生产和家庭生活连成一体，当订货增加时，家庭成员转化为工人，企业的职工人数和工作时间自动增加；反之，当订货减少时，企业职工又恢复为家庭成员，因而形成了一个可伸缩性的生产体系。第二，商业中介和服务组织较为活跃，发挥着重要的作用。第三，专业化程度较高，分工较为明显，企业间的合作较为密切。第四，整个集群犹如一个巨大的工厂，其中各个小企业相对独立的经营共同维持着整个体系的运转。

6. 国内产业集群分类

在中国产业集群的研究中，中国学者也使用了便于自己研究的一些产业集群的分类，在王缉慈的研究中，将产业集群从技术的角度划分为高技术产业的企业集群和传统产业的企业集群。[①]有学者基于产业分类，按照产业集聚的成因将其划分为环境优势型、资源优势型、区位优势型、传统优势型、科技优势型、政策导向型六类。[②] 也有的学者依据连接键、地域依赖、发展阶段等方面进行分类研究，提出了分拆依托型、自然依托型；地域依赖性强的集群分为嵌入式以及内生性；按生命周期分类等。在这些研究中，地域依赖性强的内生性集群对中国资源性地区的资源型产业而言是有一定的借鉴意义的。

4.1.4 产业集群的相关理论

在资本主义国家的近代发展历程中，随着追求规模经济和利润最大化的巨型公司和跨国公司的不断出现，产业集群的研究一直没有引起足够的重视，直到 20 世纪 70 年代末，在发达国家经济普遍出现衰退时，以中小企业集群发展的地区如意大利的东北部和中部地区、美国的硅谷地区却出现了惊人的增长势头，由此学术界开始了对产业集群的追踪研究。进入 20 世纪 90 年代以

① 王缉慈等：《创新的空间——企业集群与区域发展》，北京大学出版社 2001 年版。

② 包锦阆：《产业集聚与分类》，《发展研究》2007 年第 3 期。

来，有关产业集群的探讨成为产业发展的热点，同时联合国工业发展组织（UNIDO）也力图推动产业集群战略在第三世界国家公共政策中的实践应用。其实，有关产业集群的理论研究最早可以追溯到 19 世纪末马歇尔关于产业集群理论的研究，尔后出现了 1909 年韦伯的工业区位理论，1934 年科斯的交易费用理论，1991 年克鲁格曼的规模收益递增理论以及熊彼特的创新产业集聚论等等。

一　马歇尔的外部经济理论

第一个较系统研究产业集群现象的经济学家是阿尔弗雷德·马歇尔。他从新古典经济学的角度，通过研究工业组织，间接表明了企业为追求外部规模经济而集聚。他曾把经济规模划分为两类：第一类是产业发展的规模，这和专业的地区性集中有很大关系；第二类则取决于从事工业的单个企业和资源、它们的组织以及管理的效率。他把第一类称为"外部规模经济"，把第二类称为"内部规模经济"。马歇尔发现了外部规模经济与产业集群之间的密切关系，他认为产业集群是因为外部规模经济所致。马歇尔提到，企业内部的规模经济一般比较容易被人们所认识，厂商也会尽可能使生产规模进一步扩大；而企业外部的规模经济同样十分重要，当产业持续增长，尤其是集中在特定的地区时，会出现熟练劳工的市场和先进的附属产业，或产生专门化的服务性行业，以及改进铁路交通和其他基础设施。马歇尔还用随产业规模扩大而引起知识量的增加和技术信息的传播来说明产业集群这种现象。因此，以后的经济学家（克鲁格曼）就把劳动市场共享、专业化附属行业的创造和技术外溢解释为马歇尔关于产业集群理论的三个关键因素。但是，马歇尔理论中没有考虑区域内企业的成长和区域间企业的迁入、迁出等动态因素的变化，也忽视了区域产业组织的外部连接与创新。

二 韦伯的集聚经济理论

阿尔弗雷德·韦伯是工业区位理论的创立者，他从微观企业的区位选择角度，阐明了企业是否靠近取决于集聚的好处与成本的对比。韦伯认为，产业集聚分为两个阶段：第一阶段是企业自身的简单规模扩张，从而引起产业集中化，这是产业集聚的低级阶段；第二阶段主要是靠大企业以完善的组织方式集中于某一地方，并引发了更多同类企业的出现，这时，大规模生产的显著经济优势就是有效的地方性集聚效应。韦伯把产业集群归结为四个因素：第一个因素是技术设备的发展，随着技术设备专业化的整体功能加强，技术设备相互依存会促使地方集中化；第二个因素是劳动力组织的发展，韦伯把一个充分发展的、新颖的、综合的劳动力组织看做是一定意义上的设备，其专业化促进了产业集群化；第三个因素是市场化，韦伯认为这是最重要的因素，产业集群可以最大限度地提高批量购买和出售的规模，得到成本更为低廉的信用，甚至"消灭中间人"；第四个因素是经常性开支成本，产业集群会引发煤气、自来水等基础设施的建设和共用，从而减少经常性开支成本。韦伯还从运输指向和劳动力指向两个不同的途径分析产业集群能够达到的最大规模。韦伯探讨了产业集聚优势的因素，量化了集聚形成的规则，研究成果具有相当的价值。但是韦伯对集聚的研究脱离了一切制度、社会、文化、历史的因素，单纯从资源、能源的角度加以考察。在实际经济生活中，产业集聚的形成相当程度上决定于地区的社会文化因素，韦伯却将其抽掉了，这不能不说是一个缺陷。

三 熊彼特的创新产业集聚论

熊彼特将技术创新与产业集聚的发展结合在一起进行研究，他在解释经济周期或经济波动时认为，除了战争、革命、气候等外部因素之外，技术创新的产业集聚和增长的非同期因素是经济波动的主要原因。熊彼特认为，创新不是孤立事件，并且不在时间上均匀地分布，而是相反，它们趋于群集，或者说，成簇地发生。这仅仅是因为在成功地创新之后，首先是一些，接着是大多数企业会步其后尘。其次，创新甚至不是随机地分布于整个经济系统，而是倾向于集中在某些部门及其邻近部门。可见，熊彼特主要是从创新角度来说明产业集聚现象的，认为产业集聚有助于创新，创新有赖于产业集聚，创新并不是企业的孤立行为，它需要企业间的相互合作和竞争，需要企业集聚才能得以实现。

四　胡佛产业集聚最佳规模论

美国区域经济学家埃德加·M. 胡佛在 20 世纪 30 年代论证了不同产业的区位结构之后，将规模经济区分为三个不同的层次。他认为，就任何一种产业来说都有：（1）单个区位单位（工厂、商店等等）的规模决定的经济；（2）单个公司（即联合企业体）的规模决定的经济；（3）该产业在某个区位的集聚体的规模所决定的经济。而这些经济各自得以达到最大规模，则可以分别看做是区位单位最佳规模、公司最佳规模和集聚体最佳规模。埃德加·M. 胡佛的主要贡献在于指出产业集聚存在一个最佳的规模，如果集聚企业太少、集聚规模太小的话，则达不到集聚所能产生的最佳效果；如果集聚企业太多，则可能由于某些方面的原因使集聚区的整体效应反而下降。

五　保罗·克鲁格曼的规模报酬理论

当代主流的新古典经济学家保罗·克鲁格曼认为，空间问题没有引起主流经济思想界的真正重视，是因为缺少精确范式分析报酬递增假设。随着罗默等人在经济活动的报酬递增领域的开创性贡献，报酬递增的正式分析工具越来越多地被主流经济学界应用到许多原本被忽视的经济现象的分析中，克鲁格曼把空间经济思想引入正式的经济分析即是其中一例。克鲁格曼的产业群模型是基于以下事实：企业和产业一般倾向于在特定区位空间集中，不同群体和不同的相关活动又倾向于集结在不同的地方，空间差异在某种程度上与产业专业化有关。这种同时存在的空间产业集聚和区域专业化的现象，是在城市和区域经济分析中被广泛接受的报酬递增原则的基础。当企业和劳动力集聚在一起以获得更高的要素回报时，本地化的规模报酬递增为产业群的形成提供了理论基础。本地化的规模报酬递增和空间距离所带来的交易成本之间的平衡，被用来解释现实中所观察到的各种等级化的空间产业格局的发展。克鲁格曼设计了一个模型，假设工业生产具有规模报酬递增的特点，而农业生产规模报酬不变，在一个区域内，工业生产活动的空间格局演化的最终结果将会是集聚。这从理论上证明了工业活动倾向于空间集聚的一般性趋势，并阐明由于外在环境如贸易保护、地理分割等的限制，产业区集聚的空间格局可以是多样的，特殊的历史事件将会在产业区形成的过程中产生巨大的影响力。现实中产业区的形成是具有路径依赖的，而且产业空间集聚一旦建立起来，就倾向于自我延续下去。克鲁格曼的模型为产业政策扶持提供了理论依据，使产业政策有可能成为产业集聚诞生和不断自我强化的促成因素。

六　迈克尔·波特的"钻石理论"

美国哈佛商学院的迈克尔·波特教授及其同事利用 5 年的时间，在调查了 10 个国家和一些地区的基础上，完成了其论著《国家竞争优势》。在书中，波特提出了国家竞争优势的"钻石模型"（Diamond Model），其构架主要由四个基本的因素（要素条件，需求条件，相关及支撑产业，企业战略、结构与竞争）和两个附加要素（机遇和政府）组成。在竞争优势理论中，波特强调各个要素发挥作用时，是一个系统性机制的变化，国内竞争压力和地理集中使得整个"钻石"构架成为一个系统。国内市场竞争的压力可以提高国内其他竞争者的创新能力，而地理集中使四个基本因素整合为一个整体，从而更容易相互作用和协调提高。波特在其竞争优势理论中指出，国家竞争优势的获得，关键在于产业的竞争，而产业的发展往往是在国内几个区域内形成有竞争力的产业集群。形成产业集群的区域往往从三个方面影响竞争：首先是提高该区域企业的生产率；其次是指明创新力方向和提高创新速率；第三是促进新企业的建立，从而扩大和加强集群本身。

七　交易费用理论的拓展

产业集群是一种特殊的社会组织形式，它由众多的企业组成，地理位置邻近，企业之间的关系不是一种纯粹的市场关系，彼此之间因为长期的正式的合作以及非正式交流而相互信任，这部分抵消了纯粹市场关系中的机会主义和未来不确定性，减少了风险。产业集群通过专业化的分工、协作，在产业群内形成等级或垂直一体化的企业网或企业链，作为大型企业的封闭式的纵向一体化组织形式的替代，只是更加方便和快速。分工和专业化使技术、工艺得到完善，分工、协作提供的网络化服务使技术创新构思的实现成为可能，使新产品的商业化周期缩短。虽然产业群中的企业、机构间交往频繁，但产业群内企业的交往不是完全的市场关系，地理位置的邻近和交往的频繁不但不会增加交易费用，反而会因为面对面的交流和沟通而增加彼此的信任，获取更多的信息。

产业集群这种组织形式不仅存在运费和信息交流上的好处，更重要的是它节约了交易费用。产业集群交易费用的"内化"是相对于产业集群外部而言的，这有别于科斯和威廉姆森所指的交易费用"内化"。威廉姆森交易费用"内化"的推论是建立纵向一体化的大企业在企业内部进行专业化分工；产业集群恰恰是利用众多中小企业的集聚和在产业群中的分工达到节约交易费用的目的,产业集群中的大企业要获得活力和发展也要采取开放的态度融入产业集群的企业网的分工协作之中,而不是封闭式的纵向一体化。产业集群中的企业寻找零件、中间产品以及相关服务非常方便、快捷、可靠,节约了许多寻找合作伙伴、谈判、讨价还价的费用。当然,产业集群交易费用的减少是建立在产业集群内企业、机构之间彼此信任的基础之上的。因分工内生演进所造成的专业化经济与交易费用之间的两难选择一直是困扰经济学家的难题,而产业集群这种经济组织形式较好地解决了因分工内生演进所造成的专业化经济与交易费用之间的两难选择,并且提供了一种有效率的交易层系、市场结构和制度安排。

4.2 欧盟产业集聚概况

产业集聚是区域竞争优势的源泉,已成为发达国家、发达地区产业成长的一个显著特征。产业集聚的本质是外部经济,这一外部经济的主要来源有劳动市场的共享、专业性附属行业的创造和技术外溢。产业集聚可以减少环境的不确定性,有利于知识和技术的传播与扩散,形成创业空间集聚的正反馈效应,已经成为区域参与全球竞争的重要力量。

欧盟是全球产业集聚最显著也最发达的地区之一,产业集聚不仅对欧盟经济实力的进一步加强发挥了极为重要的作用,也是各成员国的重要经济增长极。

在当今世界上,许多国家都把产业集聚(群)作为推动经济增长的重要举措。国外有些学者的研究表明,城市的产业集聚与区域经济增长之间有着紧密的联系,一般地说,它们是成正比例关系变化的。正因为如此,加快发展产业集聚,提高国民收入水平，已经成为世界性的课题。欧盟国家在发展产业集聚方面采取了积极措施，在产业集聚区形成与管理方面取得了明显成效，因此了解欧盟的产业集聚的现状与框架，将使我们得到有益的启示。

积极发展和形成产业集聚是欧盟经济中的重要特点，也是欧盟经济充满活力的原因和实现可持续发展的源泉。为了更好地实现产业集群的发展，逐步实行规范化的管理，欧盟委员会提出了欧盟成员国采用欧盟的统一标准来划分中小企业的建议。这个标准将欧洲的企业规模划分为五种类型："自雇企业"，即无雇用员工的企业；"非常小的企业"，即雇用员工 1—9 人的企业；"小企业"，即雇用员工 10—49 人的企业；"中型企业"，即雇用员工 50—249 人的企业；"大型企业"，即雇用员工 250 人以上的企业。这个标准比较好地反映了欧盟中小企业的共同特征，容易得到欧盟各成员国的普遍认同，因而，愈益成为研究欧洲中小企业分类的最权威的参数。同时，不同规模的中小企业集聚在一起又合作又竞争，为区域经济的发展提供了有力的支撑。

综观欧盟国家产业集群发展的情况，主要有以下特点：欧盟国家的中小企业在所有企业中所占比重很大；欧盟国家的产业集聚区对经济增长的贡献很大；欧盟国家的产业集聚区在科技进步中的作用很突出。欧盟扶持中小企业发展的总体政策，主要体现在马德里首脑会议通过的《欧盟中小企业白皮书》中，其核心在于鼓励中小企业实行技术创新，为中小企业创造良好的融资机制和发展环境。具体地说，包括改善融资环境、创设制度环境、促进技术创新以及提供信息服务等。

4.2.1 德国装备制造产业集群

德国 1/7 从业人员与汽车业相关。汽车及配件制造是德国经济的主要支柱之一。欧洲没有一个国家像德国那样集中了如此多的汽车制造商，本土年产汽车达到 500 多万辆，德国汽车生产商年生产汽车近 1000 万辆；德国是继美国和日本之后的世界第三大汽车生产国，汇集了宝马、奔驰、保时捷、奥迪等众多品牌。正如德国汽车工业协会主席伯恩德戈特沙尔克所说："汽车工业已经成为德国国民经济的基础产业、关键产业，是德国的经济支柱。"德国经济的发展在很大程度上依赖于汽车业的好坏。如果按销售额计算，汽车业是德国头号产业，2004 年德国汽车业实现销售额 2340 亿欧元，占德国国内工业生产总产值的 1/60，给 77 万人提供了就业岗位，是继机械装备制造和电气工业之后的第三大雇主；还有大约 140 万人在与汽车有关的配件供应业工作，另有约 300 万人从事汽车销售、修理保养和其他与汽车有关的服务，如果全部加起来，总人数达到 500 万。也就是说，德国每 7 个从业人员中就有 1 个与汽车业有直接或间接关系。

中小企业领衔机器及装备制造业。机器及装备制造业除了曼公司、蒂森克虏伯、林德等公司外，大多是由众多中小型家族式企业构成，近 6000 家中小企业平均雇佣员工 140 人，年均销售额 2000 万欧元。这些家族企业都是高度专业化、技术领先的企业，德国机器制造业协会调查显示，其中，20% 的中小企业是世界市场的引领者，有一半企业居前五名。

电气制造业大企业辐射作用突出。电气制造是继汽车业销售额之后的第二大行业，是继机器装备制造业就业人数之后的第二大行业。电气行业内居支配地位的是一些大型企业，包括西门子、阿尔斯通、博世、菲利浦和 ABB 等国际公司，它们主要集中在德国南部。

新兴产业呈八仙过海之势。用增加就业岗位指标来衡量，目前制药业、医疗设备、物流管理、研发和航空航天业在德国许多地区已经呈现出良好的发展势头。在斯图加特及周边地区汇集了从基础理论研究到应用开发，从产品生产到物流管理的产业链，这在世界范围内都是少有的，加上高素质的员工队伍，必将极大地提高该地区及德国在国际上的竞争力。

信息技术及软件产业集聚了一批国内外知名企业。微软、IBM、惠普、苹果和富士通及德国本土的西门子、SAP、Software AG 等公司分布在斯图加特、慕尼黑、莱茵内卡、卡尔斯鲁厄、达姆斯达特—施塔肯伯格、科隆—波恩、汉诺威及柏林和汉堡。IBM 和惠普都在斯图加特设立了德国公司。IBM 在德国拥有两万多名员工，仅在斯图加特地区的 IBM 研发机构就有员工 2500 名，是美国本土以外最大的研发中心；惠普早在 1959 年就在斯图加特成立了其在欧洲的第一家公司，将德国作为其海外发展的据点。

4.2.2　意大利产业集群

意大利有"中小企业王国"之称，它在国际市场上成功的产业是以中小企业为主力的。意大利发展中小企业的模式——集群网络模式被日本学者誉为"新世纪工业发展模式之一"。

意大利是个经济大国，2006 年国内生产总值，仅次于美国、日本、德国、中国、英国及法国，世界排位第七。这其中中小企业的贡献非常大。意大利经济是出口依存型和进口依存型并存，出口创造了国内生产总值（GDP）的 15%，意大利出口产品绝大部分是由中小企业生产的，中小企业出口额占意大利总出口额的 56%。如果考虑职工人数在 20 人以下无法统计的零星企业出口，那么纺织品的 90%、服装的 80%、鞋和皮鞋制品的 90%、木器及家具的 95% 的出口额是中小企业创造出来的。意大利小企业不仅是出口产品的主力军，也是吸纳社会就业的主要部门。

　　意大利中小企业发挥着如此重要的作用，是与其发展特色分不开的。意大利中小企业的特色是地域同业的中小企业集群网络，被称为"第三意大利"现象。"第三意大利"的企业以中小企业为主，主要从事纺织、家居产业如器具和装饰品、个人用品产业如珠宝与钢笔、食品和饮料如罐头与葡萄酒、五金产品以及特殊原料的生产业等。根据"伦巴第指数最佳中小企业评估"结果，2000 年度营业额在 1000 万欧元至 3.35 亿欧元之间的意大利中小企业有 1200 多家。排在前 250 位的中小企业的营业收入和利润都呈快速增长，其中毛利率均在 3.5% 以上，净利润率则在 2% 以上。中小企业不仅在本地区的生产与贸易方面占有优势，而且其特色产品的出口在世界范围内也具有绝对优势。

　　究其实质就是中小企业的有序网络分布。所谓集群网络是指以地域（往往是都市城镇）为中心，大量同业中小企业集中分布所形成的网状式集合。意大利产业的地理集中性非常显著，一种产业上百家厂商齐聚同一城镇的现象是很常见的。但这种集群网络不是中小企业的简单聚合，而是由大量具有共同性和互补性的中小企业有机体构成的，它形成对经济景气状况变化具有弹性的经济体系，被称为"可伸缩性的专业化"。集群网络中通常包括制造商、供应商和客户以及提供支持和服务的大学、研究机构、中介机构等。

　　根据意大利统计局的评判标准，全意大利专业集群地有 199 个，主要集中在北部、中部和亚得里亚海沿岸。在北部和中部，以一些中小市镇甚至村落为中心，为数众多从事丝绸、纺织及服装、玻璃制品、陶瓷面砖等生产的传统产业星罗棋布。

　　意大利中小企业集群网络是在传统的手工业基础上发展形成的。其集群网络模式主要有普拉特模式、佩扎罗模式和百能顿模式。

1. 普拉特模式

普拉特是意大利主要的纺织品产地之一。第二次世界大战以后，在1944—1948年间，普拉特地区的生产急速扩大，就业人员从1000多人上升到2.2万人，出现了生产过剩，并且在东欧和日本产品的价格竞争下，很多具有一定规模的企业纷纷失败。此时，普拉特的企业家们采取了积极的对策，把企业化大为小，解雇工人，并以机械和工具作价支付工人的工资和辞退金，鼓励这些辞退工人利用旧机械设备创办家庭工业。这样，生产组织形式就从原来的垂直统合型向分散型转变。虽然，当时这种转变也引起了不少质量问题，但是，整个地域作为一个毛纺织品产地对经济环境变化的适应性增强了，企业之间构成了以地域为基础的小企业网络，逐渐形成了关联中小企业群体的集群。在这种集群情况下，由于小企业生产和家庭生活连成一体，当订货增加时，家庭成员转化为工人，企业的职工人数和工作时间自动增加；反之，当订货减少时，企业职工又恢复为家庭成员，因而形成了一个富有弹性的生产体系，又称为"普拉特模式"。

2. 佩扎罗模式

佩扎罗位于意大利中部濒临亚得里亚海的马尔凯大区。在历史上，马尔凯大区是意大利工业落后地区之一。自20世纪50年代开始，马尔凯大区的工业出现持续发展，成为一个拥有500多个网状中小企业群的大工业区。马尔凯大区工业生产带有明显的专业化特点。佩扎罗以木器家具业和皮革制鞋业最为突出。佩扎罗家具生产企业采用的是一种"零部件规模经济"形式，一般是小批量生产，有时甚至是单件产品订货，所以它们往往与多家半成品加工企业建立供求关系。半成品加工企业是随时随地可利用的外部生产能力，所以家具生产企业与它们之间的合作不是长期固定的，每一项合作都要进行谈判。佩扎罗的家具生产企业以

"时髦"为市场战略重点，其产品样式多而新，使用寿命短，能适应市场最新的特殊需求，在很大程度上具有时装业的特点。在对市场的追求力一面，佩扎罗家具生产厂家注重不断开辟新的市场。由于产品更新换代快，生产厂家把"时间就是金钱"作为信条，开设了星罗棋布的销售点。

3. 百能顿模式

百能顿是一个巨型服装公司，它的产品被称为服装业的"快餐"。其实，这家号称世界级大公司的企业，也仅仅拥有雇员两三千人，却年产六七万件服装，这主要是依靠广大的中小企业。20 世纪 90 年代初，围绕百能顿公司运作的中小企业，仅在意大利就有 500 多家，工人少说也有 3 万，公司 80% 的产品是由中小企业完成的。百能顿公司只掌握和从事关键性的工序。首先是款式设计。公司总部设有一个研究开发处，专门研究款式和色彩。从事这一方面工作的人占全集团职工的 5%，这一比例之高，不仅在服装业独一无二，而且在一些产品革新速度快的其他部门也少有。公司直接控制电脑裁剪、洗染以及质量检验等。它还负责产品征求订货以及组织加工制作、进行运输销售，而周围的小企业一般只按照它的要求进行某一种产品或某一道工序的加工。这样做，不仅使百能顿大大节约了投资，充分利用了中小企业的生产能力，而且还使它在一定程度上吸收了中小企业伸缩性强、善于应变的长处。

意大利中小企业网络集群竞争优势的形成得益于内部和外部两方面因素。内部因素指的是集群内企业之间相互竞争协作的关系，其结果是范围经济；外部因素则依赖区域产业网络所创造的有利的企业发展环境。

1. 终端企业群和中间企业群的功能分工

意大利中小企业网络集群中存在两个起主导作用的企业群

体，即终端企业群和中间企业群。终端企业群是指向集群地以外的市场提供产品的经营者，而中间企业群是指向终端企业群提供中间制品和服务，并不直接向集群地以外的市场直接提供产品的经营者。终端企业不一定拥有生产过程的所有设备，但拥有设计产品、制定生产计划、安排生产工艺、检验产品质量的能力，可根据产品的加工工艺选择和组织中小企业，把大部分加工工作分包给它们，自己负责监督和检验分包企业的加工质量。他们通过产品加工工艺把中间企业组织起来，因此被称为"集群地的生产组织者"，同时，它们又穿梭在中间企业和市场之间，所以又被称为"协调者"。典型的终端企业自己没有设备，主要从事产品设计、营销策划和组织生产工艺的工作，内容包括区分市场需求，寻找有市场需求的新概念和方向，制定商品计划；构筑市场营销渠道，制定市场战略；安排生产工艺，采购原材料，按工艺组织中间企业进行生产等。

中间企业是专业化生产者，是产品生产过程中一个小规模经营者，是产品生产过程中一个专业化工序的承担者。它在自己的工艺范围内不断革新技术，开发新技术，以适应市场的要求。每一个产品加工工艺都存在着大量的中间企业，它们作为独立的经济实体各自有一定的差别性，具有各自的技术特征。大量的中间企业集合构成了中间企业群体，使得整个集群地可以提供多样的技术、技能，可以适应高度变化的市场需要。虽然中间企业不直接与市场接触，但由于终端企业的中介作用，其技术进步能跟上市场需求的变化。另外，中间企业不用采购原材料，所以风险降到了最低程度，再加上企业规模很小，固定成本低，经营比较稳定，从而使整个集群地成为"可伸缩性的专业化"产地。

所以意大利的企业虽小，却是高度专业化的，而且能够在精通的领域内超越规模经济的限制，并具备配合市场需求随时调整产能、变更产品种类的高度应变能力。意大利产业正是凭借高度的市场细分、专业化，发展出差异化的产品，形成自己的竞争优势的。

2. 与相关和支持性产业的良性互动

首先，生产活动带动服务中介的大量产生。例如，在纺织和服务的集群地，有大量纺织和服装设计所和设计咨询组织、专门销售图案的设计所和为生产企业提供图案设计咨询服务的机构等。此外，还有会计、法律、经营管理、市场调查、国际贸易、职工培训等服务机构。

如在艾米利亚—罗马格纳（Emilia-Romagan）纺织业集聚区，共有六类服务中心：自动挖掘机械中心、陶瓷中心、建筑工业中心、制鞋服务中心、农业机械服务中心、纺织服装服务中心。这六个服务中心拥有在职技术和顾问人员 100 余名，会员企业几百家。此外还有会计、法律、经营管理、市场调查、国际贸易、职工培训等服务机构。而且，区域内的企业合作组织和高效的商业协会促进了海外市场的开拓、研究以及知识与信息的传播。

其次，相关制造业群体。一种产业不可能孤立存在，而是与相关联的上游和下游产业有着密切的联系，集群的地理集中性使得上游供应商能对客户提供最佳、最迅速的服务。同样，任何新的机械设备与专业元件或材料，也是由本地客户试用，而激烈的竞争更形成客户采购价格的优势。意大利人最拿手的领域是瓷砖、鞋类等最终消费品，这些在国际上有着强大竞争力的产业，也带出世界级的专业元件与机械产业。例如，在普拉特和皮埃拉两个纺织品集群地，同时有许多纺织机械厂商。纺织机械厂商和纺织生产企业紧密联系，及时交流信息，促进了专业集群地的形成。

3. 集群内企业间的竞争与协调

由于外部市场的压力，地域集群内企业竞争相当激烈，同时，齐聚一地、比邻而居的压力使商业活动成了个人表现的指标，出现了因私人较劲而助长市场竞争热度的情形。但是，这种企业之间的竞争最终创造了各自的市场营销特色，促成了产业的不断创新与专业化，成就了产品的差别化。这样，整个集群就具有高度多样化的产品供给能力，这种能力赋予它独特的功能，提高了整个地域集群参与外部竞争的能力。虽然中间企业之间的竞争相当激烈，但是这种竞争是建立在专业化分工基础上的，大多是业务上的上、下游关系，是在竞争中协调，又在协调中竞争，其结果推动了中间企业发展形成自己独特的技术，提高了地域集群的技术水平和多样性。

4. 技术创新在企业间不断扩散的机制

这是维持产业区竞争力的重要环节。这种扩散的知识并非仅仅是从书本中或专业培训中获得的"编码化的知识"，而是从产品开发和生产实践中获得的能够切实提高劳动生产率或产品性能的"隐含经验类知识"，如新的产品、新的生产加工技术和新的产业组织形式。在集群内相对封闭的环境中，企业出于对本集群专业产品和整体形象的广泛认同，自发形成了有效的技术创新扩散机制，而企业间普遍存在的"非正式联系"为技术扩散创造了客观条件。集群内企业已经承认这样一个事实，即自身经济利益的实现是建立在市场对集群专业产品的整体认同基础上的，只有在集群内企业普遍提高产品质量及服务水准的情况下，市场对集群所生产产品的认同才会提高，这种技术创新扩散机制解决了中小企业技术开发能力不足的现实问题。

5. 健全有效的社会化服务系统的支持

所谓"社会化服务系统"，包括工业联合会、小企业联合会、手工业联合会、商业联合会、服务业联合会以及各种地区协会和行业协会；包括对外贸易协会、各地商会；包括中小企业发育成长的各类服务机构，如企业家精神促进社、企业服务中心、科学技术园区、企业"孵化器"、企业网络服务机构、技术发展中心、创新中心、维护和鉴定中心等等；还包括大学和研究机构、政府有关部门、驻外大使馆经济商务处、中央银行、地方银行、SIMEST 等风险投资公司，以及其他为中小企业提供融资、担保、咨询、数据、商情信息、法律等服务的机构和企业。总之，这是一个全方位服务于中小企业生产上、中、下游的系统，它保障了意大利中小企业的发展与成功。

6. 集群内企业和生活空间相对集中

地域集群内的种种小企业在空间上相对集中，业主和职工的生活空间基本上是在一个地域内，因而产业和生活共同构成地域社区。这样，地域集群内的各种角色，无时不在以各种方式交流技术和市场等信息。此外，小企业不仅在业务上分工协作，而且共同生活在一个社区，日常交往非常密切，自然建立了一种淳朴的信赖关系。

7. 家族企业的经营模式以及强烈的乡土意识

家族势力的扩张使企业与供应商、相关企业连接起来。从现代化的角度看，意大利并不能称为真正的国家，或许说它是许多城镇的组合体则更贴切（意大利的前身就是城邦国家）；意大利人对国家的认同感远不及对家乡的热爱。客户与供应商多半有多年的交情，往往因为双方默契良好，许多交易常是一拍即合。集群所属地区因此成为一个自给自足、相互强化的经济体系。

8. 专、精的生产方式和差异化的产品

"第三意大利"的各个企业以多品种、小批量的"后福特制"（Post-Fordism）的生产方式代替了少品种、多数量的"福特制"（Fordism），并按照多变的市场需求，采用先进的生产与监测技术，快速及时地组织生产，同时注重产品的质量和特色，做到技术先进，专业化程度高。比如，它的丝绸印染技术独树一帜，不仅花色品种达数百种，而且不褪色，再加上有一批世界知名的时装设计大师，致使意大利时装风靡全球。产业集聚的发展都会遇到过度竞争的问题，由于产业的同质性，生产企业的管理水平、技术能力和人员素质都呈现出相同或相近的局限，企业在一个较窄小的范围内的选择必然会造成相关产品短时期内迅速扩张，形成过度竞争。这个问题怎么解决？据介绍，20 世纪 80 年代，萨斯索罗的瓷砖企业有 350 多家，生产能力出现过剩，导致企业主之间密集而激烈的竞争。密集竞争的客观现实和持续发展的内在要求迫使这个产业进行创新。他们从烧制方法上进行创新，创造了一次烧制法；从产品设计上进行创新，请一流的设计师设计出各种场所需求的产品；从组织方式上进行创新，把流程进一步细分，使其更加专业化。为了满足不同消费者的需要，他们不断地寻找新的构想以吸引挑剔的消费者。十分重视设计也是意大利产业集聚区域差异化竞争的一大体现，从服装、珠宝到玻璃制品、家具、建筑等在设计上都具有很强的竞争能力。而且独特的设计融入了意大利民族优雅、富于激情和浪漫的历史文化特质，强化了相关产业的竞争能力。

　　9. 先进的职业技术培训制度

　　意大利有着很深厚的历史文化底蕴，它是欧洲文艺复兴和人文主义运动的发源地，有文艺复兴时期最杰出的画家达·芬奇、雕塑家米开朗琪罗、作家薄伽丘和但丁等等，但是意大利没有世界名牌大学，相反一些职业技术学院倒是很有名。意大利产品能够立足国际市场与其劳工素质有很大的关系。意大利基础教育是全免费的，学校的基础教育比较先进，特别是高中阶段教育为他们奠定了良好的基础。在职业教育方面更是精心设计，比如服装专业的学生首先要学习人体解剖学，从研究人体的骨骼结构开始学起。职业教育的独到之处还在于使产业知识和技术发展高度专业化，学生走出校门就能够熟练掌握如纺织、服装、瓷砖制作等企业需要的专业知识。更重要的是厂商对职业技术院校特别青睐，所给予的资金上的赞助和技术上的支持要比政府多得多，这样互动式的发展，造就了意大利名牌技术院校。

意大利的中小企业集聚与中国星罗棋布的"块状经济"在企业规模、产业类型以及产业文化等方面存在较多的相似之处，深入研究"第三意大利现象"无疑对中国传统产业的集聚发展有相当的参考、借鉴作用。

4.2.3　英国的金融业、生物技术及剑桥地区产业集群

一　英国金融业产业集群

（一）英国金融服务业产业集群的发展状况

20 世纪中期以后，英国的金融服务业发展十分迅速。1986—1998 年期间，金融服务业在 GDP 中的比重由 21.7% 提高到 27.6%，而制造业的比重由 24.8% 降到 19.7%；金融服务业的就业比重由 13% 上升到 18.2%，制造业的就业比重由 23% 降为 17.1%。英国金融服务业分工很齐全，已经形成十分发达的金融服务业产业体系。英国金融服务业分成 8 大产业，30 个亚类，从事金融业的公司总共有 12228 家（见表 4—3）。

纳瑞士（Naresh）等人将英国分成 14 个大区，分析了全国金融业的分布状况（见表 4—4）。英国金融业表现出高度集聚的分布：大伦敦地区集中了 64% 的金融企业，其中大伦敦区占 44%，西南区占 12%，伦敦西北区占 8%，伦敦是最大的金融中心。其次是东南地区，其金融业占全国的 14%，该地区的金融

中心有伯明翰、布雷斯托尔、爱丁堡、格拉斯哥和曼彻斯特。

表 4—3 英国金融业的产业分布

金融业亚类	银行业	非银行金融业	信用业	人寿保险业	非人寿保险业	金融辅助业	保险辅助业	证券市场业	总计
厂商数	424	1240	4777	3331	467	334	1030	616	12228

表 4—4 英国金融服务业的分布状况

地区	北部区	约克区	东部中间区	东米德兰	伦敦西北区	东南区	大伦敦区	西南区	西部中间区	西北区	北威尔士区	南威尔士区	南苏格兰区	北苏格兰区	总计
公司数	223	565	330	254	707	1740	5430	640	666	843	31	170	579	51	12228

从产业集群的角度来看，英国的金融业已经形成了三大类型产业集群：以大伦敦区为中心的金融产业集群，它是最大的金融业集群；以南苏格兰区为中心的金融业集群和以西北区为中心的金融业集群。Markusen 将产业集群分成四类：马歇尔新产业区、核心与辐射区、卫星平台区和依靠政府组织区。依据这种产业集群分类法，英国的三大金融产业集群分别属于不同的类型。南苏格兰区金融产业集群属于卫星产业平台型的产业集群。这个地区产业发展的历史较短，直到 1970 年该地区金融业几乎是空白。1970 年以后政府开始鼓励该地区金融业的发展，对当地的金融产业实行了许多优惠政策。从此伦敦等地区的许多金融巨头纷纷到这里开展业务，为当地的经济发展服务。该产业集群内部以少数的几个大企业为主导，这些大企业主要侧重于自身的发展，为当地的经济发展提供金融服务。产业集群的联系表现为垂直联

系，即金融企业内部上下级之间的联系为主，而企业之间的联系较少。南苏格兰区金融产业集群属于核心与辐射型产业集群，它的核心企业主要有大银行和保险公司，如苏格兰皇家银行集团（The Royal Bank of Scotland Group），苏格兰哈里法克斯银行（HBOS），骏懋银行（Lloyds TSB），苏格兰和克莱兹代尔银行（Scotland and Clydesdale Bank），标准人寿（Standard Life）和苏格兰公平公司（Scottish Equiable）等大银行。这些金融机构主要服务于当地的小银行和为企业的管理业务提供资金。集群内部企业之间的高级人员流动频繁，企业之间的联系复杂。大伦敦区金融产业集群也属于典型的核心与辐射集群。伦敦主要集中了大型的银行，大量的跨国银行总部和英国几乎所有的大银行总部都位于伦敦。产业集群的集聚效益十分显著，同时，企业的规模效益也发挥得很充分。伦敦地区产业的门类齐全，几乎拥有所有的金融产业类型。企业之间人才流动性大，专业人才丰富，这既为企业的发展提供了人才，同时为企业之间的默会知识交流提供了条件，因此，伦敦地区的金融创新活动十分活跃。

（二）英国金融业产业集群的动力机制与因素

在英国金融产业集群中，良性反馈机制对产业集群的形成和发展起着关键的作用。由于集群内部企业与孤立的企业比较起来在供给和需求方面有较好的集聚经济和外部经济的作用，因此促进了集群内部新进入厂商的增加，并吸引着新厂商的进入。新厂商的进入和增加又增强了集群的实力，从而进一步加速厂商的进入和增加，直到集群达到最佳规模。另外，其他因素也会促进产业集群的形成，如集群内部厂商有较高生产率和较高创新率也会促进产业集群的形成。值得一提的是，集群内良性反馈的发展不是无限地发展下去的，当集群的规模达到一定的饱和点以后，过于拥挤和过度竞争将会减少厂商的进入和集群内部企业实力的增长。

英国金融服务业集聚的因素概括起来大致有以下几个方面：

1. 固定因素。首先，这三个产业集群拥有许多促进金融产业集聚固定的因素，它们包括产业集群的所在地拥有一流的大剧院、餐馆、历史古迹、学校等等。这些都是从事金融服务业人员的家庭非常需要的设施。其次，有全球共同使用的语言优势和独特的区位优势也是英国金融产业集群发展的重要因素（伦敦与纽约、东京等金融中心的时区相互错开，它与纽约、东京之间的时区间隔分别是5、9，交易时间正好相互错开，相互补充）。第三，这三个地方经济发达，资金的流量非常大，特别是伦敦区靠近中央银行和证券交易市场。

2. 供给因素。金融产业集群堪称专业劳动力的"蓄水池"，能及时为金融公司的发展输送大量、高素质的劳动力。这是伦敦、纽约、法兰克福等金融中心能够吸引商业银行和投资银行的共同原因。特别是由于金融业的技能在很大程度上是由多方共同参与完成的（如欧元的交易知识是在更高级的交易员的监督下实现的），因此，产业集聚是许多金融产业发展的必要条件。而且金融业的创新步伐加快，交易中的默会知识（Tacit Knowledge）增加，交易往往需要在面对面的情况下完成。相反小的金融公司，比如金融公司的分支机构、独立保险人员的业务比较简单，不需要太多的默会知识和大量的专业劳动力，因此，这些机构和个人往往坐落在金融中心之外。

供给因素的另一方面是金融业可以支持产业的发展。由于金融产业需要大量相关产业的支持，如会计、法律、管理咨询业、精算业、计算机的软件和硬件、广告和市场调研、人才招聘、教育、金融出版业等等，金融中心金融业的集聚促进、支持了产业的产生与发展。反过来，支持产业的发展也促进了产业集群的发展，即改善信息流动、提高效率、增加流动性。

3. 需求因素。最重要的需求因素是坐落在金融中心能够提高公司的声誉和形象。由于社会对坐落于一些金融中心的企业具有认同感，该区域的企业能够被人们所接受，这是一些企业向集群集中的重要原因。第二个需求因素是产业集群能够减弱信息不对称，从而减少逆向选择和道德风险的发生。

4. 金融业发展趋势与产业集聚

现代金融业的发展趋势表现为政府减少管制、技术变化加快和金融全球化。这三个因素加剧了企业的竞争，提高了企业利用集聚利益的动力。20世纪70年代以前，英国金融业是严格分业经营和分业管制的，由于严格的行业管制限制，企业如要进入，制度壁垒、经济壁垒、技术壁垒都很高。金融业的企业数目较少，产业内部的竞争程度相对较低。20世纪80年代以后，金融业兴起了大规模的减少管制活动。1986年英国的金融服务法和建筑协会法放开了各类金融公司的经营范围，金融自由化迅速发展。首先，各类金融企业的边界模糊了。银行开始进入证券行业，建筑协会开始提供资金和保险业务。由于企业从事多种金融产业，很难分清一个公司从事哪一类金融业务。其次，同种类型企业之间的差异逐渐扩大。比如小型建筑协会继续从事传统的抵押业务，而大型的建筑协会则从事多样的业务，如进入房地产代理服务、保险服务。第三，由于进入壁垒的降低，非金融业的其他行业的企业也开始进入金融行业，如超市业。

金融业的技术创新速度加快，对产业集群发展的作用越来越大。新的金融工具、金融市场、金融技术层出不穷。首先，金融期货、金融项目、金融替代物等衍生物日益繁多。这些工具为控制金融市场不稳定性提供了方法，拓宽了企业的管理手段。其次，初级和次级抵押业的出现。金融业的技术创新增加了交易的种类，提高了市场的流动性，为产业集聚提供了条件。

5. 金融业集聚的负面因素

这些因素包括集群内部成本较高、交通拥挤、政府政策缺乏协调性。伦敦地区高昂的地价、工资和办公费用是金融企业普遍反映的问题，是一些金融公司迁出伦敦，前往中小城市的最重要原因。市内交通拥挤，对外交通联系有时受阻（包括英国同欧洲大陆的交通联系不及其他欧盟国家）是伦敦金融业集聚的阻力之一。另外，政府的政策规制也是影响产业集聚的重要因素，如政府的各项政策缺乏一致性，多项税收制度不统一等等。

二 英国生物技术产业集群

英国的生物技术产业仅次于美国，居世界第二，在欧洲处于领先地位，在英国国民经济中占有重要地位。其生物技术产业涉及制药、农业和食品等领域，占英国行业产出、就业和出口收入的1/4。截至2000年，英国生物技术产品的世界市场份额达到700亿英镑，生物技术产品的销售额达到90亿英镑。目前已拥有270家生物技术中小企业，欧洲1/3的生物技术公司位于英国。此外，英国专业生物技术公司还在不断衍生。1999年专业生物技术公司比1994年增长近一倍，就业人数也翻了一番，呈现快速发展趋势。

英国生物技术产业的发展有其历史文化因素，同时，在发展演进过程中形成的集群模式是其成功的重要因素。生物技术企业集群的形成与发展为英国生物技术产业的发展提供了平台，使得生物技术成果的商业化方便、快捷。同时，生物技术企业集群为生物技术的研究提供了现实的课题来源，推动了生物技术基础研究的开展与生物技术产业的提升。因此，要动态地把握英国生物技术产业发展的经验，为中国高新技术产业，尤其是生物技术产业的发展提供借鉴，就必须对英国生物技术企业集群发展的支撑体系和影响其进一步发展的因素进行研究。

（一）英国生物技术企业集群形成与发展的支撑体系

英国生物技术产业依托企业集群模式，取得了骄人业绩并呈现出快速发展的趋势。促使英国生物技术企业集群成功的因素主要有：

1. 坚实的科学基础研究是生物技术集群形成和发展的重要因素

英国的人口仅占世界的 1%，但科技投入则占世界的 4.5%，科学论文的产出占世界总量的 8%，论文的引用占世界的 9%。

英国在生物技术领域，尤其在生命科学领域具有核心竞争力，而生命科学又是生物技术产业的科学基础。在生命科学研究领域，英国已经获得了 20 多个诺贝尔奖，有着 DNA 双螺旋结构、DNA 指纹技术、抗体工程、单克隆抗体构造等划时代成果，拥有剑桥生物科学公司和重组 DNA 工厂等闻名于世的企业。这些都为生物技术企业集群的形成和发展奠定了坚实的基础。

2. 生物技术领域的创新体系比较完善

英国生物技术的发展有其内在历史原因，这同国家创新体系相联系，难以被复制。一方面，国家政策的支持和资金扶持，使得创新活动的开展有保障；另一方面，相关机构的积极参与和相关产业的相互促进，带动了整个生物技术领域的发展。例如，英国制药业的发展得益于 NHS 的稳定需求、高质量的诊所实验以及药品价格管理体系等，这些都促进了 R&D 的投入，有利于制药业的发展。制药业的发展带动了生物技术的发展，因为制药业的发展，使得制药业公司有必要和有能力通过广泛的合作和金融支持，促进生物技术的发展。同时，制药业跨地区兼并能力也不断增强，对相关生物技术的投入加大。又因为生物技术是英国研究开发领域的强项，生物技术产品在保证英国提高其工业竞争力以及处于世界市场竞争的领导地位等方面正起着越来越重要的作用。因此，英国政府非常重视生物技术的创新。现有 500 万英镑的生物技术基金可供中小企业申请使用。此外，生物技术科学园在加强生物技术企业的孵化、培育和发展等方面也作出了很大的贡献。在英国科学园中，1998 年前只有三个生物技术方面的孵化器，而在 1998—1999 年的两年里就建立了五个生物技术孵化器。这对生物技术企业的培育、集聚和发展起到了推动作用，加快了生物技术企业的集群发展。

3. 投资体系完善，金融市场活跃

活跃的金融市场是英国生物技术产业快速发展的又一重要原因。伦敦是世界三大金融中心之一，这使得它可以同全球金融市场相联系，促进资本市场的纵深发展，资本市场更具流动性。英国具有较为完善的证券市场和银行体系。这对英国科学园中科技型中小企业来说有广泛的筹资渠道，以满足企业不同发展阶段的需要。一般的商业银行都设有对技术创新型企业的特殊服务项目，这些企业只需在当地商业银行咨询了解，就可以知道有哪些资金可以利用，并尽快解决资金问题。主要方式有：借贷资金、财产抵押资金、风险投资和其他渠道的投资，还包括欧盟对中小企业的投资计划。在这些资金来源中，风险基金起着极为重要的作用。英国有非常活跃而又成熟的风险投资机构，其风险资本投资额占欧洲的 42%。同时，伦敦股票交易市场放宽了发票规则，也刺激了风险投资机构的积极性，使生物技术产业成为该市场发展最快的行业。企业家一般都选择利用风险资金来启动、发展自己的企业。此外，英国风险投资行业发展也非常成功，在过去的 10 年中，已在生物技术领域累计投资 3.44 亿英镑。活跃的金融市场为生物技术企业集群注入了活力。

4. 健全的劳动力市场和具有竞争性的用人机制

生活的质量、秀丽的风景和国际化都市都是吸引国际人才的环境氛围，更重要的是英国具有一个比较健全的劳动力市场和用人机制，主要表现在以下方面：一是英国劳动力市场的开放性；二是低个人所得税，使其能够招聘到优秀人才；三是股权激励，这使其在过去几年里从美国吸引了很多生物技术人才回国工作。正因为英国独特的人才市场环境，生物技术人才集聚才成为可能，人才在区域集聚促进了生物技术企业集群的发展。

5. 生物技术产业链较为完备

生物技术产业是一个比较特殊的产业，它的产业链比较长，包括基础研究到应用基础研究、开发研究、生产、销售等。在英国所有这些产业链环节都比较健全和突出。英国雄厚的生命科学基础研究，使得创新性技术成果不断涌现。这又会促进基于技术成果的企业的衍生，同时还会推动与专业性技术成果相对应的企业集聚。英国有许多世界领先的生物技术研究机构，如桑格尔中心（The Sanger Centre）、罗斯林研究所（The Roslin Institute）和国际研究组织如欧洲生物信息协会等。而且政府重视生物技术发展，每年对生物技术研究的投入达到 6.5 亿英镑。此外，慈善团体英国维康信托（Wellcome Trust）基金、癌症研究协会和皇家癌症研究基金也提供了大量资金。政府和社会机构以及企业在生物技术领域各环节的研究和资金注入，促进了生物技术产业链各环节的不断优化，使从生物原料到生物中间体和最终产品都具有竞争力，极大地促进了生物技术企业集群的发展。

6. 中介机构的积极参与

专业化服务机构，例如生物协会、专利机构、律师、招聘和合适的顾问对集群内的公司是很重要的。专业化服务机构与集群内企业在地理空间上的临近对集群的发展具有推动作用，它可以为生物公司提供管理经验、政策咨询、合作机会和联系客户。例如，英国地方生物协会除了为地区的生物技术发展而采取系列措施外，还可以为公司、研究人员等的见面和信息交流提供机会。同时，对既定的有限公共资金来说，由生物协会来统筹运用，会提高资金利用的整体效率。

7. 政府政策扶持

生物技术产业是知识创新（应用基础研究）、技术创新（应用开发）、成果转化、规模化生产各个环节的整合，而这些环节都不是一个机构所能完成的。任何一个机构，包括作为产业化主体的企业，都不可能起到这种系统整合的作用，而必须发挥政府的组织协调功能。政府可以为集群的形成和发展创造条件，为生物技术创新活动的开展创造良好的宏观环境。在苏格兰、威尔士和北爱尔兰，还专门成立了新的部门去履行这些职责，这将使政府在促进生物集群的发展过程中起到更大的作用。例如，为解决企业在研发投入上不堪重负的问题，英国政府制定了针对医药企业研发投入的减税政策，不仅吸引了大型跨国公司在英国进行研发，还对中小型企业的发展有相当的促进作用，这在一定程度上对重振英国医药产业的竞争力起到了推动作用。此外，英国政府制定的 LINK 计划，自 1988 年以来已实施了 25 个有关生物技术方面的项目，投入总经费 2 亿美元。这些政策的实施，促进了生物技术的研发和生物技术成果的转化，在客观上推动了生物技术企业集群的发展。

（二）英国生物技术企业集群进一步发展的影响因素

英国的生物技术产业依托上述有利条件，经历了快速发展的阶段，但随着生物技术领域竞争的加剧以及英国生物技术部门一些内在因素，从长远角度看，英国的生物技术产业既有来自国内外的机遇，又面临着进一步发展的制约。

第一，进一步发展的有利因素分析。

1. 资金来源渠道进一步拓宽。英国政府鉴于近 20 年来对科研设施的投入不足，致使设备老化这一科研发展的障碍，推出了两项相关的基金计划：一为基础设施联合基金。此基金共 7.5 亿英镑，主要用于改善大学科研设备。二为科研投资基金。该基金由英国政府与威尔廉姆基金会联合出资 10 亿英镑，用于大学的基础设施现代化建设。这些基金的运用，将为生物技术研究注入新鲜血液，推动生物技术企业集群的发展。

2. 对生物技术研发进行战略调整。近年来，英国政府把生物技术作为未来几年科研发展重点领域之一，开展了健康、食品和农业方面的，跨越基础科学和应用科学的研究。其优先领域为：资助高质量的科学研究；建立功能基因组研究中心；建立结构生物学中心；促进生物学家和生命科学工程专家及物理学家之间的紧密合作，推动基础科学的发展。在医药方面，将在后基因组研究上集中力量进行战略投资，使知识领域的重要进展迅速、有效地转化为对医疗保健的改善。这些将有利于生物技术在基础领域的突破，从而带动生物技术产业和生物技术集群的发展。

3. 制药业的迅速发展和良好前景。生物制药业在英国有着极其重要的作用，它的发展为整个生物技术领域的发展与提升提供了后劲。英国的生物制药大公司，不仅 R&D 投入大，而且还派人进驻大学和科研部门协同进行技术开发。英国的生物医药领域发展迅速，它占国民收入的比例持续增长。英国已成为世界第二大药品出口国，占世界市场的 11.5%。在世界最畅销的 50 种药品中，由英国医药公司发现并研制的有 13 种。医药公司和整个医药行业的发展，使得它们有能力对生物技术研发加大投入，促进它们与相关生物技术公司的合作，催化了生物技术企业的衍生和生物技术集群的发展。

第二，发展的障碍因素分析。

在英国乃至整个欧洲，法规限制及资金问题，一直是英国和欧洲生物技术商业化程度无法与美国及日本相抗衡的原因。这些因素同样制约了英国生物技术集群的发展。

1. 有关政策限制因素。首先从政策方面看，以药品业为例，受 1999 年底政府修订药价调整方案和 2001 年废除维持再售价格（RPM）法规的影响，2000 年和 2001 年英国医药市场受到冲击，增长率下降至 5%。其次，作为欧盟成员国，由于受贸易条约的约束，以及政府部门和健康保险机构都在寻求确定的药品成本，这会增加制药公司降低价格的压力，这将对生物技术领域产生负面影响。此外，英国公众对在动物身上进行生物技术实验以及政府相关法律的制定，将对未来生物技术的接受程度和生物技术的发展产生影响。

2. 投入资金不足。从资金投入方面看，由于近 20 年来对科研设施的投入不足，设备老化已成为科研发展的一大障碍，生物技术领域也不例外。此外，由于投资风险大及近年来投资成功率低，生物技术领域的投资进一步滑坡。例如，英国生物技术公司在抗癌新药研制上的失败，使公司股价下跌。3 年前，该公司的股价还很高，总资本市值高达 20 亿英镑，而今股价已滑落到 3 年前的 1/10。英国生物技术公司的惨败已使大多数投资人从生物技术这一领域撤走资金。现在关键的问题是在产品上市前，如何在相对较长时期维持 R&D 行为。但现有的机制不能充分满足小企业发展壮大所需的创新研究资金与政策。

3. 企业集群本身因素。从英国生物技术企业集群发展本身来看，英国生物技术产业存在着企业数量多、规模小、产业过于分散、生产能力过剩、集中度低的现实问题。而且生物技术企业集群的发展需要地方政府、地方经济发展部门、大学、公司和其他机构之间的相互合作，这种多元主体参与造成的一个障碍就是由不同资金主体资助的研究成果的所有权问题，这往往也会阻碍生物技术商业化发展。同时，企业集群不仅需要有大量的成熟公司还需要大量衍生公司的涌现，而在英国还存在着年轻的生物研究人员缺少获得商业研究所需要技能的机会，这在一定程度上阻碍了英国生物技术企业的衍生。这些因素在一定程度上影响了生物技术企业集群整体的发展。

三　英国剑桥地区（Cambridge）

剑桥地区产业集群的发展带动了整个英格兰东部地区的发展，并使之成为英国经济增长最快的地区之一。剑桥地区 2003年人均 GDP 增长 6.5%，同期整个英国人均 GDP 增长为 3%。剑桥地区高新技术企业对英国经济的总增加值（GVA）贡献在2003 年达 76 亿英镑。剑桥地区的高新技术企业通过税收每年对英国经济的贡献超过 55 亿英镑。由于剑桥地区独特的企业特质，该地区的产业集群具有以下特点。

第一，独特的剑桥产学研模式不断创造着新技术和新产业，引领欧洲产业创新，是欧洲领先的高新技术产业研发中心。

剑桥大学是催生剑桥地区高技术产业集群的源头，它创造了大量的技术和企业，催生了以研发为主的产业。剑桥地区高技术产业集群最早始于 1960 年，剑桥大学毕业生创立了第一家企业——剑桥咨询公司，此后该公司又衍生出了一系列"技术提供者"，并最终形成目前的高技术产业集群。

形成了以企业研发机构、高校研究机构和技术咨询机构为三大创新主体的独特产学研合作网络。企业研发机构、高校研究机构和技术咨询机构是剑桥地区技术创新的主体，在剑桥高技术产业集群发展中发挥着关键作用，被称为剑桥地区的"技术提供者"。剑桥地区企业研发实验室每年都会衍生许多新的高技术企业；欧洲研发中心衍生出来的技术咨询机构也在积极利用它们在咨询工作中所产生的核心能力。

第二，知识、技术转移和创新创业活动十分活跃，大量中小企业诞生，是欧洲知识型企业的中心。

剑桥地区以小公司为主，这些小公司分布很不集中，往往涉及多个技术领域。2004 年，剑桥地区约有 895 家高技术公司，剑桥开发区有大约 71 家企业入驻；2003 年，雇员平均规模为 35 人，7% 的公司不到 5 人，40% 不到 30 人，大多数是 20 世纪 70 年代以后建立的年轻公司。

在创新的传统发源地周围建立创业环境，创建知识型企业文化。剑桥大学有着 800 年的历史，科技发明的绝对数量领先世界，是全球的创新发源地之一，剑桥大学的人才潜力吸引了越来越多的企业到剑桥，而且剑桥地区 42% 的企业以从事研发为主要活动；37% 的企业以从事制造为主要活动；17% 的企业以从事咨询为主要活动。

第三，剑桥大学培养了大批高端人才；大量的风险资金和跨国企业聚集，是欧洲高端要素最集中的地区。

剑桥大学培养了大批科学家、工程师和企业家。剑桥大学的人才和技术在剑桥地区的发展中扮演着重要角色。在过去的 10 年中，剑桥大学孵化出了 310 家高技术企业；剑桥大学产生了许多重大的科学发现和发明，至今剑桥大学共有 56 人次获得了诺贝尔奖，超过世界上任何其他大学。

聚集了英国 1/4 的风险资本。剑桥地区是全英国除伦敦外种子资本和风险资本最密集的地区，共吸收了全英国 25% 的风险投资和全欧洲 8% 的风险投资。

剑桥科学园区的出现是历史、技术、商业、物质以及政策等诸多因素综合作用的必然结果。首先剑桥大学历史悠久，名声卓著，在物理、计算机和生物科学等方面极具优势，剑桥大学的科学优势是剑桥科学园发展的动力。其次，20 世纪 60 年代初，伦敦及英国东部的工业和人口开始迁至剑桥，使该地区发生了巨大变化，制造业明显增加。20 世纪 70 年代末，该区交通网得到重大改进，这对于剑桥成为一个经济效益日益增加和技术日趋先进的高科技园区具有重要意义。

4.2.4　法国的高科技产业集群

2005 年 7 月 12 日，法国总理德维尔潘召集由 17 名政府部长参加的"国土整治及发展部长级会议"，他在会后宣布今后 3 年将斥资 15 亿欧元，在法国各地扶持 67 个不同产业的"竞争力集群"，以加强法国企业的竞争力，并防止企业外迁。德维尔潘认为，"竞争力集群"政策将成为法国"全新的产业策略"。

德维尔潘在此后举行的新闻发布会上表示，法国推出"竞争力集群"政策的目的，就是要联合某一地区有竞争优势的企业，整合它们的资源优势，以协同生产的方式提高企业竞争力。他透露，法国政府拨出的 15 亿欧元"竞争力集群预算"将被分成三部分，其中 3 亿欧元用于减免企业税收、4 亿欧元用于对各企业实施财政支持，其余 8 亿欧元用于相关技术研发机构的财政补贴。

根据该政策，一些优先扶持企业在 2006—2008 年内最高可免除全部收入税，而在此后一段时间仍可继续享受免除 50% 收入税的待遇。

这 67 个"竞争力集群"分为三个等级，其中第一等级是六大具有全球领先竞争优势的产业集群，包括以里昂为中心的生物工程产业集群、以波尔多和图卢兹为中心的航空航天产业集群、以巴黎为中心的医药产业集群和软件系统产业集群、以蓝色海岸各城市为中心的通信产业集群以及以格勒诺布尔为中心的微电子产业集群。

"竞争力集群"的第二梯队是九个"全球使命计划",其中包括香槟—阿登—皮卡第农业集群、里昂化工集群、环境产业集群等在全球具有较强竞争力的产业联合体。

该计划的第三梯队是 52 个"国家使命计划",其代表性集群包括利穆赞—比利牛斯地区陶瓷产业集群、罗讷—阿尔卑斯—弗朗什孔泰地区塑料加工产业集群以及普瓦图—夏朗德地区运输产业集群等。

索菲亚·安蒂波里斯园区是法国电子信息产业发展的重要基地,其集群的特色主要表现在以下几点:

1. 发展高端、高附加值的产业,成为法国电子信息产业发展的重要基地。主导产业突出,信息通信业成为园区主要的高新技术产业集群。信息通信类产业占据重要地位,企业数占园区高新技术企业总数的 80%,有 300 多家著名 IT 公司的地区总部设在这里,聚集了 50 多个国家的 1.6 万多名工程师,成为法国电子信息产业发展的基地。

主要从事创新和研发环节的工作,以及进行少量的小批量生产。园区企业以创新和研发活动为主,制造、物流、市场和销售等环节相对滞后。由于缺乏产业发展配套设施和产品市场需求,这对园区进一步发展产生了一定的制约作用。

2. 大力支持本土企业创业发展,每年有大量企业诞生。采取多种途径支持企业创业发展,包括引入高等学校和研究机构,使其成为法国高校和研究机构最为集中的地区,为园区提供了技术创新源泉;充分利用国内、国际资源,大力发展支持企业创业发展的孵化器和风险投资;活跃的非政府组织,建立大量协会和俱乐部来为各种机构的交往提供中介服务和平台。

园区内每年有大量企业诞生,年均新增企业 120—160 家(企业总数为 1276 家),每年大概有 80—120 家企业退出,年净增 40—80 家企业。

3. 国际化程度高，国际高新技术企业、高端人才、风险投资等在园区占有很重要的地位。

园区内集中了多家跨国公司的研发中心和地区总部。外国人拥有的公司有 170 家，占园区企业数的 13%，工作岗位占园区创造的直接工作岗位总数的 24%。

非常强调人才培养的国际合作和国际交流。园区技术人员分别来自 50 多个国家，园区中有大量的国际学校，招收了来自世界各国的学生。

风险投资来源国际化。目前，向索菲亚地区投资的风险投资公司中 50% 左右是外国企业，主要资金来源是美国、新加坡、英国和德国等国，体现了园区国际化的特点。

4. 良好的园区生态环境，由政府主导驱动

园区非常重视生活质量，大面积自然绿化带，得天独厚的气候和环境，低建筑密度，无污染产业。由政府主导驱动。园区的设立来自于政府主导意志，并非市场自然形成；政府对园区的发展给予资金、政策等方面的支持；政府官员及其他知名人士对园区进行推广和宣传。

4.3 欧盟产业政策与产业集聚

总体来讲，欧盟对于促进产业集聚的政策工具可以分为三类：一是科学技术成果供应方面的政策，包括金融政策、人力和技术上的帮助以及建立科学技术的基础设施等。二是技术创新产品需求方面的政策，包括政府采购、合同等。三是技术创新的制度环境方面的政策，如税收政策、专利政策和规制等，其目的是为科技创新活动提供一个良好的环境。

从国外实施的各种政策措施来看，必须重视国家专有因素对政策的采用和绩效的影响。国家专有因素，主要是指与一个国家特有的历史、文化、制度与思想观念等相联系并且对创新实绩有着直接影响的诸多因素，主要包括历史背景、法律制度、社会文化和思想观念等几个方面。这些方面的差异，使各国采用的政策措施也多种多样，各有侧重。

欧盟国家偏重于研究开发合作、中小企业政策和培育完善区域技术基础设施三个方面。

欧盟各成员国可再生能源的自然条件存在较大的差异，因此其产业集聚发展的情况也大相径庭。各成员国所采用的产业政策会直接或间接影响产业集聚的发展。

4.3.1 欧盟的产业政策

欧盟区域政策发端于 1958 年生效的《罗马条约》。尽管条约的基本精神是相信市场的力量，但也同时规定，共同体的基本目标之一是"在整个共同体内部促进经济活动的和谐发展"。而且，欧盟的建立更加凸显实施区域政策的紧迫性。事实上，欧洲一体化本身就包含着地区协调的命题。1997 年的《阿姆斯特丹条约》明确规定了要促进地区均衡可持续发展。《2007—2013 年欧盟结构政策》提出在继续援助落后地区的同时，将努力提高其他地区的区域竞争力，并加大区域合作的力度。

欧盟为了保证其区域政策得以有效贯彻落实，构建了多层次、网络状的区域协调体系，并随着实践的发展，不断完善法制、经济和行政等多管齐下的区域协调机制。欧盟最重要的三个机构，即欧盟委员会、欧洲理事会和欧洲议会中，都为整个区域的协调发展设置了专门的职能机构和顾问机构。一是欧盟委员会内设区域政策事务部，专门负责区域政策与欧盟成员国间聚合方面的事务；二是欧盟理事会内设区域政策委员会；三是欧洲议会设有 20 个常务委员会，其中区域政策委员会、交通与旅游委员会、环境和公共卫生与消费者保护委员会三个委员会与区域政策问题密切相关。

从欧共体成立到欧洲联盟诞生，其区域政策经历了提出、改革、配套、完善的渐进过程，产生了积极的社会和经济效益。在经济全球化和区域经济一体化的大背景下，欧盟区域政策明显地促进了地区经济社会的协调发展。从某种角度说，也正是由于区域政策的成功，欧洲一体化才得以不断深化，范围不断扩大，欧盟在国际舞台中的地位得到巩固和提高。欧盟区域政策及其协调机制给人们留下诸多启示：

1. 明确的区域政策。区域政策是政府干预经济发展与协调区域经济关系的主要工具。要有效实现干预和协调的目标，必须使区域政策的适用对象和领域十分明确。欧共体地区委员会成立后即对"有问题地区"的定义作出了明确界定，对重点扶持地区通过充分讨论也作出了明晰规定。由于概念明晰，有章可循，避免了决策的盲目性和随意性，保证了资金的使用效益。

2. 充分的资金支持。投资是协调区域经济关系的重要推动力，资金在地区间的分配对生产力的合理布局具有重要意义。欧盟为此建立了结构基金、聚合基金、团结基金等投资基金。据统计，仅 1975—1984 年，欧洲地区发展基金累计支出 117 亿欧洲货币单位，资助了 2.5 万个发展项目。

3. 完善的制度和法律基础。欧盟国家大多具备比较完备的法律规范和制度基础。欧盟作为一个准国家实体，在区域政策的制定、实施、监督、评估等各个环节上，都充分吸收各成员国的经验，区域政策一开始就建立在严格的制度基础上，保证了区域政策的规范性和可行性。

欧盟的产业政策具体体现为：

1. 加大对研究与开发（R&D）的投入。增加 R&D 投入已成为国外技术经济政策调整的最重要组成部分。根据资料统计，从 1980—2003 年，德国的 R&D 投入从 214 亿美元增加到 613 亿美元，法国从 133 亿美元增加到 385 亿美元，英国从 147 亿美元增加到 340 亿美元。R&D 经费占 GDP 的比例德国为 2.55%，法国为 2.19%，英国为 1.89%。

从投入的分布领域看，主要集中在三个方面：一是基础研究；二是国家安全和公共利益的需要，如国防、农业和卫生保健等；三是为了提高国家竞争力需要而着重发展某些产业或领域的关键技术。目前，政府的 R&D 投入也呈现出一些新的特征：一是在军用和民用间，其重点更多着眼于民用，民用中又更多着眼于工业；二是除了支持大企业外，许多国家也都在考虑以各种方式帮助中小企业创新；三是除了继续重视上游的 R&D 外，也逐步加强对下游（开发新技术、技术转移）的支持；四是政府对民用 R&D 的资助，更多地利用官方或半官半民的组织来实施（如德国的研究联合会等）。

2. 实行税收优惠。一是税收减免；二是加速设备的折旧；三是技术方面与国外交易所得的税收减免；四是对向 R&D 机构或大学提供捐赠设备或捐款的企业减免税收；五是对新产品开发或工业产品的国产化实行税收减免。税收优惠政策属于政府间接支持手段，是普惠性的，面向所有企业，这类政策在日本早期的企业创新中起了重要作用。

3. 建立风险投资机制。风险投资主要投向处于创业期未上市的新兴中小企业，尤其是高新技术企业。风险资本的鲜明特点是高风险高回报，多以公司形式设立。

4. 大力发展政府采购。鉴于需求因素在成功和创新中的重要性以及在发达国家里政府采购占 GDP 的 10%—15% 这一事实，政府采购显然是刺激创新的重要政策工具。在一些新兴产业的早期发展中，政府采购对创新的作用甚至大于政府提供研究与发展资助的作用。例如，一些欧洲国家采取了政府采购做法。由于政府对研究与开发的采购多用于国防项目，专门针对军事需求，由此产生的问题是，这种刺激产生的创新是否有可能转为民用。在实际操作中，由于采购的经费分散给了较多的企业，这刺激了企业在可能的情况下，使其专用器件也能够转为民用。通过采购合同和研究委托合同，规定产品的主要技术性能和指标，决定了公司开发活动的过程和优先发展方向，从而加速了技术创新和技术进步的步伐。

5. 强化知识产权保护和标准的重要作用。专利制度的主要目标就是为投资于新技术开发的最终成果提供保护，从而也为企业资助此类研究和开发活动提供直接刺激，这同样有助于以外国直接投资、合作研究和专利许可等形式发生的技术转移活动。以前各国专利法的保护对象一般都是前所未有的、能在产业上实现的技术方案。但自 20 世纪 90 年代以来，知识产权制度更多地强化了对知识所有权者的保护，发达国家通过《专利合作协议》（PCT）和《与贸易有关的知识产权协议》（TRIPs）将这种做法"国际化"，要求发展中国家实施同样的专利保护，力图保护其技术创新的垄断利益。同时，技术标准的重要性也日益引起各国企业和政府的重视。目前，英国等欧盟部分国家都将技术标准作为国家的战略性公共政策对待。随着知识和技术日益成为经济发展的基础，知识产权和技术标准的结合日益紧密，并出现了技术标准专利化的新特征。技术标准专利化不仅改变了技术标准作为非专利技术的特征，还使拥有技术专利标准的企业获得了更大的市场控制权，并使其获得一个新的打击竞争对手的政策工具。

6. 重视教育和培训。欧盟国家都把教育和培训作为国家创新系统的一个重要功能，把高等教育作为创新系统的主体之一。从发达国家的教育和培训看，第一，政府在公共教育方面有较大的投入。几个主要发达国家，其人均公共教育经费在 1000 美元左右，已经普及了中小学教育，并有较高的适龄青年的大学入学率。第二，职业教育已成体系。德国对此尤为重视，"对所有人施以职业教育和训练"是其目标。先培训后就业，已在当今发达国家中形成制度，与此同时，对在职培训也日益重视。经合组织国家对在职培训方面的投入约占其 GDP 的 2.5%。日本的企业培训制度与产品和工艺创新的结合，更显特色。第三，教育培训目标和社会经济发展密切结合。在美国，大学与企业间的密切关系有其历史渊源，大学的科学研究与教学，一开始就是同产业一起成长的，大学既向产业提供技术人才，也提供了产品和工艺创新的许多思想，所以，大学与企业间有很好的结合。第四，倡导并构建终生学习体系，促进与知识传播有关的人员流动。

7. 完善中介服务体系，加快技术转移速度。加快技术转移速度已经成为各国的战略选择，各国采取的主要政策措施包括六个方面。一是成立各种技术转移研究机构。例如，英、法、德等国都有从事技术转移的基础研究机构。二是增加技术转移投资。三是重视信息交流，建立全国性的信息收集、扩散及各种数据库的信息中心。四是重视法规建设，在技术转移过程中保护技术所有国和技术所有方的利益。五是高技术园区的出现。例如，美国的"硅谷"、日本的"筑波科学城"、英国的"剑桥工业园"、韩国大田的"科学城"等，这类园区的主要特点是科研、设计、开发、生产和商品化一体化。六是提供资金支持，促进中小企业的创新。美、英、日、法等国都相继执行了高技术小公司资助计划，因为高技术小公司在过去、现在和将来都在创造着世界最先进的科技成果。

8. 强化 R&D 的国际协调，国际科技合作日益广泛和深化。当代科学技术的高度复杂性质使国际合作具有了重要意义。据统计，欧盟从 1983 年至今，实施了六个合作研究与技术开发框架计划，总计投入经费 613.06 亿欧元。不仅如此，欧洲联盟还将"尤里卡计划"扩大为包括俄罗斯等东欧国家在内的有 25 个国家参与的庞大国际科技合作项目。与此同时，在各国政府放松反托拉斯法管制的政策鼓舞下，企业层次的国际科学技术合作也非常活跃。这一方面表现为研究开发活动国际化的趋势明显加快，另一方面表现为以跨国合并和兼并形式进行的国际直接投资迅速增长，国际企业间策略性技术联盟的数量也急剧增加，但 90% 以上集中于美国、欧盟和日本。

4.3.2　欧盟促进产业集聚的产业政策

产业集聚是欧盟经济中的重要特点，也是欧盟经济充满活力的原因和实现可持续发展的源泉。欧盟的各项产业政策都在不同程度上促进了产业集聚的形成与发展。为了更好地实现和促进产业集群的发展，逐步实行规范化的管理，欧盟各成员国都实施了行之有效的产业集群政策。

积极发展产业集群已经成为欧盟国家的共识，中小企业是构成欧盟产业集群的主要力量，也是欧盟经济可持续发展的重要源泉，因此，借鉴欧盟经验，注重产业集群的发展，就应该更加重视实施加快中小企业发展的战略。中小企业占欧盟企业总数的 99.8%，在欧盟国家的经济发展中起着极其重要的作用，欧盟国家普遍扶持中小企业作为推动经济发展的战略性措施，比如，英国特别重视发展中小企业增加就业岗位，德国特别重视通过发展中小企业推动技术创新，意大利特别重视通过发展中小企业推动区域性产业集群的形成。欧盟的实践证明，中小企业的发展在促进经济增长、充分就业和增加城市居民收入等方面具有积极的作用；国内外学者的实证研究也表明，中小企业的繁荣与经济增长、就业状况及城市居民收入水平之间，呈现出一种正比例关系。

利益相关者共同治理已经成为欧盟国家中小企业公司治理的重要特征，也是一般的中小企业公司治理的总体框架，因此，借鉴欧盟经验，就应该鼓励利益相关者参与中小企业的公司治理。在对欧盟国家中小企业公司治理的比较分析中，大家普遍认为英国、德国、意大利都采取了利益相关者共同治理的框架。特别是一些小型企业，并没有也不需要成立董事会、监事会及理事会等机构，可见，它们没有很健全的企业内部治理结构。其治理的内容和任务，绝非仅仅限于内部治理的范围，而是包括外部治理的利益相关者的共同治理。这恐怕也是一种全球性的现象，体现了中小企业公司治理的普遍的框架及特征。我们应该借鉴欧盟国家的经验，通过股东、董事会、银行、债权人、供应商、顾客及当地政府的参与，构筑利益相关者共同治理的机制，从而实现企业的可持续发展。

欧盟国家中小企业公司治理的模式是多样化的，"英国模式"、"德国模式"、"意大利模式"都是有效的治理模式，因此，借鉴欧盟经验，就应该根据实际情况有选择地学习这些模式。通过考察和分析，我们概括了欧盟国家中小企业公司治理的三种主要模式，即以股权的高度分散化与流动性为特征的"英国模式"，以股权集中度高与股票流动性小为特征的"德国模式"，以家族或联盟控制的区域企业集群治理为特征的"意大利模式"。这些模式都具有各自的优势，当然，也有各自的劣势。如果想做到扬长避短，关键在于认清客观的实际情况，有条件地选择和采用。比如，近期目标可以更多地借鉴德国模式，即政府积极参与治理，支持员工参与共同治理；远期目标可以更多地借鉴英国模式，即通过利益相关者群体的成长和自律，实现公司治理的规范化及法制化；区域目标可以更多地借鉴意大利模式，即通过家族或联盟的控制，扶持区域性的中小企业集群。所以，我们应该借鉴欧盟国家的经验，从不同的时期，不同的地区的实际出发，灵活地选用欧盟国家公司治理的模式，促进中国中小企业公司治理的改善。

中小企业的发展需要扶持，改善中小企业公司治理也需要良好的环境。欧盟国家制定扶持中小企业的一系列政策措施，包括政策、法律和资本市场、融资渠道等方面的政策措施。其中的资本市场和融资的因素是非常重要的，欧盟在这些方面做了有益的工作，都是值得我们学习和借鉴的。我国的中小企业公司治理，由于资本市场欠发达，法制不够健全，特别是信用体系不够完备，外部职业经理人市场空缺，导致中小企业以自有资金为主、股权高度集中化，完全依靠内部控制权来形成制度体系。解决融资问题，需要建立发达的资本市场，进一步开拓融资渠道；而融资的改善，又有赖于良好的信用环境的形成。

4.4 欧盟区域产业发展经验对中国西北地区发展的借鉴

4.4.1 中国西北地区产业集聚发展中所存在的问题

虽然产业集聚在中国经济发展中表现出强大的生命力和高效的生产力，但是从目前的情况来分析，中国西北地区乃至全国现存的产业集聚仍然存在着这样或那样的问题。如果这些问题没有得到很好的解决，那么中国西北地区甚至是全国的产业集聚将在日趋激烈的全球经济竞争中逐渐失去已有的竞争优势。产业集聚中的一些问题，不仅在西北地区存在，在国内其他地区也存在。

第一，产业集聚的发展层次较低。目前，中国绝大部分产业集聚还没有发育成熟，主要依赖于低成本优势的劳动密集型产业，一些处于萌芽中的产业集聚面临着许多发展困难。如游弋性产业较多，没有解决外商投资企业的"落地生根"问题，缺乏自主创新能力等等。

第二，竞争力薄弱。产业集聚虽然在中国呈现出蓬勃发展的势头，但却很难从中找出几个在国内或国际上有竞争力的集聚区域。这主要体现在几个方面：（1）集聚企业创新能力不强，缺乏核心技术。目前西北地区绝大多数产业集聚属于传统的制造业，行业本身的技术要求不高。而且即使在广东和苏南等地集聚的电脑资讯业，也大多没有自主知识产权的核心技术，大部分只是中国台湾省、韩国、美国电脑企业的部件加工基地，因此这些地方的经济对国外 IT 业的依赖就显得过高。比如 2002 年，当国际 IT 业出现滑坡时，这些集聚区域的国际订单也随之下滑。其他产业相当部分的集聚区域也只是国际大集团的 OEM（贴牌生产）基地，并不掌握核心技术和技术创新能力，所以这造成了中国许多集聚区域生产的产品的附加值不够，初级产品较多，而高附加值、高品牌的知名企业较少，在国际上没有竞争力。（2）品牌意识淡薄。每一个集聚区域都是在发挥自身地域优势的基础上成长起来的，而这种优势是由多种因素构成的，并经过长时间的积淀而形成的。待到集聚体成长到一定时候，这种优势就会被囊括在区域品牌之中。也就是说，集聚区域的区域品牌在一定程度上已经成为集聚区域内所有企业的无形资产，是本地区企业非价格竞争的重要因素之一。但是在中国的许多集聚区域，企业对此的认识还是十分肤浅的，揭示了集聚企业的行为尚处于一种不成熟的状态，还需要引导和规范。（3）集聚区域内的企业不成熟。由于这些集聚企业大部分是私人企业，其所赖以生存的模式就是"血缘、亲缘和地缘"。这"三缘"关系既是企业管理的核心也是集聚内部企业之间处理相互关系的原则。这种远离现代企业制度的模式显然与具有国际竞争力的现代企业相差太远。（4）没有形成真正的柔性生产系统。虽然现在的许多学者在分析产业集聚的时候，均认为柔性生产是其所具有的一个重要的竞争优势。但国内的大部分集聚企业并没有达到真正柔性生产的水平，主要依赖于低成本优势，并没有充分发挥柔性生产的优势。柔性生产模式在本质上要求上下游的供应商、制造商之间形成一个相互学习的整体，进而推动集体学习进程，降低资产专用性程度，协调交易关系，降低交易成本，以适应市场需求的多变，同时促进更多有创新价值的活动的发生。而目前中国绝大多数的产业集聚区域，虽然也在一定程度上形成了分工协作系统，但是柔性生产要求的相互支持、相互依存的专业化分工协作和相结合的产业网络尚未形成。表现为企业之间在业务上的关联并不多，转包合同可以说是中小企业集聚区内企业间最普遍、最基本的合作形式，这在本质上与"柔性生产"方式有着天壤之别。有的集聚区域甚至还存在着大量的家庭作坊式的小企业，不要说柔性生产，就连刚性生产的技术水平也没有达到。

第三，政府与中介机构的作用未能充分发挥。产业集聚之所以有集聚效应，是因为政府与中介机构的积极参与。在产业集聚中，政府的作用不仅是解决市场失灵的问题，而是促进市场更为有效，以便集聚内的专业化程度更高。由于中国的一些政府部门对产业集聚认识不清、重视不够，意识不到政府在产业集聚发展过程中所应发挥的作用，尤其是不知道如何发挥作用，结果是一些重要的作用没有发挥。如诚信是产业集聚得以形成与发展的关键因素之一，因诚信而产生的社会资本是产业集聚中的重要资源之一，它是企业之间交易与合作的基础，假冒伪劣产品遍地、欺诈行为盛行，这样的产业集聚只能是短命的。

一种产业不可能孤立存在，它与相互联系的上游和下游产业有着密切联系。同时产业集聚的形成还需要公共信息、人员培训、产业基础技术研究开发、对外宣传、公共设施的建立等等，这些工作离不开各种类型的中介服务组织，如会计、法律、经营管理、市场调查、国际贸易、职业培训等支持性产业中介服务机构。但从中国目前的情况看，为产业集聚提供各种服务的社会化服务机构较少，政府和社会提供的服务领域相对狭窄，目前仅限于为企业提供一些财务、会计知识等的培训，为企业解决一些经营过程中自身难以解决的行政性事务，而为企业提供低成本、高效率的经营方面的服务较少。

第四，作为经济发展的一种战略方式，产业集聚在中国西北地区还远未被很好地利用。作为经济发展的一种战略方式，产业集聚并不需要消极地等待它的自发形成，而是可以有意识地、有目标地"自上而下"培育出来的。产业集聚不仅可以提升产业竞争优势，拉动地方经济增长，推动农村工业化与城镇化进程，而且还可以成为促进中小企业发展，构建区域创新系统的战略方式，甚至可以作为解决"大企业病"的有效方案。在中国西北地区，国家层面的产业集聚基本上是自发形成的，这仅仅拉动了局部地区的经济增长，推动了局部地区的农村工业化与城镇化进程。

作为拉动地方经济增长和推动农村工业化与城镇化进程的战略方式，产业集聚在中国有着广阔的前景，全国各地基本上只有零散的产业集聚，这说明中国绝大多数地区都可以发展产业集聚，但大多数地方政府却未利用产业集聚来发展地方经济。产业集聚实际上是把产业发展与区域经济，通过分工专业化与交易的便利性，有效地结合起来，从而形成一种有效的生产组织方式。作为一种有效的生产组织方式，产业集聚最适合那些产业链长、中间产品交易量大、迂回生产方式明显的产业，如汽车业、装备业等都具有此特性。然而，除纺织业外，尚无其他产业协会提出借助产业集聚来提升本产业的竞争优势。

4.4.2 欧盟区域产业发展对中国西北地区发展的启示

中国西北地区经济发展基础差、总量小、比重低，空间上的分散配置存在着私人供给的公共产品溢出效应损失，服务产品需求的市场外效应损失，信息、知识和技术溢出效应损失，改变这一状况的一个有效途径就是在重点地区实现产业集聚，为区域经济的发展创造条件，促进工业化，推进城镇化，提升区域经济的竞争力水平。

产业集聚是市场经济条件下工业化发展到一定阶段的必然产物，也是现代区域经济增长的一种重要现象。中国西北地区资源丰富，生态环境脆弱，经济落后，而欧盟又有着丰富的产业集群的发展经验，西北地区借鉴欧盟产业集聚区的成功经验，势必会为其经济发展带来新的经济增长极，为实现区域经济持续、稳定、快速发展作出贡献。

借鉴欧盟产业群的发展经验，笔者对中国西北地区产业集群发展提出一些建议，同时，也希望在一定程度上为中国产业集群的发展起到借鉴和指导作用。

第一，政府引导、企业主导是发展产业集群的基本原则。政府应是产业集群形成的催化剂和润滑剂或者桥梁，间接参与产业集群的创建过程，要让企业成为集群的主导者。政府最主要的职能是创造一个开放、公平竞争的市场环境，提供完善的公共服务，做好培训工作等，通过加快地方基础设施建设、法规建设和规范的市场培育来改善地方整体投资环境，吸引外部企业来投资。

第二，产业集群的选择要因地制宜，避免盲目照搬。西北地区已经进入产业集群与产业竞争力密切关联的发展阶段，地方政府不要只瞄准发达地区已经发展起来的集群类型（如制造业、高新技术产业、外向型的出口加工业等），在集群的形成和发展过程中，应通过引进符合当地资源条件、区位优势、产业关联、市场需求等特点的、具有竞争力的企业或一些公共机构，发展相关产业和下游产业。既可以发展农业、轻工业等传统产业，也可以依托本地大专院校、科研院所发展新兴产业群。

第三，充分认识产业集群对创新的促进作用。集群企业通过分享公共基础设施、专业化劳动力资源、销售市场等获得聚集经济效益；企业在地理上的集中给予企业很大的刺激去进行改革和创新，同时聚集有利于企业、供货商和客户间的沟通和交流，最终导致创新的产生。同时，注重区域创新体系的建设，加快传统园区向集群经济的转变。一群有相互关联的企业在地理上集中，可以形成产业集群，但并不是简单地把企业集中在同一个地方就能形成产业集群。世界著名的产业集群大都经历了较长的建设时期，有的历经几百年。如果一哄而上，试图在短短的几年内建设产业集群，在各种园区建设中，不考虑地区特色和资源环境，饥不择食地乱拉项目、乱建工厂，最终很难形成真正的集群优势。只有统筹规划，有所为有所不为，才能依托自身的地理和产业优势，形成分工有序、相互协作、各具特色的产业集群发展格局。

第四，注重产业集聚区的智力来源。与自然禀赋相比，强有力的智力支持在现代产业集聚，尤其是高科技产业集聚的形成和发展中发挥着关键的作用。科研机构与大学对发展高科技产业集聚区的作用越来越突出。从硅谷的产生和发展直到现在世界绝大多数产业集聚区的建立都选择在距离大学、科研机构比较近的区域，以便充分发挥大学、科研机构的科研开发能力。即使当地没有大学和研究机构，政府也会出台政策，积极鼓励并引进大学和研究机构入驻科技园区，并建立大学与企业间紧密的联系。这已成为许多国家和地区发展新产业、建立产业集聚区的共识。美国绝大多数产业集聚区的建设走的是一条"大学带动、联合开发"的道路，这主要体现在这些高科技产业区都靠近大学和研究机构：加州硅谷靠近斯坦福、加州大学等；波士顿128公路区附近有麻省理工学院、哈佛、耶鲁等名牌大学；北卡三角区有杜克、北卡大学等。

第五，调整政府行为及政策，为集聚企业提供更加优质的服务和支持。政府在产业集聚发展中的作用主要在公共品的供给、制度的供给、市场环境的维护和经济指导几个方面。地方政府对本地产业集聚给予的大力扶持应主要表现在：根据自身特点科学决策适合本地的产业发展道路；全力建设基础设施，美化环境以吸引企业和人才的进驻；完善信息产业技术教育和培训体系，为信息产业的发展源源不断地提供专业化后备人才；制定各种优惠政策以吸引海外投资；帮助建立完备的服务于核心产业的配套中介服务体系，为集聚企业提供全方位的专业化服务；制定信息技术产业专门法案，为该产业的可持续发展提供法律保障等等。而西北地区的地方政府在扶持本地产业发展的做法上不规范，容易进入误区，有的甚至过于急功近利，这些现象亟待改变。

调整政策，在现有基础上合理规划集聚区域的布局。首先，根据地区产业特点和区位条件，按照企业集聚的市场规律，突破行政区域的限制，发展跨区域特色工业园区。通过建立专业化的工业园区，加强基础设施的投资，鼓励中小企业入园生产。通过规划统一的园区，政府可以更加容易监督企业的生产安全、环境污染、治安等直接影响产业集聚发展的隐患问题，为集聚区域的发展提供一个更加安全、更加洁净、更有吸引力的经营环境。其次，要根据市场形势和本地资源的具体状况，在注重产业关联发展的基础上对于某些可优先发展的产业予以政策优惠，合理调整本地的产业结构。对某些条件允许的产业，政府可以进一步降低进入门槛，鼓励不同所有制性质、不同区域、不同要素形式的资本投资创办小企业，形成宽松的小企业市场准入机制。尤其是要鼓励、推进科技成果参与投资，允许人力资本、智力成果作为注册资本。再次，要加大本地投资环境的建设力度，向企业提供一个保质保量的发展环境。地方政府不仅要提供公共产品，搞好基础设施建设，努力建设一个诚信宽松的融资、正确公平的税收环境，还要致力于本地文化的建设、提高全民素质教育，并且力所能及地为集聚企业解决一些吸引人才、民工子女就学等后勤问题；以法律的形式来营造有利于自由竞争的环境，保护中小企业的利益，促进中小企业的发展。

第六，注重品牌建设。品牌建设是产业集群取得成功的关键。产业集群的品牌建设有两条途径：一是凭借核心企业的优势，围绕核心企业的品牌进行运作，使原有的品牌美誉度更加扩大化；二是众多相对独立的企业以产业优势为依托，以地方特色为旗帜，共同塑造区域品牌。没有品牌优势，难以出现轴轮式集群，没有领头羊，谁也不会盲目跟从。没有品牌优势，也难以形成网状式集群，只能各自赶集式地摆地摊，不可能实现共赢的局面。

第七，规范产业集聚的发展模式，营造良好的产业集群发展环境。除了政府大力提供的支持和服务外，产业集聚的成功发展更多地还要依靠自身的发展机制不断自我提升竞争力。不论在硅谷、班加罗尔，还是在"第三意大利"，不论是在所谓的高科技产业集聚地区还是相对传统的产业集聚区域，在所有成功的案例中都能发现各具特色的创新机制、先进的专业化人才教育和培训体系、完备的配套中介服务系统、紧密有序的企业间竞争合作关系甚至是创新、竞争和信任的文化氛围。而这些在中国的大多数产业集聚中却很少同时具备。首先，建立和完善产学研合作、加速创新的外部机制。充分发挥地域集中的优势，以本地的企业集聚为生产和研发基地，努力拓展与大学、科研机构等的合作，以项目合作、研究赞助等模式来加强技术合作关系。加速集聚企业的技术创新能力，开展以研发为核心的发展模式，以高科技来提高集聚的核心竞争力，在国际竞争中获取自身多重竞争优势。其次，促进人力资本的开发和利用，采取有效措施吸引高科技人员、管理人员等到企业任职、兼职，形成高级人才的柔性流通，完善企业发展的人才供应链，使之最终形成一支强大的企业家和科技人才、经营管理人才队伍。最后，进一步合理地集聚企业内部关系，避免内部企业的无序竞争。发展民间商会和行业协会等社会组织，以同业自治的形式来保护地区行业利益，协调和政府的关系，惩戒违反行规的行为。改变目前集聚企业之间的"三缘"关系，降低加盟集聚群体的进入条件，建立同业互助共同发展的共荣局面。同时构建本地的集聚企业组织，以本地企业的商会等组织来规范集聚内企业的经营活动，确保集聚体的市场整体信用。

同时，选择最有利的产业集群模式。西北地区不同行业不同地区应当根据各自的优势，结合世界上成功的典范，创造性地建设有特色的产业集群，而不能追求统一的模式。因此，要发展产业集群，最关键的是：（1）发展混合式的集群模式，一方面鼓励中小企业的成长，同时注意塑造具有带动性的知名企业；鼓励勇于创新、勇于冒险的科研精神，营造积极的创新氛围；（2）加强科研机构与企业的密切合作；（3）在融资政策上，给予中小企业大力扶持。又如，目前西北地区许多颇有特色的小企业产业集群，主要集中在农村和小城镇地区，它们以生产居民消费品为主，一般技术含量不是很高，所需要的资金投入也不是很多，而且多数还属于污染较强的企业。大多数小企业是以家族为背景建立起来的，聚集在一起，形成了网状式的集群模式。这种模式在特定的时期有其优势，但从长远来看，随着技术的不断进步，企业之间的合作要求日益显现，这种模式应朝着两个方向转化，一个是无形大工厂模式，另一个是混合式，因为原来网状式的模式已不能够适应企业寻求合作、协调发展的要求了。建立为中小企业提供策划、设计、销售服务的中介机构，非常重要。

营造良好的产业集群发展环境。一是按照区域经济一体化的发展思路，打破条块、区域分割，统筹功能布局，共建各种网络平台，做到公共设施尽可能共建共享，真正以市场规律配置各类要素资源。二是重视软环境建设，在企业文化创新、企业信用建设、公平公正、公开执法等方面，为企业群成长提供优质服务。三是在区域内通过各种中介服务、政策服务，尽可能降低企业交易成本，以提升企业群的整体竞争力，促进产业集群的成长，不断增强产业集群对国内外资本的吸纳力和区域竞争力。

第 五 章

欧洲经济一体化中的教育、移民与就业问题

5.1 有关就业和失业的基础理论回顾

5.1.1 就业和失业的经济学解释

一 就业和失业的界定

失业现象和就业问题的出现是由于劳动力市场资源达不到最优配置的结果，就业和失业是劳动力资源利用的两个方面。

（一）就业和失业的概念

就业是劳动力与物质资料的结合，是社会求业人员走上工作岗位的过程与状态。根据国际劳工组织（International Labour Organization，ILO）的定义，就业是指一定年龄段内的人们所从事的为获取报酬或为赚取利润所进行的活动。就业应当具备以下条件之一：（1）在规定时间内，正在从事有酬劳动；（2）有固定工作，但因疾病、事故、休假、劳动争议、旷工或气候不良、机器设备故障等原因暂时停工的人；（3）雇主或独立经营人员，以及协助他们工作的家庭成员，其劳动时间超过正规工作时间的 1/3 以上者。①

失业是指具有劳动能力并愿意就业的人却找不到工作的现

---

① 蒋选：《我国中长期失业问题研究——以产业结构变动为主线》，中国人民大学出版社 2004 年版。

象。失业必须同时具备以下三个条件：（1）有劳动能力；（2）愿意就业；（3）没有工作。只有这三个条件同时成立，才能确定一个人为失业者。没有工作又不寻找工作的有劳动能力的人不被视为是劳动力。失业是劳动力供给与劳动力需求在总量或结构上的失衡造成的，在通常情况下，在劳动年龄之内，有就业要求并在职业介绍所或就业服务机构登记，但尚未工作的人，均被认为是失业者。[①]

（二）充分就业

充分就业在广泛意义上是指一切生产要素（包含劳动）都有机会以自己愿意的报酬参加生产的状态。充分就业可以从两个视角观察：一是从劳动力供求的相互关系看，所谓充分就业是指劳动力供给与劳动力需求处于均衡状态，国民经济的发展能够充分满足劳动者对就业岗位的需求。二是从总需求与总供给的关系看，充分就业是指总需求增加时，总就业量不再增加的状态。也就是说，凡是接受市场工资率并愿意就业的人均能实现就业的状态。充分就业是一个相对的概念。在动态的市场经济中，在连续的基础上保持总供给与总需求、劳动力供给与劳动力需求在总量和结构上的持续均衡是极其困难的事情。充分就业一般说来是一种理想的状态，当充分就业实现时，并不意味着失业现象的消失，摩擦性失业及其他类型的自然失业同时存在。由于测量各种经济资源的就业程度非常困难，因此，西方经济学家通常以失业率的高低作为衡量充分就业的尺度。

二 失业的类型

（一）正常性失业

正常性失业是动态的市场经济中经常性存在的失业，主要分

---

① 袁志刚：《失业经济学》，上海三联书店、上海人民出版社 1997 年版。

为以下几种类型。

1. 摩擦性失业（Fictional Unemployment）

摩擦性失业是指劳动者进入劳动力市场寻找工作到获得就业岗位之间所产生的时间差，以及劳动者在就业岗位之间的变换所形成的失业。它是劳动力在正常流动过程中所产生的正常性失业，其根源在于寻找工作需要成本。摩擦性失业是信息不通畅或者劳动者与就业岗位匹配需要时间等诸多因素的作用所造成的失业，所以被认为是一种自愿性失业。

2. 结构性失业（Structural Unemployment）

结构性失业是指由于经济结构如产业结构、产品结构、地区结构的变化迅速，劳动力供给结构与劳动力需求结构的变动不匹配而产生的失业。结构性失业可能来自两方面的原因：一是就业人口的构成不合理；二是劳动力的供给质量不符合劳动力需求所要求的质量。其根源在于劳动力在各个部门之间的转移和流动需要成本，而成本的高低取决于不同产业部门的差异程度和劳动者的初始人力资本及培训机制。

3. 技术性失业（Technological Unemployment）

技术性失业是指在生产过程中由于引进先进技术替代人力，以及改善生产方法和管理而造成的失业。技术进步对就业的影响有着显著的差异，从长期看，劳动力需求的总水平并不因技术进步而受到影响；但从短期看，先进技术、先进的生产方法和完善的经营管理必会取代一部分劳动力，从而造成失业。这类失业是效率提高的必然结果。

4. 季节性失业（Seasonal Unemployment）

季节性失业是指由于气候状况有规律的变化所引起的失业。它有如下特点：地理区域性；行业性；规律性；失业持续期的有限性。气候有规律的变化对就业的影响主要表现在两个方面：其一是气候状况对某些行业的生产产生影响，进而影响劳动力的需求，如农业、林业、农副产品加工业、内河航运等；其二是气候状况对某些消费需求发生影响，进而影响劳动力需求，如某些食品行业、社会服务行业等。

（二）非正常性失业

非正常性失业具体表现为两种形式，即增长差距性失业和周期性失业。

1. 增长差距性失业（Growth Disparity Unemployment）

增长差距性失业是指实际经济增长率长期低于可能达到的经济增长率，造成劳动力的供给大于劳动力需求而导致的失业。经济增长虽然受多种因素的影响，但从供给的角度观察，最终表现在劳动力供给的增加和劳动生产率的提高上：第一，其他条件不变，劳动力供给增加，产出增加；第二，其他条件不变，劳动生产率提高，产出增加；第三，两者同时正向变动，产出增加。所以经济社会可能达到的经济增长率既受到两因素独立的影响，又受到它们合力的影响。但是由于总需求不足，造成实际增长率低于可能达到的经济增长率，以致必然产生失业。

2. 周期性失业（Cyclical Unemployment）

周期性失业是指经济的繁荣与萧条的周期性循环所产生的失业。因为经济周期（扩张与收缩、景气与不景气）不能被科学预测，持续期、影响深度与广度等具有不确定性，所以它是一种最常见而又最难对付的失业类型。当经济处于景气与繁荣时期，总需求旺盛，生产扩张，劳动力需求迅速增加，企业普遍出现职位空缺，大量的失业人口被迅速吸收，失业率降至很低水平，失业基本上属于正常失业。而当经济处于萧条或收缩时期，总需求不足，生产停滞，部分企业停工停产，甚或破产，劳动力需求不足，生产迅速萎缩，需求不足性失业①与其他失业结合在一起使失业率迅速上升，从而形成一种以周期循环为特征的失业类型。

5.1.2　就业和失业的相关基础理论

一　古典失业理论

在古典学派经济著作中，劳动力市场失衡和劳动力资源利用不足的问题是被忽视的。古典经济学理论认为，失业实际上是劳动力市场上供求不平衡的结果。对劳动力的需求来自企业，而劳动力的供给则取决于多种因素：首先是经济中人口总数和劳动年龄人口的比例，其次是劳动年龄人口中愿意提供劳动的劳动力人口数量。劳动力市场上的实际工资水平过高时，劳动力市场上的供给就会大于需求。如果工资水平是可以充分调节的，尤其当大量失业存在时，工资水平可以无限地向下调整，那么随着工资水平的下降，劳动力需求就会增加，失业会自然而然地减少和消除。如果工资水平受到制度的限制而不能充分调节，如西方的最低工资制度等等，那么失业就不可避免。② 因此，失业的存在使工资无法回落到使供求双方均衡的水平，解决失业的方法是调整工资水平。古典失业理论的基本理念是，只要让劳动力市场充分发挥其调节作用，大规模的失业是不会存在的。

二　凯恩斯的就业理论

凯恩斯就业理论的基础是有效需求原理。他将国民经济产出水平与就业水平联系起来，以有效需求不足解释非自愿失业存在的原因，提出国民经济产出水平的常态不足以实现充分就业的全

---

① 由总需求不足造成的，接受市场现行工资率、有就业需求的人不能满足其就业需求而引致的失业就是需求不足性失业。

② 蔡昉、都阳、高文书：《就业弹性、自然失业和宏观经济政策——为什么经济增长没有带来显性就业》，《经济研究》2004 年第 9 期。

新观点，同时提出政府干预的政策建议。凯恩斯认为，工资是向下刚性的，在其理论中假定工资等价格变量固定不变，当市场出现供求不平衡的情况时，做出调整的不是工资而是劳动力的数量变化。凯恩斯研究的失业是指非自愿性失业，其界定参考了劳动供给曲线，只要工人处于劳动供给曲线上，只要按照通行的工资能够出售其想要出售的全部劳动，这时只能出现非自愿性失业。非自愿失业的产生是工人被迫离开他们的供给曲线，不是现有的工资水平使他们不愿意就业，而是因为商品市场萧条，企业通过解雇工人来解决产品的滞销。因此凯恩斯失业是有效需求不足的失业，要恢复充分就业，必须提高有效需求，只有产品市场供求平衡，才能使劳动力市场重新建立充分就业。[①]

三 菲利浦斯曲线与自然失业率

英国经济学家菲利浦斯运用实证分析得出，失业率与通货膨胀成反比例关系，即菲利浦斯曲线。其中涉及一个重要的概念，最初被称为"自然失业率"，后被修订为"不加速通货膨胀的失业率"（Non-Accelerating Inflation Rate of Unemployment，NAIRU），现在又被称为"最低可持续失业率"（Lowest Sustainable Unemployment Rate，LSUR）。NAIRU 是指那些作用于价格和工资膨胀的向上或向下的力量得以平衡时的失业率，经济处于这种失业率时，通货膨胀是稳定的，预期通货膨胀率等于实际通货膨胀率，不存在加速上升或下降的趋势。在现实的通货膨胀与可预期的通货膨胀相同的条件下，NAIRU 曲线表示了失业率与稳定的通货膨胀率之间的均衡。它以预期的菲利浦斯曲线为基础，从假定垄断产品和劳动力市场的工资与物价模型中得出。于是

① ［英］约翰·梅纳德·凯恩斯：《就业利息和货币通论》，高鸿业译，商务印书馆 2005 年版。

NAIRU 仅仅基于供给方面的考虑并认为预期的假设全部满足，在生产效率发生改变时，工资随物价呈线性相关。影响 NAIRU 的主要因素包括移民和人口组成、最低工资、部门差异、失业保险、工会力量、劳动所得税等等。[①]

四　贝弗里奇曲线——结构性失业理论

最先对劳动力供给和需求失衡问题的考察来自于贝弗里奇，他通过构造贝弗里奇曲线来界定和描述结构性失业问题。这一理论假定在经济中存在着不同层次的劳动力市场：一类是存在失业的劳动力市场，另一类是存在岗位空缺的劳动力市场。劳动者由于本身技能水平、教育程度或性别关系在这两类市场中是难以转移的，因此这两类劳动力市场上的失业和岗位空缺将继续存在下去。但是这两者之间存在着某种联系，当失业率高时，很少有人辞职去寻找更加满意的工作，这时岗位空缺率就可能下降。同样地，岗位空缺的大量存在，也使失业者再就业容易一些，再就业的概率也大一些。因此，失业率和岗位空缺之间存在着此消彼长的关系。贝弗里奇曲线对结构性失业研究的意义在于区分现实生活中的失业是摩擦性和结构性失业还是非摩擦性失业。[②]

五　二元劳动力市场模型

二元劳动力市场理论最早是由经济学家穆勒提出的，而完整的劳动力市场理论是由庞奥尔在 1970 年提出的。二元劳动力市场是把劳动力市场划分为第一和第二劳动力市场：第一劳动力市场是技能性劳动力市场，工资较高，工作岗位较有保证，劳动条件和职业前景较好；第二劳动力市场是贫困的和低技能劳动力市

---

① 曾湘泉、于泳：《中国自然失业率的测量与解析》，《中国社会科学》2006 年第 4 期。

② 袁志刚、宋铮：《高级宏观经济学》，复旦大学出版社 2001 年版。

场，工资较低，工作条件差，具有不稳定性和暂时性。这两个市场的就职者很难相互流动。① 一般地说，第一劳动力市场的求职者不愿意进入第二劳动力市场，而第二劳动力市场的求职者几乎永远不可能进入第一劳动力市场。二元劳动力市场模型的另一重要结论是：失业既具有自愿性质，也具有非自愿性质。如对于第一劳动力市场的就业失败者来说，失业是非自愿的，而其在第二劳动力市场不愿接受低工资和较差劳动条件的失业又是自愿的。它可以解释自愿失业现象，即在第一劳动力市场失业，但不愿在第二劳动力市场就业；还可以解释结构性失业，即第二劳动力市场的求职者无法进入有岗位空缺的第一劳动力市场。

六　新古典综合学派的就业理论

20 世纪 70 年代西方国家主要表现为结构性失业。新古典综合学派的一些经济学家着重从劳工市场结构方面探讨增加就业的途径，其中有代表性的是托宾与杜贝生的劳工市场技术结构分析理论、希克斯的劳工市场部门分析理论。托宾与杜贝生认为劳工市场可以按照工人的技术结构划分为若干子市场，每个子市场主要代表一定技术工种和一定技术水平劳动力的供给与需求；每个子市场都是难以替代的。一方面，产业结构的变化使工人的技术不适应市场的需求；另一方面，大公司和工会操纵价格和工资，即使失业人数与职位空缺相等，物价与平均工资也会上涨，从而造成失业与通货膨胀并发。托宾认为对于就业结构的调节主要依靠：第一，收入政策，即政府采取限制工资和物价上涨的政策；第二，人力政策，即政府采取措施对劳动力重新训练，把非熟练的工人训练成满足市场需要的工人；第三，修改失业补助金制

---

① 蔡昉：《二元劳动力市场条件下的就业体制转换》，《中国社会科学》1998 年第 2 期。

度，在必要时停止发放失业津贴，以刺激失业者加紧寻找新的工作。[①]

七　新制度学派的就业理论

该学派的重要代表人物加尔布雷斯用制度结构分析的方法对现代资本主义失业进行了分析。他认为，现代经济是由大企业体系和小企业体系组成的一个二元结构，前者是有组织的经济，在大工业、交通运输业、金融业中占主导地位，普遍成立了工会组织，工人的技术水平高，工资福利较好，国家的政策对他们有利，企业能够控制产量和价格，就业比较稳定；后者是分散的经济，在农业、服务业、住宅建筑业、零售业中占主导地位，就业者中不少人是非熟练工人、临时工，没有工会，收入较低，工作条件较差，劳动时间较长，小企业在价格、销售与信贷等方面受大公司的压制。小企业为了维持生存，只有在非常必要的情况下才雇佣工人，而大企业里就业机会有限，从而使资本主义就业问题越来越严重。加尔布雷斯认为，只有二元结构处于协调状态才能解决失业问题。他主张政府应调节小企业的产品价格和产量，鼓励组织工会，在国际贸易中采取有利于小企业的保护措施，在教育、资本、技术、社会福利等方面支持小企业的发展。[②]

八　供给学派的就业理论

20 世纪 70 年代中期出现的供给学派认为，美国经济的根本问题在于供给不足，供给不足是由高边际税率引起的。高边际税率会降低人们工作的积极性，从而减少劳动供给，促使劳动需求减少；高边际税率会降低纳税后的投资收益，会阻碍投资，影响

①　朱新芳：《西方经济理论概论》，武汉工业大学出版社 2000 年版。

②　缪一德、杨海涛：《当代西方经济学流派》（理论经济学系列教材），西南财经大学出版社 2007 年版。

人们投资的积极性，从而减少社会就业量。这些都是供给方面的问题。供给学派提出的增加总产量和总就业量的对策是：第一，减税。降低边际税率的供给效应不仅可以提高人们工作的积极性，而且可以提高储蓄和投资的积极性，这样既可以增加资本量，又可以降低失业率。第二，削减社会福利支出。美国在第二次世界大战后发展起来的社会福利制度，一方面增加了政府支出，从而增加了税收，产生了不利的供给效应；另一方面也助长了失业者依赖政府的思想，从而减少劳动供给。第三，精简规章制度。精简束缚企业的规章制度，减少政府对企业活动的限制，让企业更好地按市场经济的原则行动。①

九　效率工资模型

效率工资理论是在 20 世纪 70 年代末提出的，这一理论的前提是：在劳动力市场成交的劳动力与生产过程中的劳动发挥不同，工人在生产过程中总是尽可能地少出力，因此劳动效率的发挥需要有人监督，但是监督是需要成本的。要使工人主动地提供生产过程的劳动努力，可以通过两种激励机制：一是把工资定在较高的水平，工资越高，劳动生产率越高，因此将高于劳动力市场水平的工资称为"效率工资"；二是失去工作的威胁可以促进工人更加努力，因为一旦失去工作，领取的失业救济金数额要大大低于目前的效率工资。只有这样，这种激励机制作用才会明显。这一理论确立了企业支付的实际工资水平和劳动生产率水平之间的关系，高工资带来高效率，而企业削减工资就要承担生产率下降的代价。因此，在受冲击时，为不影响工人的生产率，企业要尽可能保持实际工资不变，工资的刚性会使就业的波动增加。企业支付的实际工资水平和工人生产率之间还有其他联系，如高工资通

---

① 罗良文：《供给学派的就业理论及其启示》，《理论月刊》2002 年第 6 期。

过提供激励减少工人辞职而降低工人的流动性等等。[①]

十　内部人—外部人模型

"内部人—外部人"模型是由经济学家林德贝尔和斯诺尔在20 世纪 80 年代提出的，其目的是为了解释一方面企业内部的就业不足，而另一方面市场上存在大量劳动力的矛盾现象。该模型把已经就业的工人称为"内部人"，把劳动力市场上的失业者称为"外部人"，内部人在工资的决定上有讨价还价的能力，因为企业要调换已经就业的内部人和雇佣外部人就业是要花费成本的，如解雇内部人时对他的补偿，雇用外部人的面试、考核、选择及培训成本，外部人通过"干中学"积累职业技能所需要投入的成本等。而外部人工资就取决于调换的成本，成本越高，所能获得的工资水平就越低。总之，由于内部人利用已经就业的优势，与外部人处于不同的竞争地位上，内部人可以与雇主进行讨价还价。工会代表已经就业的内部人和雇主对工资进行谈判时，只代表内部人的利益。因此，工资在高于市场出清水平上的刚性是由于内部人控制引起的，劳动力市场的工资调节难以进行。[②]

5.2　欧盟经济一体化中的教育、移民与就业问题

5.2.1　欧盟就业问题的表现与原因

一　欧盟就业问题的表现

根据衡量失业水平的尺度，3.5% 以下为低失业率国家，3.5%—7% 为中等失业率国家，7% 以上为高失业率国家。欧盟

---

①　桑普斯福特：《劳动力市场经济学》，中国税务出版社 2005 年版。

②　姚先国、黎煦：《劳动力市场分割：一个文献综述》，《渤海大学学报》（哲学社会科学版）2005 年第 1 期。

在成立之初，平均失业率一直在 9.6% 以上，失业在欧盟国家已经成了严重的问题，并对建立欧洲统一的经济新秩序构成了巨大的威胁。[①]

自 20 世纪 70 年代中期以来，欧盟国家的失业问题日益严重，成为困扰欧共体、欧盟社会经济发展的一大难题。1973—1985 年间，15 个成员国的平均失业率从 2% 上升至 10.2%。20世纪 80 年代下半期有所下降，但仍高于 7.5%。20 世纪 90 年代前期经济的不景气使欧盟的失业程度日益加剧。1994 年失业率达到 11.2%，失业人口为 1850 万，约占劳动力总数的 1/9。在世纪之交，高失业率几乎成为欧盟面临的最突出的社会经济问题。相对于其主要竞争者美国、日本来说，欧盟长期存在的高失业率，极大地影响了欧盟社会经济聚合和一体化进程的发展，制约了欧盟的整体竞争力。因此，减少失业、增加就业成为欧盟面临的头号问题。

20 世纪 90 年代末期，随着欧盟经济的增长，欧盟在增加就业和减少失业方面取得了显著的进步。1995 年欧盟就业人数为 11547 万，1999 年达到 11621 万，增加了 74 万个工作岗位，仅1999 年，新创就业岗位 21 万多，就业率达到 62.1%。2000 年新增就业岗位 30 多万，就业率达到 63.3%。从就业增长率来看，1998 年的就业增长率为 1.3%，1999 年为 1.6%，2000 年达到 1.8%。2000 年的就业人数比 1995 年几乎增加 100 万。从欧盟失业率来看，1994 年高达 11.1%，1998 年下降为 9.9%，1999 年下降到 9.2%，2000 年降到 8% 以下，是 1991 年以来的最低水平。其中，女性失业率 10 年来首次降到 10% 以下。到

① 张腾：《欧盟就业政策的调整及启示》，《全球科技经济瞭望》2003 年第 12期。

2000 年，欧盟 15 国的失业总人数已从 1997 年的 1800 万人降为 1450 万人。欧盟失业率的下降和就业的增加，主要得益于欧盟内部需求旺盛、经济发展强劲，同时也是近年来欧盟高度关注就业问题，努力增加就业机会的结果。1995—1998 年，欧盟的 GDP 年均增长率为 2.4%，1999 年达到 2.6%，2000 年提高到 3.4%。尽管如此，与美国和日本相比，欧盟的就业率差距仍较大。1999 年，年龄在 15—64 岁人口的就业率，欧盟平均水平为 62.1%，而同期美国为 73%，日本为 70%。

进入 21 世纪以来，随着欧盟的东扩，其失业率一直居高不下，这对欧盟产生了巨大的压力。2001 年、2002 年和 2003 年，欧盟 15 国失业率分别为 7.4%、7.7% 和 8.1%。而 2003 年，以欧盟 25 国统计的就业率仅比上年增加了 0.2%，而失业率全年平均高达 9.1%（2002 年为 8.8%），有半数以上国家的失业状况较上年恶化。失业超过 12 个月的长期失业人口比率明显增高，2003 年欧盟 25 国平均为 4%，其中 15 国为 3.3%。2004 年 7 月份，欧盟 25 国的失业率为 9%，失业人口总数为 1930 万。与此同时，青年（15—24 岁）和低技能者的失业状况也有所恶化。[1]

二 欧盟就业问题出现的原因

失业率长期居高不下是 20 世纪 70 年代以来欧共体/欧盟国家社会经济发展的一个重要特点。[2] 造成这一问题的原因主要有两个方面。

（一）劳动力供给方面

失业率长期居高不下的一个重要原因就是劳动力市场上劳动

---

① 王雅梅：《欧盟就业政策的发展趋势及对中国的启示》，《四川行政学院学报》2002 年第 3 期。

② 闵凡祥：《欧盟高失业问题的劳动力供给因素分析》，《南京晓庄学院学报》2005 年第 1 期。

力的过度供给。这主要表现在三个方面：

第一，1955—1968 年战后生育高峰期出生的大量人口陆续进入劳动力市场，而进入退休年龄的是经历两次世界大战的人口相对较少的年龄组。由此导致的青年人失业率居高不下造成欧共体/欧盟同期整个劳动力失业率长期居高不下。一方面是经济衰退使就业岗位减少和为了保护已就业者的岗位安全冻结"招新"而导致退休者的岗位得不到替代；另一方面则是大批的青年人等待就业。

第二，大量外籍工人的涌入，尤其是"冷战"结束后从原苏联、东欧地区涌入的大量移民造成欧共体/欧盟国家劳动力供给过剩。外籍劳动力是战后西欧各国经济建设中非常宝贵的劳动力资源，占有举足轻重的地位。但是，随着 20 世纪 70 年代初石油危机和通货膨胀给西欧经济带来的困难，欧共体各国普遍陷入1974 年和 1979 年两次经济衰退之中。为稳定物价，各国政府采取了提高失业率，减少劳动力需求的中短期政策。同时还采取了限制和排挤移民工人的政策。因此，移民工人的合法权利和就业就难以获得保障，其群体经常处于就业困难、失业率高的状态。这无疑加剧了欧共体/欧盟国家的失业问题。

第三，妇女劳动参与率升高而失业比例大也引起了欧盟国家劳动力供给过剩和高失业率。自 20 世纪 60 年代开始，妇女劳动力市场参与增加的统计数字是惊人的：在 1960—1990 年，欧共体劳动力增加了近 2900 万，其中妇女超过 2000 万。但是妇女劳动参与率的升高却导致失业率的上升，因为在女性劳动者中有着极高的失业率。在多数欧洲国家中，妇女失业率都高于男子失业率。例如，1995 年，法国男子失业率为 9.5%，女性为 13.8%；德国男子的失业率为 7.1%，女性为 9.8%。

（二）制度和政策等方面

欧盟大量而持久的失业有着制度、政策等方面的原因，分析起来主要包括以下几个方面。

第一，僵化的劳工市场和过度慷慨的福利制度。欧盟大部分国家对劳动力市场管制极为严格。劳动力市场管制可以保护雇员利益，但其负面影响是既提高了企业的生产成本，又使企业就业量不能对市场需求波动做出快速反应。同时，高福利使相当部分人失去寻找工作的动力，成为所谓的"自愿失业者"。①

第二，财政和货币双紧政策抑制了内需。在经济趋同计划准备和实施过程中，为了达到参加欧洲货币联盟的标准，欧盟成员国大幅度压缩财政支出、削减公共开支和增加税收、控制预算赤字和削减社会福利。这样企业投资和社会消费受到抑制，使内需低迷不振，也抑制了就业。

第三，劳动力成本过高。这与欧洲税收、福利政策和成本费用等诸多问题有关。欧盟各国的工业税多在 30% 以上，企业还要负担员工的培训、带薪休假、福利支出甚至解雇等多种费用。其结果是劳动力成本过高，企业投资回报率低，技术更新缓慢，造成就业需求的疲软和不足。

第四，欧盟国家经济增长趋缓。20 世纪 80 年代中期以来，欧盟在高新技术方面总体上落后于美国，于是新兴产业发展较慢，传统的制造业在经济中所占比例过高，致使其产品和劳动力市场僵化。许多失业者不能胜任高科技、高知识的岗位。而且欧盟内部劳动力市场过于封闭，所谓"人员自由流动"未能完全实现，难于适应高度开放的信息社会的需要。

5.2.2　欧盟各国高失业的治理措施

为了解决高失业问题，欧盟各国都采取了相应的措施，综观

---

①　王保安：《欧盟财政政策与启示》，《财政研究》2004 年第 4 期。

欧盟各国治理失业的措施，有以下一些共同点。

一　调整就业政策，积极创造就业岗位

欧盟各国通过调整经济政策、制定法规、实施优惠政策、提供资金支持、增加就业形式等办法不断扩大就业，包括扩大第三产业的就业领域，在继续发展旅游、批发零售业、餐饮等传统第三产业的基础上，积极开辟社区服务、家庭雇工、环境保护、信息服务等就业岗位。同时通过加强环境保护来创造新的就业岗位，在保护环境的同时实现经济可持续发展，是欧盟的一项重要目标。环保要求的提高使得主要工业的生产格局发生变化，并因此产生一些新的生产环保设备和产品、提供环保技术服务和咨询的产业。这些与环保有关的新兴行业发展迅速，使就业岗位不断增多。

二　加大培训资金投入，加强职业培训的法制化建设

在扩大就业范围的同时，欧盟各国也加强了在失业人员中开展就业培训的力度，欧洲社会基金加大了对各国失业者再就业培训的资金投入。如德国政府为鼓励中小型企业创造培训学徒的岗位，规定多创造一个培训岗位可申请310万马克的贷款，同时制定了新的《职业教育法》等法律条文，规范全国的职业教育培训，加强职业培训，提高失业者的再就业能力。[①] 对于失业者，接受培训的则可根据《劳动促进法》得到生活补贴，培训费用补贴，参加职业继续培训者，如果能够提供较多的资格证书，并通过一个阶段的义务劳动来证明自己的能力，德国劳动部门可以协助他找到一个较为理想的工作。强调失业者个人在职业培训中应负担的责任。部分政府采取了强制培训的措施，规定接受培训作为对失业者进行救助的条件之一。瑞典实行了不培训不就业，不培训不享受失业救济，免费培训、发给全工资及生活补助的培

---

① 　魏爱苗：《职业教育提升德国竞争力》，《经济日报》2007 年 2 月 14 日。

训政策。

三　强化信息管理，建立高效的就业市场

为了提高就业服务机构的服务质量，降低管理成本，也为了加强对失业基金、救助金支付的监管力度，欧盟各国不断加强职业服务机构、基金管理机构的信息化建设，许多国家设立专门的就业失业信息收集和管理部门，积极建立区域性、全国性职业信息网络，完善失业管理信息系统，及时为失业者提供大量的就业信息，还通过国际人才中心向国外推荐失业者，为其联系工作。如德国劳动局每年拨 5000 万马克开办和发展就业情报资料工作。劳动局内设有庞大的就业信息系统，除国内各地区外，还与许多国家的就业信息系统相连，出版各种职业情报资料。英国人力委员会下属的职业辅导中心每月两次自动为失业者提供就业市场的最新资料和求职信息。

四　充分发挥中小企业创造就业的功能

中小企业是欧盟私营部门的主要就业来源，并且在创造新的就业方面更具活力，因为中小企业比大企业更具灵活性，更容易适应经济环境的变化。欧盟就业特别首脑会议提出拨出一定的资金帮助中小企业创造就业岗位。1998 年，欧盟组建特别工作小组协调欧盟各国行动，清除现存社会保障体制中不利于创办中小型企业的障碍，加大对科技创新行业的支持。另外，欧盟还提出从简化法律和行政程序、增强劳动力市场的灵活性、增加对劳动者职业培训投资等方面来支持中小企业的发展，使中小企业能够在降低欧盟高失业率方面发挥更大的作用。如法国在 1997 年推出"青年就业计划"，在 3 年内为 30 岁以下失业者提供 35 万个就业岗位，为每个岗位提供为期 5 年的 80% 的工资津贴。

五　广泛推行灵活就业制度，鼓励女性就业

采用弹性工时制，广泛推行灵活就业制度，鼓励女性就业，采取非全日制就业、临时岗位、鼓励提前退休等形式增加就业岗位。女性就业率的上升带动了就业率的上升，2004年第二季度适龄人口的就业率，欧盟25国为63.2%，而2003年同期为63.0%。与此同时，女性就业率为55.7%，比2003年同期的55.1%上升了0.6个百分点。荷兰推行部分就业最为成功，1970年前在西欧国家中荷兰男性就业率最高，而女性就业率最低。采用部分就业方式，即用灵活和较少工作时间的就业方式来缓解男女在家庭中的角色冲突，使得更多的妇女走上工作岗位，妇女就业率在20世纪70年代以后明显上升。随着部分就业的普遍化，人们也逐渐改变了工作与闲暇的观念，更倾向于降低工资来获得更多的闲暇。荷兰1995年年平均工作小时下降到1379小时，就业岗位总量则从1970年的480万个增加到1997年的718万个，增长了50%。

六　失业保障由消极救济转变为积极促进就业

失业保障本来是为失业者提供社会保障，帮助其解决生活困难，渡过失业难关的。但失业津贴和救济水平偏高，支付期限较长则会出现"养懒汉"现象。针对过度保障问题，欧盟各国纷纷改革失业保障制度，从传统给失业者提供收入补助转变为帮助、约束他们重新就业。通过从严制定享受失业津贴的条件，促进再就业：适当加长失业者失业前的就业期和缴费期，津贴支付按照工龄的长短及所支付的保费而定；减少失业津贴；把再就业作为享受失业津贴的资格条件；延长享有失业津贴所要求的就业记录；缩短享有失业津贴的有效期；鼓励失业者接受低报酬工作或临时职业，继续享受失业津贴等。

5.2.3　欧盟教育、移民与就业问题

一　教育、移民与就业的关系

教育、移民与就业的关系主要表现在教育和移民都会促进就

业，提高就业率上。

（一）教育与就业的关系

按照西方经济学中关于就业与失业理论，如贝弗里奇曲线—结构性失业理论、二元劳动力市场模型和新古典综合学派的就业理论都认为，市场上存在着不同类别的劳动力，由于对技术、知识等的需求不同，不同市场的就职者之间很难流动，这样会造成结构性失业，即岗位空缺与失业并存。通过教育和培训，低技术劳动力市场上的失业者可以提高技能和知识水平，以满足高技术劳动力市场的需求，从而有助于解决结构性失业问题，降低失业率。

在知识经济时代，人力资本成为一国拥有持续创新能力，实现经济增长的最重要资源，而教育可以提高人力资本存量的水平。根据西方经济理论的分析，教育对经济增长具有重要作用，教育程度越高，人力资本含量越大，对经济增长贡献也越大。而经济增长也会推动就业的相应增长，就业和经济增长的速度与教育发展程度呈正相关。这种互动机制曾被许多国家发展进程的事实所证明。

（二）移民与就业的关系

在菲利浦斯曲线中有一个重要概念，最初被称为"自然失业率"，后被修订为"不加速通货膨胀的失业率"（NAIRU），而影响 NAIRU 的主要因素就包括了移民和人口组成这一因素。这说明移民与就业有一定的关系。

移民一般都是从落后地区移向发达地区。从表面上看来，移民对就业有着负面影响，一方面，它会增加移入地区的就业压力；另一方面，高素质人才的移民会使移出地区人才外流，对其发展不利。但是，从大的范围来讲，移民对整个地区的经济发展和就业率提高起到了积极作用。一方面，移民从落后地区大量流向发达地区，是改变落后地区面貌的重要因素，减轻了这些地区的就业压力；另一方面，人口流入发达地区，也会成为这些地区经济发展的十分重要的力量，其前提是移民的素质必须能够适应发达地区对劳动力的需求。教育和培训可以提高人口的素质和技能，而拥有高素质和高技能的人口流向发达地区的倾向较大。于是，教育在促进移民流动方面就起到了积极的作用。

二　欧盟教育、移民与就业方面的主要问题

第一，欧盟大部分国家主要还是通过学校教育，特别是高等教育向产业界输送具有专业技能的人才，缺少与产业界的合作，而且在教育和培训中缺乏更多形式的创新，这与其新经济发展的需要不符。

第二，欧盟文化的特性制约了人力资本的有效开发。缺乏创业精神和培育创新企业的环境是欧洲面临的最大问题，也是欧洲教育所面临的一个主要问题。

第三，欧盟的劳动力市场缺乏开放性。与美国不同，一方面，欧洲文化的保守表现在排外，于是，优秀的亚洲人和非洲人都愿意去美国而不去欧洲；另一方面，欧盟劳动力市场中人员流动性差、缺少弹性，这造成了人才的外流。

第四，在信息与通信技术和教育、培训相结合方面，欧盟与美国还有较大的差距。主要是信息和通信技术基础设施不够、使用价格偏高、功能不贴近使用者。

三　欧盟教育与劳动力市场方面的改革

（一）教育和培训方面的改革

第一，改革教育模式，发展终生教育。里斯本会议的纲要中提出欧盟应为公民提供终生学习和培训的机会。各成员国也把基础知识、应用技能和创新能力作为培养的重点。

第二，更新教育内容，强调创新思想的培育。如德国政府把未来人才的培养目标锁定在具备适应技术创新发展趋势、掌握先进信息技术和金融知识、具备创新精神以及了解世界多元化的方向。英国政府在 1999—2002 年开展的一项工业计划中对学校和教师开展创业精神教育每年投资 100 万英镑。这个计划由新成立的国家就业与创业教育中心进行管理。法国政府也提出要在理科大学和工程师学校中加强中小企业创建和管理方面的多学科培训。

第三，在教育体系中充分利用信息和通信技术。欧盟各国鼓励更多的学校采用先进的信息与通信技术改造原有的教育设施，促进更多的社区、企业和工作者通过互联网的普及接受终生学习，并通过公共手段对那些处于弱势的群体提供特别的帮助。如 2001 年 3 月推出了促进网上培训的三年行动计划，目的在于把终生教育同信息、通信技术的利用结合起来。利用互联网进行职业培训的方法正在打破传统的继续教育方式，它强调个性化的培训方法，利用工作间隙，采用上短课的方式进行培训。

（二）增加劳动力市场的流动性和开放性

第一，增强劳动力市场的流动性。欧盟希望建立起一种"人力流动的文化"，这种文化不仅代表欧盟各国人力资源的交流，而且包括各种吸引其他地区优秀人才加入的优惠政策。按照欧委会在里斯本提出的"创造以知识为基础的欧洲经济"的目标，关键是建立跨越地理区域及研究领域的人力资源流动机制。在鼓励人员流动方面，欧盟努力促进研究机构和大学的科研人员向企业尤其是中小企业流动，促进企业的创新和技术转让，并鼓励相同工业领域间的人员流动。在人员流动的过程中，各国也重视向不发达地区的倾斜。

第二，增强劳动力市场上的开放性。面对全球性的人才争夺和日益减少的人口，欧盟各国政府现在越来越愿意把它们的未来社会设想成一个美国式的多种族社会，欧盟将成为一个"移民地区"。各国在吸引外国人才的同时，也注意积极引导本国外流人才的归国。欧盟经济形势的好转和经济环境的进一步宽松对于外流人才具有一定的吸引力。

5.3　欧盟教育发展与就业

1998 年，教育和培训对劳动力就业能力和适应能力的促进作用通过五项条款列入欧盟一份《就业指南》中，成为欧盟解决就业问题政策的重要组成部分。欧盟职业培训是知识经济和欧洲社会模式的综合产物，一方面知识经济促使欧盟加强了职业培训的政策措施；另一方面欧洲社会模式又使得职业培训必然成为解决欧洲就业问题的重要手段。[①] 欧盟职业培训政策反映在两个层面上：一是欧盟职业培训的政策机制与措施；二是以各成员国为主的职业培训政策实践。欧盟职业培训是以成员国为主导的，以欧盟委员会相关政策为协调机制的、全面提高欧洲人技术水平和增强人们就业能力的活动。欧盟层面职业培训和成员国职业培训之间是促进和协调以及执行和行动的关系。

5.3.1　欧盟层面职业培训的政策与措施

欧盟受知识经济所带来的技术革命的影响，近几十年内产业结构发生了很大变化，直接表现为第三产业所需劳动力明显增加，而且第三产业中，高级服务业（如金融、保险、电子商务等）的技术更新速度加快，再加上欧盟范围内农业和工业技术革命的迅速发展，对劳动者的技能要求有了明显的提高，欧盟范围内利用职业培训实现人力资源合理配置成为当前的重要问题。欧盟先后以条约、文件及项目带动等多种形式加强欧盟范围内的职业培训活动，提高欧盟人的劳动技能，使其更便于跨国流动。

---

① 王辉：《欧盟女性就业政策透析》，《中华女子学院学报》2007 年第 1 期。

一 开展欧盟层面培训的联合行动

1992 年 2 月 7 日，欧盟在马斯特里赫特共同签署了《欧洲联盟条约》，又叫"马约"。它的签订，可以说在欧盟范围内，针对教育、培训和青年人问题，开始了欧盟层面上的联合行动。这主要体现在以下几个方面：

1. 以项目机制带动职业培训

所谓以项目机制带动职业培训，就是在欧盟发布具体项目目标，并给予项目资金资助的前提下，由各成员国负责实施各自的职业培训政策和措施，最后由欧盟做出验收评审。

2. 在项目机制下进一步推动成员国合作

欧盟所推出的"苏格拉底项目"（Socrates）、"欧洲青年三号项目"（Youth for Europe III）和"达·芬奇项目"（Leonardo da vinci），是欧盟长期坚持职业培训政策和在"马约"激励下加强职业培训工作的体现。欧盟为了进一步引起欧盟公民对职业培训的重视，又在各成员国执行项目的基础上继续推出相关政策措施，推动成员国职业培训的深入开展。[①]

3. 利用相应机构促进各国合作

目前，在欧盟委员会内，作为常设机构来推动职业培训的有"欧洲理事会"、"欧洲教育理事会"、"欧洲社会事务理事会"、"欧洲发展理事会"等。同时，1975 年成立的"欧洲职业培训发展研究中心"，作为常设机构具体指导成员国的职业培训工作，而且该中心还肩负着为欧盟委员会提供政策决策的重要职能。

4. 利用社会对话机制协调培训政策

在涉及教育和培训问题方面，社会对话机制的参与者（社会

---

① 欧盟教育与培训研究小组：Accomplishing Europe through education and training，1997.

合作伙伴）在 1995 年形成的联合意见中提出了利用职业培训消除或减少社会失业的问题，并在 1995 年 11 月 23 日形成了自己的具体实现"增长、竞争力和就业"的四个措施：（1）终生学习；（2）为青年人和成年人提供相应的职业和技术指导；（3）加强培训，包括对受训者的理想教育培训和在一定程度上的职业引导培训，进一步提高职业资格证书认证的透明度和使职业资格证书真正发挥效用等；（4）保证培训资源，包括充足的基金资助、联合管理、合作投资等。

二　利用基金和专项政策加强特殊人群的培训

1. 利用社会基金促进落后地区的职业培训

欧洲社会基金主要用于经济落后地区工人的技术改善和提高方面，1993 年的改革，更显示出支持职业培训的力度。基金改革后的使用原则是在各成员国的积极申请下，对成员国的普通教育、企业的研究和发展、职业培训、增加劳动者平等就业机会、劳动者自谋职业和成员国利用其他措施帮助社会弱势群体进入劳动力市场方面进行资助。

2. 强化政策对妇女教育和培训的支持

在对妇女的教育和培训中，欧盟委员会在 1996—1999 年重点开展了对"男女机会平等"项目的支持，包括欧盟委员会组织的跨期项目和各成员国自己组织的一次性项目（One-off）。[①]凡是成员国制定的，能够促进妇女平等接受教育和培训的政策项目，欧盟委员会都直接给予了资金和政策方面的支持。欧盟委员会还在"达·芬奇项目"（Leonardo da vinci ）中，将促进妇女平等参与职业培训和平等参与劳动力市场的就业，作为加强妇女培训的主要政策目标。

---

① 《欧洲青年政策纲要》，中青网，2007—10—13。

3. 加强残疾人的教育和培训

欧盟委员会十分重视对残疾人的教育和培训。在 1995 年 3 月实施的新的"苏格拉底项目"（Socrates）中，欧洲理事会宣布，在所有项目所提出的政策措施中，残疾人有优先参与接受教育和培训的权利。1996 年 12 月，又将有关的教育、培训和青年政策平等地应用到残疾人群之中。1997 年欧洲理事会又制定了"平等参与原则"计划，加强对残疾人参加学习和培训支持的力度。此外，欧洲理事会还推出了一系列、一次性（One-off）项目活动，用来鼓励和支持残疾人参加教育和培训班。特别是在"伊拉斯谟项目"（Erasmus）下的一系列活动措施，都对残疾人参加高等教育方面的学习给予了支持。在此政策项目的促进下，欧盟还专门为有生理缺陷群体接受教育和培训建立了一些特殊学校，在一些高等学校里也专门为有生理缺陷的人开设了特殊教育课程。

三　统一培训标准，促进劳动力自由流动

1. 培训技术认证方面的政策措施

欧盟为了推动职业培训的发展，非常重视职业培训技术标准的统一问题，以促使职业培训过程中的技术标准能在欧盟范围内普遍推行。

2. 利用"达·芬奇项目"推动培训标准统一

欧盟于 1994 年 12 月形成了一个欧洲理事会决议，决定组织一个执行欧盟职业培训政策的行动项目，该项目就是"达·芬奇一号项目"。[①] 其作用和目的是：（1）改善和提高各成员国在职业培训体制和职业培训过程中的质量和创新能力，统一各国职业培训所认定的技术等级；（2）发展欧洲范围内的职业培训和

---

① http：//www.youngeuropa.cn/history/1990—1999/1994/index_en.htm.

职业指导，统一技术称谓；（3）改善终生培训机制，以便人们不断地参加职业培训，从而满足社会生产的需要，降低失业率，促进员工的发展。

3. 设立欧洲论坛，促进培训证书和技术等级认同

为了更好地促进欧盟范围内职业培训证书的认同，欧盟委员会和欧洲职业培训发展中心，在 1998 年 11 月共同组织发起了"欧洲论坛"（European Forum），开展在欧盟范围内各成员国有关职业培训证书认同工作的讨论，并希望以此萌发出新的政策行动和举措，推动职业培训证书和等级资格的认同工作。

四　推行培训质量标准，完善劳动力市场

欧洲教育和培训质量的高低，直接影响着各成员国劳动力的整体素质，也影响着各成员国之间劳动力的互相流动。这是关系到欧洲统一大市场和能否实现欧盟完全一体化的关键环节，欧盟对此采取了积极的政策措施，加强了职业培训质量认证的管理和引导工作，促进了各成员国职业培训事业的发展。

欧盟将企业管理的质量标准体系引入到培训质量管理中来，推行了 ISO 9000 质量标准认证体系。在这种指标体系下，将职业培训的各个方面分解成不同的评价内容进行数量指标的测评，如将职业培训过程中培训机构的设施、培训教员的受教育和培训水平、接受培训者参加工作的比例等细化成具体的评价指标，按企业管理的质量标准分别进行考察。综合整体测评指数确定职业培训的质量等级。

五　以"继续培训建议书"的形式加强职业培训

在欧盟不同成员国中，继续职业培训存在着很大的差异性。为此，欧盟采取了以"继续培训建议书"的形式促进继续职业培训发展。"继续培训建议书"以每个工人都应该接受职业培

训，并从中获得终生收益为一般性目标。①

1. "继续培训建议书"的应用

在"继续培训建议书"中，为了起到对成员国职业培训行动进行监督和促进作用，欧盟主要启动了三方面的程序。第一，由各成员国就职业培训建议书的执行情况写出书面报告；第二，在继续职业培训问题上，设立社会对话机制，支持继续职业培训的发展；第三，欧盟委员会在各成员国报告的基础上，起草欧盟的书面报告，评价在欧盟内部职业培训工作的进展情况并提出政策建议，进一步加强和促进继续职业培训工作。

2. "继续培训建议书"的应用政策调整

"继续培训建议书"在推动各成员国职业培训的开展中起着一定的作用。然而，由于该政策措施在执行过程中存在着一定的局限性，需要进行政策侧重点的适当调整，以更好地实现解决欧洲现实问题的目的。这些政策调整主要包括：第一，加强对老年人的培训；第二，加强就业和竞争；第三，加强服务经济的就业培训；第四，为强化学习型社会而培训。

六　欧盟里斯本战略强化培训的政策

里斯本战略是指欧盟委员会和成员国在 2000 年 3 月 14 日在葡萄牙里斯本共同召开的利用教育和培训解决欧洲社会问题的重要决议。该战略主要强调了在欧盟范围内加强教育和职业培训工作的重要意义，号召各成员国在职业培训质量、职业培训体制管理等方面开展合作与交流，使欧洲成为新世纪教育和职业培训的中心。

里斯本战略提出了一种新的政治协调措施，即"开放性协调政策"措施。这一措施可以描述为帮助各成员国在职业教育

---

① 李新功：《欧盟职业培训政策与实践》，中国经济出版社 2005 年版。

和培训政策领域内，按照欧盟所提出的战略目标，制定各自的行动计划。在这一"开放性协调政策"措施下，欧盟在 2002 年 2 月 14 日推出了既具有较强推动力，又具有重要政策约束力的工作项目安排。这一工作项目安排可以归结为三个任务目标：第一，在欧盟范围内全面改善教育和培训的质量，提高职业培训的效果；第二，促使更多的人参加职业教育和培训，让更多的失业者和面临失业者能够参加职业培训活动；第三，在更大范围内开放成员国的教育和培训体制，使职业培训成为欧盟范围内共同的系统性社会工程。在三个任务目标的具体指导下，欧盟进一步要求各成员国制定具体的职业培训政策措施。

5.3.2 欧盟成员国职业培训政策与实践

欧盟各成员国为了解决长期失业问题而非常重视职业培训工作，开展了以职业教育为主要形式的初级职业培训活动和针对失业人群再就业而开展的继续职业培训活动。初级职业培训，是指学生在完成义务教育后，进入职业教育学校所接受的教育和培训以及学徒形式的培训等活动。而继续职业培训（又叫继续培训），是指除了初级职业培训之外的各类职业培训活动。这里以英国和德国为例，简单介绍成员国的职业教育培训政策的实践。

一 英国直接教育培训

英国的职业培训是欧盟各成员国中开展得比较早的。英国之所以较早开展职业培训，是因为英国最早受到了社会政治、经济环境的冲击。

（一）英国初级职业培训

"新职业主义"可以说是近年来对英国初级培训政策影响最为深刻的一种新的职业培训观念。所谓新职业主义，不仅仅是指一种职业培训思潮或理论流派，而是指通过政府领导的"合作型革新"来重建职业培训体系的思想、政策、立法和管理的"混合"制度。因此更准确地说，它是"新职业主义运动"。[①]

新职业主义的目标是多方面的。但它的主要目标很明确，即构建与巩固一个针对所有青年的全新的职业培训体系，使面向青少年学生的教育、培训与社会的职业要求联系起来，在教育与职业生涯之间建立起更密切的内在联系。具体地说，新职业主义目标包括三个方面：（1）把初级职业培训纳入主流教育；（2）融合初级职业培训与普通教育；（3）构建全新的初级职业培训体系。为了达到以上三个目标，新职业主义提出了许多战略策略，其中最主要的包括三方面：一是提出"核心技能"（Core Skill）理论；[②] 二是提高普通教育的职业性；三是加强职业培训与企业界的合作。

（二）英国继续培训模式的实践与发展

英国在掀起新职业主义运动之时，也特别重视继续就业培训的实践活动。英国的继续职业培训活动开展得比较早，也是开展得较为完善的成员国之一。目前，英国的继续就业培训实践在新职业主义运动的推动下，培训措施更加有效、务实，培训模式更加实用。

英国继续职业培训的方法包括就业培训项目；强调个人发展以及对个人从前学习的认可等措施，促进失业工人的再就业训练。其具体操作过程如下：

1. 就业培训项目

1988 年 9 月，英国政府为失业者提供了一种新的培训项

---

① 王雁琳：《英国职业教育和新职业主义》，《外国教育研究》2000 年第 2 期。

② 所谓核心技能，是指完成任务与解决问题的实际能力，而不是传统意义上高度专门化的、狭义的技能。它具有通用性、可迁移性和工具性。核心技能理论非常强调其中的人际关系技能。

目——"就业培训项目",它是通过地方的"培训与企业委员会"来实施的,重点强调适应当地经济发展的需要和改善就业状况。"就业培训项目"实施的最初对象是失业超过 6 个月的18—25 岁的所有青年人。后来把受训对象扩展到失业超过 2 年的 25—60 岁的成人,以使他们重返劳动力市场。为实现这些目标,该项目将工作经验的培训与理论知识的培训活动结合起来,其目的是想经过一年的培训之后,让受训者获得一个社会认可的职业资格或与某种资格相关的学分。

2. "对先前学习认可项目"

该项目是失业成人获得职业资格的一种途径。它是由地方的"培训与企业委员会"联合对失业成人的工作技能进行的综合评定,以此来确认个人从前的工作经验和知识积累,从而使失业者可以获得相应的职业资格证书或工作能力证书的过程。这项服务的特点是承认个人先前的工作能力并把个人的能力与国家职业资格规定的那些能力结合起来。如果服务对象的能力得以证实的话,通过该项目就可以让相应授予机构给被授予人授以所认定的职业资格。

3. 为有学习困难的人提供支持性的就业培训

为解决社会弱势群体的就业培训问题,英国政府从 20 世纪初开始在曼彻斯特实施了帮助有学习困难的人的就业培训项目。其目的是为有学习困难和有身体缺陷的人确定一个有效的培训与就业途径,其中最重要的目的是改变有学习困难或残疾者对于培训与就业的观念,从而使他们能够以另外一种途径来确立个人培训模式的基础。

二 德国职业教育培训

(一)德国职业教育培训情况

德国约 2/3 的年轻人通过职业教育培训体系接受初等以上的

教育和培训，在350种由国家调整并认可的职业中，每个人都可以接受一种职业培训，其中约80%是传统的"双元制"形式半工半读的学徒工人，其余20%接受全日制以学校为依托的培训。学徒的年龄大约是16—25岁，与1970年的平均16.6岁、1998年的平均19.1岁相比，学徒平均年龄有所上升。学徒期限通常为3年或3.5年，但根据以前实习和学习情况，有些学生能将学徒期限缩短为2.5年。[①] 尽管职业学校的主要目的是培育德国未来的公民和劳动力，但这个体系除培训劳动力外，还具有更广泛、更深远的社会意义。

（二）德国职业教育培训的模式与特点

德国职业培训有一定的代表性，其体系是各成员国中发展较为完善的国家之一，其政策实施也是较为丰富的成员国之一。

自20世纪60年代开始，德国进行了较大规模的教育改革，制定了发展职业培训的有关政策和法规。在这个时期，德国的职业培训教育有了新的发展。培训职能逐步扩大，从以满足个人爱好为目的，开始转向以适应社会发展和经济建设需要为目的的培训；由少数人的教育，开始向人人接受职业培训教育的方向发展。与此同时，德国政府向在业人员提供各种形式的、灵活多变的职业技术培训，以适应新技术、新工艺、新产品开发的要求。

1. 丰富了职业培训的内容

德国的职业培训实质上是一种适应工作的教育。它要求培训和工作相互交替，平行进行，形成"培训—工作—再培训—再工作"这样一个循环过程。德国职业培训内容极为丰富，包括：第一，补充培训。它是使在职人员通过某种培训措施，补充由于

---

① 李俊芬：《德国职业教育培训体系面临的挑战和对策》，《中国职业技术教育》2004年第32期。

某种原因而在就业前尚未达到的某种程度的知识要求。第二，在职培训。它是使在业人员能够及时跟踪科学技术发展的要求而采取的一种培训措施。第三，晋级培训。其目的在于使在业人员通过严格训练，能够承担某种在知识、技能等方面要求更高一些的职业，使之能够独立地解决生产中出现的实际问题，从而改变原有的职业地位。第四，转职培训。它是对从事某种职业的人，因工作变动或失业而进行的一种新职业培训，以为其适应专业技术发展的要求，寻求新的工作岗位或为职务晋升创造条件。

2. 形成开放性的培训体系

目前，德国已形成了一个由低、中、高级，不同层次的，纵横交叉的社会职业培训网络，成为全社会的开放性培训体系。包括：第一，社会办职业培训。主要有各州创办职业培训、各州办的教师培训、国民高等学校和州立残疾人职业培训就业学校四种形式。第二，企业办职业培训。它的主要任务是负责工程技术人员和在业工人、失业工人的培训，原则上不对外承担培训任务。举办教育理论、公共关系培训班是企业职业培训的重要内容。

3. 以项目带动培训政策

德国在欧盟职业培训项目的框架内设计了多种项目带动职业培训工作。其中较有影响的是：（1）"双元制"的再就业培训项目。它是德国职业培训的核心，在企业和职业培训学校同时进行。（2）旨在提高失业者专业技能的进修培训项目。这类培训是指失业者在原有的工种基础上学习新技术、掌握新技能。（3）面向青年的职业预备培训项目。德国政府对青年失业者开设三种培训项目：职业预备培训、职业培训支持和企业内培训。（4）"就业合同制"培训项目。该项目的最终目的是帮助长期失业者在合同结束时能够获得一份稳定的工作。失业者与雇主签订短期的"就业合同"，并在企业里接受培训。

5.4 欧盟移民与就业

5.4.1 欧盟移民与就业政策概况

移民是世界劳动力市场战略中的重要因素。欧盟的移民有两个方面：其一是欧盟内部的移民；其二是来自欧盟以外的移民。

一 欧盟的移民问题

2006 年是欧盟自 2004 年大举东扩后，遭遇重重危机的一年，内部经济增长缺乏平衡，欧盟首脑会议决定推迟实行欧盟宪法，尤其是欧盟内部经济发展不平衡，成为欧盟进一步发展的沉重包袱，移民问题日趋严重。

移民在欧盟劳动力市场一直处于不利地位。虽然相当多的移民在原籍国家从事技术和管理工作，但是他们到居住国后却并不容易找到适合的岗位，大多数只能从事体力或服务性行业的非技术性工作，主要集中于护士、社会照料和长期照料等方面。而且，外籍劳工或外国出生的移民与本国劳工在就业分布上存在很大的差异。在德国，外籍劳工就业最集中的部门是矿产采掘、制造装配业；法国和卢森堡是建筑业。在绝大多数成员国，外籍劳工即使入籍后在政府公共部门就业的比率也是在所有部门中最低的，这是由政府公共部门的性质所决定的，政府部门通常只录用本国国民。此外，欧盟绝大多数国家农业部门中外籍劳工从业率很低，如英国和瑞典。一些成员国的大量移民（特别是非法移民）从事非法的"地下经济"或选择自我雇佣的就业方式，主要从事商品零售、服装加工等行业，他们躲避政府的统计、税务、社会保险管理体系。

目前，欧盟国家劳动力市场对于移民的吸纳主要包括高技术和低技能两类劳工。高技术人员流动的增长是目前移民趋势的一个重要特征，反映了新的国际劳工分工和人力资源的国际化。高技术劳工比较容易管理，接受国一般并不将其看做是社会问题，尽管高技术人员的外流即"智力外流"会给输出国带来不利影响。但是低技能移民劳工的存在给欧盟成员国带来了一定的社会问题，由于外来低技能劳工有利于一些经济部门维持运转和保持竞争性，特别是那些劳动性服务部门以及农业部门，非法移民通常集中在这些行业。

对于外来移民是否是导致平均失业率上升或居高不下的重要因素，公众和学术界内部有不同意见。一般来说，公众对外来移民普遍持有抵制态度，认为移民加剧了就业竞争。[①] 而大多数学者认为，根据目前的实际情况并不能得出外籍劳工导致平均失业率上升的结论，欧盟国家外来劳工比率最高的卢森堡属于失业率最低的国家之一；而两个高失业率的国家西班牙和芬兰（1997—2001 年平均失业率分别为 17.5% 和 11.3%）却是外来劳工比重较低的国家，特别是西班牙的外来劳工占全国劳动力的比重不到 1%。另外，根据对不同时期外来移民入境数量与全国失业率指数的相关比较，也不能证明外来移民的增减必然伴随着平均失业率的升降。在涉及失业率变化的变量中其他因素比移民因素具有更大的决定性作用。

二 欧盟移民政策的主要措施

欧盟委员会预测，欧盟总人口从 2025 年起将出现负增长，2011 年其就业人口开始萎缩。就目前来看，欧盟某些部门或地区已经存在着劳工短缺问题，移民控制政策与欧盟自身的劳动力市场需求存在矛盾，因而难以实行严厉的限制政策。一方面，欧盟委员会一直大力推动内部市场的自由化进程，以此完善所谓的

---

① 高鉴国：《欧盟的国际移民和社会整合政策》，《欧洲》2000 年第 5 期。

"大欧洲"战略构想。另一方面，注重对欧盟以外的高技术移民的吸纳。为了促进欧盟经济的发展，解决欧盟的就业问题，欧盟的移民政策主要采取了下列措施：

第一，通过移民政策补充劳动力供给。欧盟报告《补充移民是解决人口下降和人口老龄化的方法吗?》一文指出，在未来10年中发达国家都将面临人口老龄化的威胁，移民虽然不足以抵消扶养比的升高，但可以在一定程度上缓解人口老龄化的趋势。欧盟一些成员国已经采用移民政策作为解决劳动力市场供应不足的一种手段，如德国采用给印度的高科技人才发放绿卡的方法。

第二，有针对性地进行培训和教育，帮助新移民尽快适应社会生活。各成员国首先注重提供本国语言驾驭和基础性职业技能培训，并且不同程度地鼓励和开展了移民母语和多元文化教育。

第三，提高移民的社会和政治权利，尊重民族文化传统。各国均制定法律反对排外主义和种族歧视。1988年，欧共体委员会根据《欧共体条约》第235条向成员国提议给予欧共体成员国公民参与地方选举的权利。到1990年，瑞典、丹麦、芬兰和荷兰的外侨已经开始参与地方和地区选举。英国一直给予境内的爱尔兰公民各级选举权，后来又扩大到英联邦成员国的移民。

第四，规范和降低入籍限制，加快永久性移民的归化进程。外侨获得寄住国公民身份是经济和社会整合进程中最重要的步骤，移民归化入籍是衡量整合程度的重要标志。欧盟各成员国均采取了积极措施，修改入籍法规，对某些疏松漏洞加以弥补，而对过于严格的规定则加以放宽，尤其是移民第二、第三代子女的归化入籍变得相对容易。欧盟国家归化入籍增长的主要原因是发展中国家移民的归化率上升，这反映了欧洲一体化的进程逐渐降低了拥有具体某一个欧盟国家国籍的优越性。

第五，欧盟将逐渐放松技术移民限制。2006 年 12 月 21 日，欧盟委员会提出移民问题"路线图"计划，决定逐渐放松对技术移民的限制，鼓励高学历者到欧盟成员国就业。① 根据计划，从 2007 年起，欧盟委员会将制定一系列移民政策来规范高技能者、季节性工人以及欧盟公司海外雇员等进入欧盟就业事宜。负责司法、自由与安全事务的欧盟委员会副主席佛朗哥·弗拉蒂尼表示，欧盟要跟世界上其他国家和地区竞争，就必须制定优惠政策吸引外部人才。弗拉蒂尼说，合法移民将被允许在欧盟范围内自由流动，但各成员国有权规定入境的限额。

第六，对欧盟新成员国的移民自由流动有所限制。以罗马尼亚和保加利亚为例。2007 年 1 月 1 日，罗马尼亚和保加利亚加入欧盟。两国均认为入盟是历史的分水岭。按照协议，罗马尼亚与保加利亚正式成为欧盟新成员后，两国公民依法可自由前往其他 25 个欧盟成员国旅游与工作。② 由于这两国是欧盟最贫穷的成员国，两国人均国内生产总值仅相当于欧盟平均值的 1/3，入盟后对整个欧盟经济也仅能做出 1% 的贡献。实际上，至今欧盟也没有真正给予两国完全的欧盟成员国地位，2007 年 1 月 1 日后仍在劳动力市场开放方面予以限制。就欧盟成员国来讲，如英国和爱尔兰，将采取措施来限制保加利亚和罗马尼亚移民的流入。

三 欧盟的非法移民问题

非法移民问题是困扰欧盟国家的一个老问题。目前，欧盟人口增长主要靠外来人口，但外来人口很多是教育程度不高的非法

---

① 《欧盟将逐渐放松技术移民限制》，新华网（www.xinhuanet.com），2005 年 12 月 22 日。

② 王国欣：《2007：欧盟逢五十大寿有转机》，《经济导报》2007 年第 5 期。

移民，无法承担高层次的工作。欧盟委员会估计，包括英、法、德、意、西等欧盟大国在内的 16 国中，合法工作许可证持有者目前只有 63 万，只占这些国家总就业人口的 0.33%。① 于是，在欧盟公民中普遍存在着一种恐慌心理，担心欧盟东扩会带来安全、移民、失业和有组织的犯罪等问题。为了应对挑战，欧盟国家近年来大都在收紧移民政策。

2006 年 9 月下旬，意、法、西等八国领导人联名致信欧盟现任轮值主席国芬兰总理万哈宁与欧盟委员会主席巴罗佐，呼吁欧盟各成员国协同行动，以遏制非法移民涌入欧洲。万哈宁在回信中深表赞同，认为欧盟应就此采取一致的具体措施。法国政府还建议，欧盟国家在给外来移民发放"居留许可"时，"应严格限制在人道境遇范畴"，并提议成立由各国代表组成的统一的欧洲避难办公室，以便在欧盟而非成员国层面发放难民许可。

经济发展不平衡，是导致非法移民屡禁不止的一大原因。在欧盟发达国家工作两年，比在本国工作一辈子挣钱还多，于是就产生了大量的非法移民。而意大利、西班牙等国家的移民大赦政策，又为众多非法移民创造了机会。

毫无疑问，任何一国政府采取严格措施遏制非法移民都是必要的。但从现实的角度出发，欧盟未来的发展又需要外来移民。日益严重的人口老龄化对欧盟经济发展构成了一大挑战。要想有足够的劳动力来支撑欧洲福利大厦，维持经济增长，非得吸纳大量外来移民才行。英国、爱尔兰和瑞典这些年经济增长势头强劲，外来移民功不可没。

移民问题已成为欧盟的痛，而选择"短痛"还是"长痛"

---

① 宋全成：《欧洲非法移民现象为何愈演愈烈》，《山东大学学报》（哲学社会科学版）2007 年第 1 期。

则是欧盟各成员国应该考虑的一个问题。

5.4.2　欧盟成员国的移民与就业政策

　　欧盟移民政策的协调基于劳动力市场需要和人道主义因素，欧盟国家每年都接受一定数量的外来移民。但接纳国必须考虑自己对移民的吸收同化能力，考虑本国劳动力市场和社会秩序的稳定性，这意味着接纳国家需要制定自己的移民政策，并与欧盟和其他国家进行密切的合作。[①]

　　成员国对外来移民存在着担忧，其担忧的原因大致有以下几点：其一，移民对西欧原有福利体制会造成冲击，使得本地民众心理失衡；其二，西欧国家实施多年的移民融合政策并不成功，移民无法真正融入当地社会，进而引发犯罪率升高、社会不稳定等弊端；其三，宗教极端势力的抬头，导致宗教歧见加深，社会民族矛盾紧张；其四，外来移民劳动力成本低，而且吃苦耐劳，与当地居民抢夺有限的就业机会，直接冲击着西欧人舒适的生活方式。

　　一　英国的移民政策

　　（一）英国劳务政策的基本原则

　　英国内政部（Home Office）2005 年公布的资料显示：截至当时，英国合法移民已占英国总人口的 8％，创造的价值占英国国民生产总值的 10％，他们缴纳的税款比其消费的服务高出 25 亿英镑。虽然内政部宣称合法移民为英国经济增长做出了很大贡献，并且没有对现存人口的工资或就业水平带来任何负面影响，但目前英国对外来移民还是采取适度从紧的政策，尤其是通过工作许

---

　　① 陈南雁：《欧洲移民问题与欧洲联盟移民政策研究——兼论德国在欧洲移民政策形成中的重要作用》，《新疆社会科学》2006 年第 2 期。

可制度（Work Permit System）控制经济移民的数量和质量。

　　为保证英国国内居民充分就业，英国政府制定劳务政策的基本原则是：欧盟成员国内部人员可以自由流动，限制欧盟以外的国家对英国进行劳务输入，即当英国国内劳务供给不能满足相关需求时，英国用人单位必须首先从欧盟成员国中招聘劳务人员，当确定没有合适人选后，才能从欧盟成员国以外的国家招聘劳务人员。但为增强英国综合竞争力水平，英国政府特别鼓励受过良好教育、有特殊技能的高水平人士的流入，并对弥补国内短缺职位的外国劳务人员提供工作方便。总体而言，英国劳务市场仍不对欧盟以外的国家开放，其劳务政策的显著特点是：在限制低技能劳工进入英国的同时，鼓励高技能人士及英国国内短缺人士到英国工作。

　　外籍劳务人员能否来英国工作的关键，在于是否能够获得英国政府颁发的工作许可证。一般程序是：（1）英方用人单位向英国劳务部门［目前是工作许可局（Work Permits, UK）］申请输入劳务，说明所招聘职位在英国国内或欧盟内找不到合适人选；（2）英国劳务部门对申请进行审批，若批准，则签发相应的工作许可证；（3）英方用人单位通知被雇佣方到英国驻当地使（领）馆办理入境工作签证。

　　（二）工作许可制度

　　1919—1920 年期间，英国政府首次引入工作许可制度，主要为限制英联邦国家以外劳务的涌入。当前实施的工作许可制度较以往复杂并成熟得多，包括以下四个部分：

　　1. 主体方案（Main Scheme）

　　包括工作许可（Work Permits）、第一许可（First Permissions）、培训和工作经验方案（Training and Work Experience Scheme）。目前的《主体方案》是在《1971 年移民法案》基础上不断发展和完善起来的。在过去20多年里，该方案分别在1981年、1989年及2000年经过了三次主要的复审。1981年复审是为了提高审查效益，加快劳务的流动性以满足企业不断增长的用人需求；1989年复审引进了两级制度：一级制度的审批较为简洁，主要为方便引进高级管理人员和英国特别空缺的人才；二级制度则继续沿用以前较为严格的审批程序，申请人必须符合规定的一般性条件。在此之间，"关键劳务"（keyworkers）的概念被引进主体方案，意欲引进有特殊技能、有语言和文化水准的高水平人才。[①]

2. 高技术移民方案（Highly Skilled Migrant Programme，HSMP）

为便于引进国外有特殊技能和经验的人士到英国就业或开办企业，英国政府在2002年1月发布该方案，并在2003年10月做了进一步修改，以进一步达到鼓励人才输入的目的。持此种工作许可的人士在英国居住满4年后，可望获取英国居留权。HSMP为非欧盟国家的居民开创了经济移民的新天地。与《主体方案》不同，申请此种工作许可之前，不需要事前提供特定的工作岗位空缺。此外，使用"分数制度"来颁发工作许可。为成功获取HSMP工作许可，申请人除保证能够在英国继续从事其所选事业外，还要在以下五个领域获取65分以上的成绩：教育资质、工作经验、以往收入、所选领域之成就、HSMP优先申请项目。[②]

3. 季节性农工方案（Seasonal Agricultural Workers Scheme）

该方案主要是在农忙季节，从欧洲大陆雇用一些18—25岁左右的年轻人作为英国农场主的帮手。目前实行操作员及配额管理制度。操作员（Operators，目前有7名）负责招募雇工并将其

① 陈湘满：《英国新移民政策下移民态势及经济影响》，《湘潭大学学报》（哲学社会科学版）2006年第2期。

② 肖汶：《英国高技术移民真的那么"高"吗？——英国高技术移民与加拿大技术移民的几点比较》，《出国与就业》2007年第6期。

分配至农场，还要保证他们获得适当的工资及生活条件。配额主要用来进行方案管理。20 世纪 90 年代，配额数量一直是 1 万名，2001 年升至 1.52 万名，至 2003 年达到 2.5 万名。从 2004 年 1 月起，操作员要根据农场主的用工要求制定标书，配额将根据操作员的投标情况予以分配。此外，操作员还要提交 3 年的农忙时节雇工需求预测，以利于政府制定中长期规划。[①]

4. 部门方案（Sectors Based Scheme）

为满足某些部门对低技术劳工的需求，2003 年 5 月，英国政府推出《部门方案》，首先在"食品加工"和"宾馆及餐饮"两部门试行。在"先到者优先"的原则下，授予两部门业主们各 1 万名的劳工进口名额（其中允许从欧盟东扩国家招聘 7500 名劳工，从其他国家招聘 12500 名），有效期截至 2004 年 1 月。其要求是：国家职业资格三级以下、国内劳务短缺的职位；年纪在 18—30 岁之间。工作时间最长为 1 年，劳工不须携带家小，签证到期必须离开英国。英国政府将根据部门实际需求情况定期进行审议或调整。

二　德国的移民政策

按照 2005 年 1 月 1 日开始正式生效并付诸实施的德国新移民法，与就业有关的移民政策主要有：

1. 劳工移民

移民局在考虑"法定外国人的一般条件"和"德国作为经济投资地的必要需求"两方面并同时获得联邦劳工局的劳动批准后就可以直接授权居留许可。如果一个外国人满足了移民的一般条件，移民局就可以征求联邦劳工局授权劳动批准。在某些特定的就业领域，只要这个外国人受过较好的教育和职业培训，他

---

① 《英国外籍劳工政策法规》，中国教育在线留学频道 http://liuxue. eol. cn，2007—09—25。

也可以获得移民和就业的许可，尽管这些领域有关就业批准的正式法律规定可能还未通过联邦参议院的批准通过。但是有良好教育背景和职业培训的外国人在移民过程中都不可以和本国的有就业优先权的失业人员争夺就业岗位。[①]

2. 高级人才的移民

高级人才包括特殊专业方向的科学家、教授及关键领域的科学研究人员（对这些人没有确定的薪资界限规定），还包括有特殊职业经验的专家和经理人。与前者不同，这些人的薪资收入要求达到法定医疗保险所规定的缴费额度的两倍。如果国外的高级人才在德国能找到一份固定的工作，同时联邦劳工局对其分析评估后，认为其有能力融入德国社会并且在没有国家补助和救济的情况下能够自力更生维持其生活，最终获得联邦劳工管理处的批准后，这些高级专业技术人才可以很容易实现向德国的移民。此外，如果他们能够获得各州的最高州政府或其所属的一个特定部门机构的批准授权，这个移民群体还可以享受特殊待遇，即一开始就可以申请获得安家许可。[②]

3. "自立者"（老板和自由职业者）

"自立者"要获得移民许可的前提条件是有利于德国的经济利益和地区需求。一般来说，"自立者"要提供至少100万欧元的投资资本和解决10个工作岗位。如果投资资本不足或解决的工作岗位不足10个，那么"自立者"的申请条件要在投资理念、资本额度和企业家经验等方面全方位地接受工商局和职业协会的检测。如果获得批准，"自立者"就可以获得最长期限为3

---

① 张胤鸿：《德国移民政策新变化》，《21世纪》2004年第9期。
② 余建华：《近代以来若干国家科教兴国战略比较研究及启迪》，《学术季刊》2002年第2期。

个月的居留许可。如果"自立者"在 3 年中能很好地适应当地的生活并且所计划的投资创业经营活动进展顺利并获得成功的话，那么在 3 年后居留许可的期限一到，"自立者"有权申请并获得安家许可。①

4. 留学生和接受培训的外国人

来德国的留学生的居留许可其有效期一次为两年。在留学居留许可期间，大学生可以从事一份工作，该工作一年内合计不得超过 90 天或 180 个半天，并且允许从事学生课外工作。在成功结业于高等院校之后，学生可以在德国继续待一年，以寻找一个与该学业相关的工作岗位。在这一年内如果学生找到了合适的工作，就可以像办理一般的劳工移民程序一样申请劳工居留批准。

新移民法规定，外国人可以获得在德国企业中接受职业培训和继续再教育的机会。通过联邦劳工管理处的允许或根据两国之间的法律规定和协议，这些人就可以获得相应的居留许可。

5. 在德外国人的家庭成员

将来，在德外国人家庭成员的劳动力市场准入基本上将和在德外国人的就业市场准入一致。在德外国人的家庭成员可以凭借公正平等的劳动力市场准入原则获得平等的进入工作的机会。此外，如果双方婚姻关系在德国已维持两年以上（含两年），其中跟进的一方也可以获得就业市场准入。

6. 欧盟公民

对欧盟公民的自由流动权的法律规定在新的移民法中重新得到了确定。将来，欧盟公民可以不用再受居留批准义务的限制，只要在德国法定居留五年以后就可以获得落户权。具有良好职业教育的欧盟公民在批准就业和获得居留许可问题上可以享受联邦

---

① 郭小沙：《德国"移民法"评说》，《德国研究》2004 年第 3 期。

劳工代表处优先于非欧盟国家公民的待遇。

5.5 欧盟解决就业问题的措施对中国西北地区发展的启示

失业现象几乎是所有国家和地区面临的共同难题。由于各国或各地区的具体情况不同,创造和促进就业就不会有通用的模式。中国西北地区面临的就业问题比欧盟国家更加突出而且更为复杂。近年来,中国西北地区的失业人数逐年增加,就业问题日益严重。随着经济格局的重组和结构调整的加速,结构调整中出现的失业问题不可避免。不仅如此,结构调整产生的失业人员与国有企业下岗职工再就业的高峰不期而遇,加上农村劳动力流动就业量的增加,以及伴随着新生劳动力进入新一轮就业高峰的背景,将使西北地区的就业矛盾加剧。因此,如何缓解就业压力,解决就业问题,成为当前西北地区社会经济发展所面临的突出问题。虽然中国西北地区在失业治理方面与欧盟各国存在着某些制度方面的差别,但是欧盟解决就业问题的方法对于解决西北地区的就业问题有很大的借鉴意义。

5.5.1 大力发展第三产业,积极创造就业机会

一 加快产业结构调整,增加就业岗位

要解决失业问题,关键是扩大就业。通过加大公共工程投资,直接增加就业岗位。同时可以通过鼓励政策刺激投资,间接增加就业。西北地区虽然与全国其他地区相比人口较少,但人口基数并不小,伴随着一定的人口增长率,每年的新增劳动力数量也非常大,与此同时,快速城市化使农村的隐性失业转变为城市失业问题,这种就业压力要求进行产业结构调整。

（一）大力发展第三产业，加快小城镇建设

大力发展服务业是推动经济增长的重要力量和解决就业的主渠道，也是西北地区经济发展的重大战略问题。应把发展服务业作为扩大就业的主攻方向，认真落实促进服务业扩大就业的各项政策，加快服务业的市场化步伐。与此同时加快小城镇的发展。通过发展小城镇，加快城市化进程，推动第三产业的发展，让更多的农村剩余劳动力流入小城镇，为城乡居民创造更多的就业机会。

（二）重视第一、第二产业的发展

继续发展第三产业的同时要更加重视发展第一、第二产业，创造更多的就业岗位。第三产业是为第一、第二产业服务的，第一、第二产业不发达，就难以产生对第三产业的需求。因此，在实现一、二、三产业共同协调发展的战略选择中，应采取缩减并提升第一产业，大力并重点发展第二产业，由此带动和促进第三产业发展的方针。不仅要在第三产业中继续发展民营经济，而且更要强力推进第二产业。

二　大力扶持中小企业和重视非公有经济的发展

随着市场经济的发展，个体经济、民营企业和股份制企业、外商投资企业在实现充分就业和改善生活水平方面起着十分重要的作用，成为社会失业和新增就业人口的重要吸纳主体。国有、集体企业的就业人数在未来将会进一步减少，而非公有制企业的从业人员将会大量增加。西北地区政府应针对目前中小企业发展中所面临的资金、技术、人才、管理、信息、服务等各方面的问题，采取切实有效的政策措施，积极为中小企业、民营、外资、私营等企业创造有利的社会经济环境，鼓励和大力扶持这些企业的发展，以创造更多的就业机会。此外，要特别注意大力发展乡镇企业，发展劳动密集型产业，尽量实现农村剩余劳动力的就地转移。

5.5.2 完善社会保障制度，促进失业法制化治理

一 建立和完善社会保障制度，重视再就业培训

面对巨大的就业压力，加快建立和完善社会保障制度，强化失业保险和失业救济对就业的促进功能已势在必行。一方面要进一步加快建立和完善包括失业保险在内的社会保障制度，为失业者提供基本生活保障；另一方面要将失业保险和失业救济同积极的就业结合起来，强化其对就业的促进功能。

可以看出，完善的失业保障体系对于经济发展而言是必不可少的，但高福利制度又可能导致就业政策的低效率以至整个经济的低效率。我们必须明确建立失业保障的首要目的是确保失业人员在失业期间的基本生活，其最终目的则是要促进失业人员重新就业。因此，在建立失业保障的同时要在政策和资金层面上重视再就业培训、并向增加就业机会适度倾斜，把立足点转移到实现再就业上来，用积极的失业保险逐步促进就业新机制的形成。

二 促进失业治理的法制化建设

中国在促进就业和失业保障方面的法制化建设还比较滞后，就业制度在计划经济条件下以"统包统配"为特色，没有就业方面的专门立法。改革开放后，有关失业保险、鼓励自愿组织起来就业和自谋就业等政策相继出台，但这些政策的出发点主要是解决国有大中型企业下岗职工的再就业问题，而且因其是部门政策，效力有限。西北地区与中国整体在就业方面的政策法规是一致的。为此，西北地区应促进失业治理的法制化建设来解决失业问题。

西北地区应重点建设就业性的失业保障体制，以促进劳动者自我保护能力的提高，以促进就业为根本保障目标。完善失业保

障制度时要防止发生偏离劳动力市场价格的过度保护，完善有关
反就业歧视的立法，完善促进就业的立法。在社会主义市场经济
和经济全球化的大背景下，西北地区的就业政策和立法还需要进
一步完善。应当在总结已有政策和法律执行情况的基础上，根据
目前劳动力市场上存在的突出问题，借鉴国际劳动立法和其他国
家的经验，在本地区促进就业的政策法规中进一步规范、细化已
有的条款。同时出台新的促进就业的地方政策法规，从而规范劳
动力市场、扩大就业。

5.5.3 重视教育培训，努力提高劳动者素质

一 扩大教育投资，培养创业型人才

资源和资本竞争的时代已逐步被劳动者的勤劳与素质以及由
劳动者素质所决定的科学技术竞争的时代所取代。在劳动力市场
上，往往是高素质的人才比较容易找到工作，而且，从整体上对
劳动者的素质要求在不断提高。而提高劳动者的素质，最主要的
途径就是教育。为此，中国西北地区应扩大教育投资，增加教育
经费支出，以加强人力资本投资，特别是要加大对基础教育尤其
是广大农村基础教育的投资力度，加快中等职业教育和高等教育
的发展。

教育归根到底是要培养人才，而人才的创新能力和创业精神
是关键。产品和服务的生产依赖于其生产者个人或团体所具备的
知识和技能。人们在择业时，由于受到中国传统价值观的影响，
不是关心工作是否和自己的能力、兴趣和个性相匹配，而是考虑
所加入的企业组织的运行状况和自己融于整体的情况。因而人们
只重视接受，不重视创新。因此，西北地区在发展教育时应更新
教育思想，使之适应知识经济时代的要求，注重创新意识和创业
精神，努力培养具有创业能力的新型人才。

二　大力开展职业技能培训

职业培训，对于求职者来说，无论是新生劳动力初次就业，还是下岗失业人员再次就业，都可以通过获得工作技能，提高就业能力，尽快找到工作，缩短失业期；对于在职职工来说，可以通过获得更高技术等级或一专多能，提高适应岗位变化的能力，激发创新能力，增强就业的稳定性；对于那些具有潜在创业素质的人员来说，可以提高创业能力，提高自主创业的成功率，形成以培训促进创业、以创业带动就业的良性机制。大力加强对劳动力的职业技能培训工作，根据劳动力市场需求，有针对性地传授专业技能，培训一批符合企业需求、具备相应技能的劳动者，增加对职业培训的投入并结合失业保险金的发放，设立鼓励再就业培训的特殊津贴。同时，针对就业困难群体，如年龄较大的失业者、失业时间较长的失业者、初次求职的青年人、伤残者和妇女等，通过立法进行一部分强制性免费培训，对特困人群尤其是长期失业者，从职业介绍、就业培训等方面实施特别帮助。

三　倡导终生教育

在教育与职业培训当中，应积极倡导终生教育。终生教育强调的是在人的一生中一直进行的学习，它确保个人能随着工作、技术和技能要求的变化而拥有必需的技能和才能；保证工作者的个人发展和事业发展，最终提高总体生产力和总收入，推进社会公平。

发展终生教育是一个长期工程，需要政府、企业和个人三方面的努力，营造良好的终生教育环境。其中，政府可通过提高各层次的教育和培训工作，或是创建活跃的劳动力市场，为人们终生接受教育、终生学习创造良好的社会条件；企业可对现有的和未来的雇员进行培训；个人则应培养自身的能力，开创自己的事业。

此外，还应充分利用现代通信技术和信息技术，将其运用于教育领域，普及远程教育，使几乎所有的教育都成为社会化的终生教育的一部分，为人们接受终生教育提供良好的条件。

5.5.4 培育劳动力市场，完善劳动力市场机制

从长期来看，失业问题的解决有赖于完善的劳动力市场的形成。因而应通过深化改革，逐步消除劳动力流动的体制性障碍，逐步形成西北地区统一的、多层次的高效有序的劳动力市场，促进劳动力在空间上的自由流动，减少因劳动力供求脱节而造成的摩擦性失业，努力提高人力资源的配置效率。同时，必须积极发展并规范各种市场中介组织，建立全国性的劳动力信息中心，制定优惠政策措施，支持劳动就业服务企业的发展。

一 促进劳动力自由流动

当前，西北地区的劳动力自由流动受到极大的限制，诸如户籍制度等流动壁垒造成劳动力不能从事真正适合自己的工作，不能充分发挥劳动效力，尤其是高素质人才的最佳工作效能，造成劳动力的浪费。而且劳动力结构也不合理，高级人才比例偏低，专业技术人才存在知识断层和年龄断层的危机，而制度因素又阻碍了劳动力结构的优化。同时，西北地区与发达地区收入水平的差距又导致人才大量外流。

因此，中国西北地区应积极促进劳动力自由流动，并保证流动的有序性和高效性，有关部门必须制定相关政策，活跃劳动力市场，进一步建立并完善劳动力流动以及使用等制度的市场化体系。最重要的是确立合理的人力资本投资回报及人才流动机制，以此对人才形成强大的吸引力。各地政府的人事部门必须从原来的直接微观管理转向宏观间接管理，加强对劳动力，尤其是高素质人才的整体预测与规划。这样才能既促进劳动力结构的优化，

又可以吸引其他地区优秀人才以及去其他地区工作和学习的人才回到西北地区继续效力。

二 强化职业介绍，建设就业网络体系

职业介绍是劳动力市场的中心环节，是促进就业走向市场的重要手段，是就业服务的龙头。经过十几年的发展，西北地区职业介绍工作已有了很好的基础，建立了职业介绍的基本制度，组建了相当数量的城镇介绍机构。但与搞得好的地区相比仍存在着机构数量少、服务范围小、服务手段落后、服务功能不全、服务形式单一的问题。

因此，西北地区必须健全职业介绍功能，提高职业介绍机构的数量和质量，在此基础上，大力发展自己的就业网络体系。在构架体系上，应包括管理核心、中介服务、职业培训、失业保险等各类组织机构；在权责上，各类机构应被赋予明确的职责分工，并在各自的专门化发展中，获得更高的协作效率；在系统工具上，就业体系还应包括一个由一系列就业政策和措施构成的工具子系统，以满足系统功能发挥的需要。

5.5.5 倡导部分就业，鼓励灵活的就业方式

中国西北地区经济社会发展水平与欧盟国家相差很远，但是部分就业模式仍然具有借鉴意义。在传统计划经济的影响下，西北地区长期利用低工资、高就业的办法增加劳动投入来取得经济增长，无论男女老少都是单一的全时就业形式。在新的就业竞争形势下，西北地区无法也没有必要继续维持这样的高就业率。部分就业不仅可以降低人工成本，还可以满足劳动者不同的就业需求，是可以受到用人单位和劳动者欢迎与接受的一种就业形式。

事实上，在许多领域都存在着部分就业形式。如开工不足的企业，大城市中出现的钟点工、兼职人员、退休的专业技术人员

被用人单位聘用等，大都属于部分就业形式。因此，在坚持自觉自愿和兼顾公平与效率这两条原则之下，许多生活有保障的全时就业者或者回到家庭专司家务，或者从事部分就业，这是缓解就业压力、提高人们实际生活水平的必然选择。西北地区政府应该因势利导，创造更多的部分就业岗位，满足一部分就业者和雇主的需要，有效减少总体劳动供给。

参考文献

Dicken, P. , *Global Shift: The International of Economic Activity*, Paul Chapman Publishing Lit, 1998.

Amin, B. , "Thrift. Neo-Marshallian Nodes in Global Networks," *International Journal of Urban and Regional Reseach*, 1992 (16).

Markusen, A. , "Sticky Places in Slippery Space: A Typology of Industrial Districts," *Economic Geography*, 1996 (2).

Maillat, D. , "Territorial Dynamic, Innovative Milieu and Regional Policy," *Entrepreneurship and Regional Development*, 1995 (7).

Padmore, T. , Gibson, H. , "A Framework for Industrial Cluster Analysis in Regions", *Research Policy*, 1998 (26).

Granovetter, M. , "Economic Action and Social Structure: the Problem of Embeddedness," *American Journal of Sociology*, 1985.

Scott, A. , "Locational Patterns and Metropolis: A Review Essay," *Urban Studies*, 1982 (19).

Storper, M. , "Technology and New Regional Growth Complexes: the Economics of Discontinuous Spatial Development", *Employment and Spatial Dynamics*, 1986.

Storper, M. , "The Resurgence of Regional Economics, Ten Years Later: the Region as a Nexus of Untraded Interdependencies," *Eu-

rop. Urban Studies, 1995 (23).

Richardson, B., "The Organization of Industry," *Economic Journal*, 1972.

Bianchi P. Bellini, "Public Policies for Local Networks of Innovators," *Research Policy*, 1991 (20).

Von Thünen, J. H., *Isolated State*, Pergamon Press, Oxford, 1966.

Christaller, W. (1933), *The Central Places of Southern Germany*, Prentice-Hall, Englewood Cliffs NJ, 1966.

Losch, A. (1940), *The Economics of Location*, Yale University Press, New Haven CT, 1954.

Isard, W., *Location and the Space Economy*, Cambridge, MA: MIT Press, 1956.

Krugman, P. R., "Increasing Returns and Economic Geography," *Journal of Political Economy*, 1991 (99).

Venables, A. J., "Equilibrium Locations of Vertically linked Industries," *International Economic Review*, 1996 (37).

Keller, W., "Do Trade Patterns and Technology Flows Affect Productivity Growth," *The World Bank Economic Review*, 2000, 14 (1).

［德］维尔纳·魏登菲尔德等：《欧洲联盟与欧洲一体化手册》，中国轻工业出版社 2001 年版。

［德］赫尔姆特·施密特：《全球化与道德重建》，社会科学文献出版社 2001 年版。

［英］约翰·梅纳德·凯恩斯：《就业利息和货币通论》，高鸿业译，商务印书馆 2005 年版。

［英］马歇尔：《经济学原理》（中译本），朱志泰译，商务印书馆 1965 年版。

［美］保罗·克鲁格曼：《地理和贸易》，北京大学出版社1997年版。

［美］迈克尔·波特等：《全球化竞争优势》，台湾商周出版社2001年版。

［美］迈克尔·波特：《国家竞争优势》，华夏出版社2002年版。

薛敬孝等：《国际经济学》，高等教育出版社2002年版。

［德］马克思：《资本论》，人民出版社1975年版。

［美］迈克尔·科特、加里·哈特等：《未来的战略》，四川人民出版社2000年版。

［英］桑普斯福特：《劳动力市场经济学》，中国税务出版社2005年版。

郭灿：《最优货币区理论研究进展》，《经济学动态》2004年第4期。

刘澄等：《区域经济一体化的最优货币区理论分析》，《经济经纬》2006年第3期。

张家寿：《最优货币区理论与东盟货币一体化》，《东南亚纵横》2003年第6期。

刘世安等：《欧洲一体化史》，河北人民出版社2003年版。

唐睿：《对欧洲一体化进程的历史回顾及前瞻》，《辽宁经济》2004年第3期。

周建平：《欧洲一体化政治经济学》，上海复旦大学出版社2002年版。

复旦大学欧洲问题研究中心：《欧盟经济发展报告2006》，复旦大学出版社2006年版。

申皓：《欧盟成员国经济发展不平衡浅析》，《欧洲未来：挑战与前景》，中国社会科学出版社2005年版。

赵怀普：《对当前欧盟形势及其走向的几点看法》，《国际问题研究》2006 年第 2 期。

田素华：《经济全球化与区域经济一体化》，《上海经济研究》2000 年第 4 期。

袁经荣、康东升：《试论经济全球化与区域经济一体化的关系》，《经济与社会发展》2003 年第 5 期。

赵海涛：《区域经济一体化与经济全球化的区别及联系》，《哈尔滨学院学报》2000 年第 9 期。

伍贻康、张海冰：《经济全球化与经济一体化》，《求是》2004 年第 1 期。

裴元伦：《欧洲前途系于联合与改革》，《欧洲研究》2003 年第 5 期。

世界银行：Global Economic Prospect 2000；国际货币基金组织：《世界经济展望》，2000 年 5 月；OECD, Economic Outlook No. 67，2000 年 6 月。

王一鸣：《中国区域经济政策研究》，中国计划出版社 1998 年版。

申皓：《试析欧盟地区政策的演进》，《法国研究》2002 年第 2 期。

田金城、陈喜生：《欧盟区域政策及其协调机制》，《求是》2006 年第 15 期。

刘勇：《欧盟地区发展与区域政策的新变化——赴欧盟区域考察报告》（上），国研网。

方克定：《"欧盟区域合作及其协调机制对中国的借鉴"考察团报告》，http：//cepa. nsa. gov. cn/Zxinwen/eWebEditor/up-loadfile/200612482513394. doc。

赵慧英：《欧盟的地区政策》，中国宏观经济信息网。

陈瑞莲：《欧盟国家的区域协调发展：经验与启示》，《政治学研究》2006 年第 3 期。

章昌裕：《伦敦都市圈建成的经验》，《中国经济时报》2007年 1 月 4 日。

刘学敏：《德国鲁尔工业区产业转型的经验》，《中国经济时报》2005 年 11 月 24 日。

张亮：《从农牧经济转向知识产业——爱尔兰的创新政策》，《科技日报》2006 年 1 月 20 日。

杨荫凯：《欧盟促进地区发展的经验及对我国的启示》，《宏观经济管理》2006 年第 12 期。

《东扩之后抓经济　欧盟公布五年新计划》，www. palmbiz. net，2005—2—27。

《欧盟的穷国与富国：254 个地区贫富差距高达 9 倍》，http：//www. zjsr. com，2006 年 5 月 23 日。

盛文中：《中东欧：日子过得还好吗》，《看世界》2006 年第 6 期。

陆建康、邹勇、杨荫凯：《欧盟如何促进区域协调发展》，http：//www. chinahezuo. com，2007 年 2 月 2 日。

李海涛、商如斌、翟琪：《洛仑兹曲线与基尼系数的应用》，《甘肃科学学报》2003 年第 3 期。

武利华：《中国城镇居民收入分配差距实证研究》厦门大学2001 年硕士论文。

吴殿廷：《库兹涅茨比率的分解及其在我国地区差异分析中的应用》，《地理科学》2003 年第 4 期。

杨大伟、杨翠迎：《偏离值法——度量收入分配均等程度的新方法》，《西北农林科技大学学报》2002 年第 11 期。

郑长德：《倒 U 形拐点不会自发出现》，《经济学家》2002

年第 4 期。

陈志萱：《欧盟如何运用基金援助贫困地区？》，《经济日报》2001 年 7 月 17 日。

郑亚莉：《簇群经济研究综述》，《当代财经》2004 年第 1 期。

魏守华：《论企业集群的竞争优势》，《中国工业经济》2002 年第 1 期。

吴宣恭：《企业集群的优势及其形成机理》，《经济纵横》2002 年第 11 期。

仇保兴：《小企业集群研究》，复旦大学出版社 1999 年版。

钟坚：《世界硅谷模式的制度分析》，中国社会科学出版社 2001 年版。

王辑慈等：《创新的空间——企业集群与区域发展》，北京大学出版社 2001 年版。

魏杰：《新经济与企业裂变》，中国经济出版社 2000 年版。

王辑慈：《知识创新与区域新环境》，《经济地理》1999 年第 2 期。

王辑慈、王可：《区域创新环境和企业植根性——兼论我国高新技术开发区的发展》，《地理研究》1999 年第 12 期。

徐康宁：《开放经济中的产业集群与竞争力》，《中国工业经济》2002 年第 11 期。

赵黎明、冷晓明：《城市创新系统》，天津大学出版社 2002 年版。

熊军、胡涛：《开发区"二次创业"的全球化视角——对长江三角洲开发区"二次创业"的分析》，《华中师范大学学报》（自然科学版）2001 年第 11 期。

贾亚男：《关于区域创新环境的联络初探》，《地域研究与开发》2001 年第 1 期。

许庆瑞、毛凯军:《论企业集群形成的条件》,《经济纵横》2002 年第 10 期。

吴林海:《中国科技园区域创新能力理论分析框架研究》,《经济学家》2001 年第 3 期。

王永龙、郑胜利:《台商投资从集聚到集群的对策分析》,《经济问题》2002 年第 9 期。

刘东、杜占元:《中小企业技术创新》,社会科学文献出版社 1998 年版。

孙万松、孙启萌:《园区经济与城市核心竞争力》,中国经济出版社 2004 年版。

符正平:《论企业集群的产生条件与形成机制》,《中国工业经济》2002 年第 10 期。

陈剑锋、唐振鹏:《国外产业集群研究综述》,《国外经济与管理》2002 年第 8 期。

向世聪:《产业集群理论研究综述》,《湖南社会科学》2006 年第 1 期。

马建会:《产业集群成长机理研究》,暨南大学 2004 年博士学位论文。

刘贺:《中国产业集聚的分布现状与决定因素》,暨南大学 2005 年硕士学位论文。

谯薇:《论中小企业集群》,四川大学 2003 年博士学位论文。

李琳:《基于产业集群的高新区竞争力研究》,中南大学 2005 年博士学位论文。

中国社会科学院欧洲研究所、中国欧洲学会:《大欧盟新欧洲》,中国社会科学出版社 2005 年版。

赵俊杰：《21世纪欧盟经济发展战略》，中国城市出版社2002年版。

蒋选：《我国中长期失业问题研究——以产业结构变动为主线》，中国人民大学出版社2004年版。

袁志刚：《失业经济学》，上海三联书店、上海人民出版社1997年版。

蔡昉、都阳、高文书：《就业弹性、自然失业和宏观经济政策——为什么经济增长没有带来显性就业》，《经济研究》2004年第9期。

曾湘泉、于泳：《中国自然失业率的测量与解析》，《中国社会科学》2006年第4期。

袁志刚、宋铮：《高级宏观经济学》，复旦大学出版社2001年版。

蔡昉：《二元劳动力市场条件下的就业体制转换》，《中国社会科学》1998年第2期。

朱新芳：《西方经济理论概论》，武汉工业大学出版社2000年版。

缪一德、杨海涛：《当代西方经济学流派》（理论经济学系列教材），西南财经大学出版社2007年版。

罗良文：《供给学派的就业理论及其启示》，《理论月刊》2002年第6期。

姚先国、黎煦：《劳动力市场分割：一个文献综述》，《渤海大学学报》（哲学社会科学版）2005年第1期。

张腾：《欧盟就业政策的调整及启示》，《全球科技经济瞭望》2003年第12期。

王雅梅：《欧盟就业政策的发展趋势及对中国的启示》，《四川行政学院学报》2002年第3期。

闵凡祥：《欧盟高失业问题的劳动力供给因素分析》，《南京晓庄学院学报》2005 年第 1 期。

王保安：《欧盟财政政策与启示》，《财政研究》2004 年第 4 期。

魏爱苗：《职业教育提升德国竞争力》，《经济日报》2007 年 2 月 14 日。

王辉：《欧盟女性就业政策透析》，《中华女子学院学报》2007 年第 1 期。

欧盟教育与培训研究小组，Accomplishing Europe through educationand training，1997.

《欧洲青年政策纲要》，中青网，2007—10—13。

李新功：《欧盟职业培训政策与实践》，中国经济出版社 2005 年版。

王雁琳：《英国职业教育和新职业主义》，《外国教育研究》2000 年第 2 期。

李俊芬：《德国职业教育培训体系面临的挑战和对策》，《中国职业技术教育》2004 年第 32 期。

高鉴国：《欧盟的国际移民和社会整合政策》，《欧洲》2000 年第 5 期。

《欧盟将逐渐放松技术移民限制》，新华网，www. xinhuanet. com，2005 年 12 月 22 日。

王国欣：《2007：欧盟逢五十大寿有转机》，《经济导报》2007 年第 5 期。

宋全成：《欧洲非法移民现象为何愈演愈烈》，《山东大学学报》（哲学社会科学版）2007 年第 1 期。

《英国劳务政策及劳务输入有关情况》，劳务部摘自驻英国使馆经商处网站，2005 年 11 月 8 日。

《英国劳务政策》（一），移民信息网，http：//www. yimin-wang. cn。

陈湘满：《英国新移民政策下移民态势及经济影响》，《湘潭大学学报》（哲学社会科学版）2006 年第 2 期。

肖汶：《英国高技术移民真的那么"高"吗——英国高技术移民与加拿大技术移民的几点比较》，《出国与就业》2007 年第 6 期。

《英国外籍劳工政策法规》，中国教育在线留学网，http：//liuxue. eol. cn，2007 年 9 月 25 日。

张胤鸿：《德国移民政策新变化》，《21 世纪》2004 年第 9 期。

余建华：《近代以来若干国家科教兴国战略比较研究及启迪》，《学术季刊》2002 年第 2 期。

郭小沙：《德国"移民法"评说》，《德国研究》2004 年第 3 期。